一中兩憲：兩岸和平的起點

One China, Two Constitutions: Basis for a
Peaceful Taiwan Strait

黃光國／著

序一

　　黃光國教授近年來關心國是，對兩岸對抗的危機，特別憂心。他曾在媒體提出「一中兩憲」的主張，思加化解。日前他把這一主張寫成了一本完整的專著，並讓我先讀原稿。我讀了一遍，既佩服黃教授的苦心與遠見，更一時興起許多慨嘆。黃教授要我表示一點意見，我實在也有些讀後感，可簡略地一說。

　　首先我要說的是：黃教授是一位極富學術造詣的心理學者。他大可埋首學術研究的光環中，自得其樂，但他卻挺身而出，涉入極端複雜且是非不分的政治紛爭，如非具有知識份子的德操及對兩岸人民的大愛，如何能夠。

　　其次，黃教授大著的重點雖在「一中兩憲」，但他卻運用宏觀的視野，從歷史的脈絡及區域政治的結構，也就是從時空交錯的各階段，對兩岸及美日的互動切入察看，然後再就特殊的個案，作微觀的剖析與省思。其中所觀察及討論的問題包括：美國的霸權、美日的同盟、中國的崛起、油源的爭奪、兩岸的對立與經貿交流、台灣的軍購爭議、去中國化的衝突、歐盟的發展，以及一個中國的原則等等。黃教授的析論多能掌握住要點，且能絲絲入扣，一氣呵成，讀來如引人進入時光隧道，先返身到問題的源頭，再置身在眼前的現實。其間的波濤起伏，真令人怵目驚心，但在激盪之餘，也總會使人振臂，要將兩岸的問題根本解決，因非如此，具有數千年歷史的兩岸人民，亦即整體的中華民族就無法從外力及外侮中奮身而出，走上尊嚴

及康莊的大道。

其三，在經過宏觀及微觀的省察後，黃教授明確地指出兩岸問題的根本癥結在民族的認同與統合，但問題的解決不僅在文化與道德的指引，更在現實困境的化解。黃教授所主張的「一中兩憲，歐盟經驗」就是理想與現實兼顧的。實際上，兩岸皆有憲法，可算兩憲，但兩個憲法對主權的規定皆包含對方在內，看來互相衝突，但就在衝突中呈現出雙方都主張一中。這樣的「一中兩憲」可以體現一個中國的原則，應是兩岸和解與統合的契機。在步驟上，黃教授則主張參考歐盟的經驗，先建立「超國家組織」的「共同體」，作為統合的起點。他作了很精闢的分析，這也是非常值得重視的見解。

我與黃教授相知有年，過去曾共同進行學術研究，倡導自由、民主。但自由、民主不能不植根在民族的凝聚與統合，我們皆有共同的認知，也警覺到台灣內部及與對岸之間日超嚴重的族群衝突。我們擔憂這會帶來人民的大災難。現在黃教授不避艱難，不畏人言，提出發人深省的主張，我特表達我的一些感想，作為呼應與敬意，是為序。

胡佛

二〇〇五年十月十二日於大湖山莊

序二

在陳水扁揚言，要在各鄉鎮搞一萬場憲改座談會，把台獨民粹主義極大化的此刻，黃光國教授適時出版他的新著《一中兩憲：兩岸和平的起點》。這是大恐龍與小蝦米的戰爭，一邊是黨政軍錢壟斷於一人的總統，一邊是手無縛雞之力的讀書人，而我相信大恐龍不會是贏的一方。

原因是，台獨民粹主義是以「恨」、分化撕裂、罔顧人性和歷史爲基礎，靠著綁架百姓而做著個人的政治豪賭。所謂「萬場座談」，只不過是要把人民從對他施政敗德的憤怒裡，把問題轉移方向。這是他們玩弄人民的慣技，我們等著看台灣的老百姓能忍耐被玩弄到幾時。

而黃光國教授在本書的立論，則是以愛與和平存心，從兩岸最大公約數出發，把「一中兩憲」做爲新的起點，重建兩岸良性互動架構與行爲模式，也可藉以終結民粹式的惡鬥與內耗，替愈來愈不堪的台灣保留最後的元氣。讀書人士以蒼生爲念，而政客則執迷於權力和金錢，用人民和不幸來鋪設他們榮華富貴的大道。善惡對比，我們且看惡人還能猖狂到幾時。

近年來，民粹式的「改革」，早已把台灣一步步拖向深淵，「教改」早已成爲笑話，現在終於有了「遲來的道歉」；「金改」則形同搶錢大作戰，早已把過去半世紀以來，台灣人民胼手胝足所累積的財產掏空掏光，而今又要搞萬場「憲改」座談會，台灣人民又怎能不快快醒悟呢？

而《一中兩憲：兩岸和平的起點》及時推出，它既有外部

意義，更有破解內部台獨民粹主義毀滅衝動的意義。這本書值得每個台灣人閱讀、深思。

南方朔

二〇〇五年十月十三日

序三：中國的意涵

　　《一中兩憲：兩岸和平的起點》這部書是台灣大學心理學系黃光國教授新近完成探討二十一世紀海峽兩岸關係的著作。黃教授是我在台大幾十年的同事，承他好意，將全書書稿先交我閱讀，並希望我寫一篇序言，我深感榮幸。

　　黃光國教授數十年來從事華人本土心理學研究，卓然有成，斐聲國際，自成一家，近著《儒家關係主義：文化反思與典範重建》一書，納入我主編的《東亞文明研究叢書》，由台灣大學出版中心出版。黃教授在專業研究之餘，對社會政治事務之關心不遺餘力，是台灣知識份子的重要代表人物。我多年來拜讀他的時論作品，非常感佩他愛鄉愛國的用心與讀書人的風骨，他的風範常使我想起二十世紀語言學大師杭士基在專業工作之餘，對美國政府的批判與諍言。

　　黃光國先生這部書中，提出以「一國兩憲」的安排，促使海峽兩岸在二十一世紀邁向一個新的和平的未來。黃教授樂觀地期待兩岸關係的新未來，他說：

> 台灣雖然是「不完整的國際法人」，然而，如果海峽兩岸都能接受「一中兩憲」的原則，雙方便可以「對等的政治實體」的地位，展開「平等的協商和談判」。唯有如此，才能保障台灣的最大權益，也才能解除許多台灣人民「談判即是投降」，「協商就會被吃掉（統一）」的疑慮。（本書頁284）

　　這部書的論述，基本上從國際以及國內脈絡出發，論證以上基本看法。就像任何一部有關政治現實的論著一樣，黃教授這部書中的每一個論點，未必能獲得所有讀者完全的同意或支持，但讀者對黃教授提案的用心之良善，必然有相當的體認。

　　黃教授所提出的「一中兩憲論」，牽涉問題至為廣泛，我無法也不必要在這篇短文中一一討論，但是，我想指出的是，他的「一中兩憲論」中，最關鍵的核心問題是「一中」，也就是「中國」一詞的定義與內涵問題。我想從思想史角度對「中國」這個名詞及其涵義的演變略加引申說明，以作為讀者閱讀本書時的參考，並就教於黃教授。

　　從歷史上看，「中國」這個概念孕育並發展於古代東亞以中國為強權的政治背景之中。這種特殊的歷史背景，形塑了古代中國的政治觀與世界觀，學者稱之為「政治唯我論」（political solipsism）[1]、或「中華中心主義」（Sinocentrism）[2]或「以中國為中心的世界秩序觀」（Sinocentric world order）[3]。「中國」一詞及其概念，並不是作為一個抽象而普遍的概念，而被古代中國經典的作者或編者所理解或論述。相反地，「中國」一詞在古代中國經典的作者及其解讀者之間，是作為一個具有具體而特殊的指涉內涵並具有中華文化特色的概念，也乘載特定的中華

---

[1] 蕭公權：《中國政治思想史》（台北：聯經出版事業公司，1982），（上），頁 10 及頁 16，註 54。

[2] John K. Fairbank ed., *The Chinese World Order* (Cambridge, Mass.: Harvard University Press, 1968), p.1

[3] Lien-sheng Yang, "Historical Notes on the Chinese World Order," in Faribank ed., *op. ci.,* p.20.

文化價值。

「中國」一詞在中國傳統經典中主要有三種意涵：第一是
地理意義的中國，第二是政治範圍的中國，第三是文化世界的
中國。就地理意義而言，中國是世界的中心，中國以外的東西
南北四方則是邊陲。就政治意義而言，中國是王政施行的區域，
《尚書・堯典》記載堯舜即位後，在中國的四方邊界巡狩，中
國以外的區域在王政之外，是頑凶之居所，所以〈堯典〉說舜
流放四凶於四方。中國經典中常見的「中國」一詞，在早期經
典如《詩經》中多半指涉政治或地理之意義，如〈大雅・民勞〉：
「惠此中國，以綏四方」，〈大雅・桑柔〉：「哀恫中國，具贅卒
荒」之類。但是到了《左傳》《公羊》《穀梁》等《春秋》三傳
之中，「中國」一詞就取得了豐富的文化意涵，常在華夷之辨的
文化脈絡中提出「中國」之概念。孔孟思想中的「中國」一詞，
更是乘載鮮明的文化意涵，並以「中國」爲文化水準最高之地
域。在近代以前東亞世界的政治秩序之中，「中國」這個詞稱既
指政治意義中作爲「天朝」的中國，又指文化意義的中華文化
原鄉。

古代中國典籍中將「文化中國」與「政治中國」合而爲一
的「中國」概念，傳播到東亞周邊地域如日本和台灣時，就激
起了新的轉化。德川時代（1600-1868）日本儒者誦讀中國經典，
面對「中國」這個概念及其所預設以「華夷之辨」爲中心的東
亞政治秩序及其思想內涵時，勢必提出某種新的詮釋，以舒解
他們的「文化自我」與「政治自我」之間的分裂，並使中國經

典及其價值理念適應於日本的整體文化風土。日本儒者對「中國」一詞進行意義的重構常常將「中國」一詞解釋為文化意義的「中道」或《春秋》之旨，山鹿素行（1622-1685）就是一個例子。在山鹿素行使用的「中國」一詞指文化意義的「得其中」而言，並不是指政治意義的中華帝國而言。山鹿素行說：「天地之所運，四時之所交，得其中，則風雨寒暑之會不偏，故水土沃而人物精，是乃可稱中國」，[4]山鹿素行又說日本「得其中」，所以政治安定，三綱不遺，非易姓革命政局動盪之中華帝國可比。[5]經由這種嶄新的詮釋，山鹿素行解構了中國經典中以「中國」一詞指中華帝國兼具政治中心與文化中心之舊義，並成功地論述日本因為文化上及政治上「得其中」，故遠優於地理上的中華帝國，更有資格被稱為「中國」。此外，日本人也常常以普遍意義的「天」的概念，瓦解「中國」一詞的特殊指涉對象：淺見炯齋（1652-1711）在〈中國辨〉中開宗明義就以天地無所不包，無所不藏，以顛覆東亞世界政治秩序中的華夷之辨，主張「吾國（指日本）固和天地共生」，「各有一分之天下而互無尊卑貴賤之別」。[6]

　　我們再看「中國」概念在近代台灣的發展。1895 年中日甲

---

[4] 山鹿素行：《中朝事實》收入廣瀨豐編：《山鹿素行全集》（東京：岩波書店，1942），第 13 卷，上冊，頁 234。

[5] 山鹿素行：《中朝事實》，頁 250。

[6] 淺見炯齋：〈中國辨〉，收入：《山崎闇齋學派》（東京：岩波書店，1982年日本思想大系版），頁 416。以上論點參考拙作：〈從中日比較思想史的視野論經典詮釋的「脈絡性對換」問題〉，《台大歷史學報》第 34 期（2004 年 12 月），頁 381-402。

午戰爭日本打敗中國之後，台灣割讓給日本。從此之後，「中國」
這個概念的涵義在台灣發生了變化。通貫整個二十世紀，台灣
知識份子心目中的「中國」概念，具有以下兩項特質：

第一，現代台灣的「中國」概念包括「文化認同」（Cultural
Identity）與「政治認同」（Political Identity）兩個部份，而且前
者遠比後者更重要，因爲「文化認同」具有抽象性、理想性與
長期性，與「政治認同」的具體性、現實性與短期性構成鮮明
對比，而且「文化認同」比「政治認同」更爲悠久而重要。舉
例言之，1895 年割讓台灣之後的台灣首富李春生（1813-1924）
於 1896 年應日本殖民當局之邀赴日訪問，回台後撰寫東遊隨
筆，申言「新恩雖厚，舊義難忘」，[7] 並三度以「棄地遺民」自
況。[8] 撰寫《台灣通史》的連橫（雅堂，1878-1936）也自稱「棄
地遺民」。[9] 李春生與連橫之所以自稱「遺民」，基於對中華大地
的「文化認同」的意義，實遠大於對統治中國的政權之「政治
認同」，這也就是國學大師章炳麟（太炎，1869-1936）所謂「台
灣，故國也」[10] 的確切涵義。

在日本帝國統治之下，日據時代（1895-1945）台灣知識份
子對「文化中國」滿懷浪漫的想像，例如台中地區文化人葉榮
鍾（1900-1956），作家吳濁流（1900-1976），醫生兼作家吳新

---

[7]　李春生：《東遊六十四日隨筆》（福州：美華書局，1896），頁 51。
[8]　同上書，頁 9、51、82。
[9]　連橫：〈與林子超先生書〉，《雅堂文集》（台灣文獻叢刊），頁 127。
[10]　章炳麟：〈臺灣通史序〉（1927），收入《章氏叢書三編・太炎文錄續
　　編》（蘇州：章氏國學講習會，1938），卷 2，下。

榮（1906-1967），以及在大陸經商的吳三連（1899-1988），都
將中國大陸視爲文化的原鄉，我在舊作中曾有所討論。[11]作家
張深切（1904-1965）在日據時代的剃髮經驗，很能闡釋當時台
灣人心目中作爲「文化認同」意義的「中國想像」。張深切在剪
髮時的痛哭流涕，[12]正是他的「文化中國」認同被撕裂後的痛
苦！

　　第二，在現代台灣的「中國」概念中，「文化認同」與「政
治認同」既是抽象的理念，又涉及具體的現實生活，兩者間既
聯合又鬥爭，兩者間既有其相互滲透性，又有其緊張性。日據
時代台灣人對於原鄉的傳統中華文化，固然在日本帝國主義者
壓迫下而不勝其嚮往之情，但是，台灣人由於過於一廂情願，
也過於浪漫，未能深入認識中國歷史上文化理想與現實專制政
治之間恆處於緊張甚至衝突之關係，也未能認識他們的「中國
想像」中「文化認同」與「政治認同」之間的相互矛盾性，這
是日據時代回歸原鄉的台灣知識份子祖國夢碎的原因，也是光
復後台灣人對國民黨失望的思想根源。[13]

　　現代台灣人世界觀中「文化中國」與「政治中國」的分野
及其張力關係，在最近二十餘年來隨著台灣民主化的進展，而
日益彰顯兩者間之緊張性。從「中國」這個概念及其在日本與

[11] 參考：黃俊傑：〈日據時代臺灣知識分子的大陸經驗——「祖國意識」的
　　 形成、內涵及其轉變〉，收入：氏著：《台灣意識與台灣文化》（台北：
　　 正中書局，2000），頁 104-137。
[12] 陳芳明等編：《張深切全集》（台北：文經社，1998），卷 1，頁 84。
[13] 黃俊傑：〈論「台灣意識」中「文化認同」與「政治認同」的關係〉，
　　 收入：氏著：《台灣意識與台灣文化》，頁 48-81。

台灣的轉化，我們可以發現：所謂「中國」或「中國性」（Chineseness），其實是相當複雜的「概念叢」（ideas complex）。從「中國」概念的內在結構的角度來看，「中國」這個概念至少包括「文化中國」、「地理中國」與「政治中國」諸概念，而以「文化中國」居於最重要之地位。再從「中國」概念之發展的角度來看，歷史的進程塑造了兩種「中國」：一是以福建、廣東、香港、台灣、東南亞及歐美華人社會為主的「海路的中國」；一是以中原為主體，包括蒙古、中亞以及絲路所及之地的「陸路的中國」。[14]以上諸多「中國」概念在歷史進程中，共同構成了「中國性」。

但是，從東亞周邊地域的觀點來看，「中國」這個概念又包括：作為「精神移住地」的「中國」，與作為「想像的共同體」的「中國」。不論是前者或是後者，「中國」或「中國性」的概念，都不是地理的疆域所能律定的。反之，「中國」或「中國性」是一種移動的概念。日本許多思想人物以「中國」一詞指稱日本，因為日本得孔子之道與《春秋》之精神。現代台灣人的世界觀中的「中國」，又可分為「文化中國」與「政治中國」兩個概念，兩者之間既不可分割但又互為緊張。隨著海峽兩岸的長期分隔，以及台灣的快速民主化進程，「文化中國」與「政治中國」這兩個概念之間的互滲關係與緊張關係日益加深，特別值得觀察。

---

[14] 溝口雄三：《方法としての中國》（東京：東京大學出版會，1989），頁306。

　　我從思想史角度，簡略說明「中國」這個詞稱及其轉化的軌跡，主要是想就「中國」的內涵之複雜性、多層次性及其遊移性，爲黃教授這部書所提出的「一中兩憲」的論旨略作補充。我們在思考黃教授「一中兩憲論」的提案時，如果扣緊「中國」概念這個核心問題深入探討，必可獲得更爲深刻的看法。在這個意義上，黃教授這部書是我們探索二十一世紀海峽兩岸關係新發展的一個起點，而不是終點。

黃俊傑

2005 年 10 月 7 日

於台灣大學歷史系

序四

黃光國教授最近完成《一中兩憲：兩岸和平的起點》的大作，問序於我，欣然同意。黃教授乃國內外著名心理學家，卻能超越心理學以個體爲研究對象的微觀層次，對社會問題與國家大事從事宏觀的剖析。他對台灣的民主法治與社會公道，以及兩岸關係的和平演進，向來十分關心。遇到重大社會與政治問題，他總是努力瞭解，深入思辨。每有所論自能見人所未見，發人所未發，鞭辟入裏，入木三分。尤有進者，他常能言人所不願言，言人所不敢言。他的名著《民粹亡台論》是如此，這本《一中兩憲：兩岸和平的起點》也是如此。

建構兩岸的和平關係，以利台灣民主、法治及均富的長期發展，乃黃教授近年來特別縈繞於心的重大問題。在學術研究的百忙之中，他終於在短期內寫完這部應時的著作，呈現了他殫思竭慮的成果，也表達了他作爲一位自由主義知識分子的風範。爲了能在八、九兩章有效分析與闡揚「一中兩憲，歐盟經驗」的論旨，黃教授在前七章中鋪敘了大量性質不同的文獻資料。這些種類互異的資料，不可能在短期內蒐集齊全，可見他在相關文獻的尋覓上已經花費了長久的時間。

本書出版後，黃教授所提出之「一中兩憲，歐盟經驗」的構想，勢將成爲討論長久維持兩岸和平關係之道的一個重要選項。他所熱心倡議的這一方案，究竟有哪些優點與問題，有待關心兩岸和平議題的有識之士多加討論。個人在此只想提出一點意見：在解決兩岸關係的爭議時，歐盟經驗的確值得參考，

但也只能重其精神，不必拘泥於其具體條件。例如，加入歐盟的三條件是實行民主與法治、保障人權合乎標準、及建立市場經濟運作制度。若要建立「中盟」這種上位共同體，前兩項條件就難有共識。這一類問題究應如何解決，有待黃教授及有識之士進一步討論。

楊國樞

謹序

二〇〇五年十月十一日

自序：破解兩岸政治困局的關鍵

這本書可以說是當前台灣時空環境下的一個產品。我認為自己是個「後五四時期的人物」。在讀書求學的時代，最為關心的問題是：如何在台灣社會中實踐「民主」與「科學」。然而，因為我認為自己性格不適合於從政，從美國夏威夷大學學成歸國後，雖然曾經參加過中國論壇社、澄社等論政團體，長期關心台灣的民主發展，然而，個人卻是秉持「論政而不參政」的原則，致力於發展本土心理學，希望能夠為社會科學本土化的志業盡一己之力。

李登輝當權之後，我注意到他雖然口口聲聲宣稱自己在推行「民主改革」，其實他是以「台灣意識」作為基礎，在搞「民粹主義」。我很清楚地察覺到：李登輝的所作所為，將給台灣帶來極大的災難，在李登輝政治行情火紅的 1995 年，我寫了一本《民粹亡台論》，由商周文化出版。這本書在當時非常暢銷，「民粹」一詞也從此在台灣社會中流傳開來。

我一直堅信：知識份子是「理念的人」，如何從理念上破解台灣的民粹主義，也成為我在知性探索上的最大挑戰。2004 年，總統大選之後，台灣社會動盪不安，我和一些學術界、文化界、社運界的朋友組成「民主行動聯盟」，「破解民粹主義」更成為我殫精竭慮、夢寐以思的一個嚴肅問題。

2005 年 9 月 25 日，民主行動聯盟在台大法學院國際會議廳舉辦為「軍購、和平與國家發展」圓桌論壇，民進黨前主席

　　許信良在主持第二場論壇時指出：解嚴之後，台灣社會中最重要的核心價值就是「台灣主體性」思維。民進黨以它作爲奪權的工具，在野政黨也不敢對它有所拂逆。

　　這段發言一針見血地點出了破解當前台灣民粹政治必須考量的大前提。在 2004 年總統大選前 9 個月，連宋成軍，宣佈參選正、副總統，當時支持率高達 47%，而陳水扁因爲執政成績乏善可陳，支持率只有 28%。從本書第五章的論述裡，我們可以清楚地看出：在總統選戰過程中，陳水扁不斷拋出「一邊一國」、「兩邊三國」、「催生新憲」、「全民公投」等「台灣主體性」議題，而連宋陣營卻招架乏力，提不出任何中心理念，結果陳、呂的支持率一路攀升到投票前的 38%，而連宋的支持率卻一路下滑到 41%。及至「兩顆子彈」的槍擊案發生，綠營到處散佈謠言，說「連宋和中共槍手暗殺台灣總統」，陳、呂終於以些微差距再度當選台灣的正、副總統。

　　從 2004 年 5 月 20 日，陳水扁就職以來，扁政府的腐化和無能更是赤裸裸地曝露在國人面前。可是，陳水扁已經公開宣示：下一次大選的主軸是「中華民國是台灣」，民進黨已經準備要在各鄉鎮舉辦一萬場的「憲改座談會」，宣揚這樣的理念。面對這樣的局面，請問：泛藍陣營有何對策？

　　本書的析論指出：在中共公佈《反國家分裂法》之後，台灣是不是要堅持走台獨之路，已經是戰爭與和平的抉擇，也是台灣生死存亡的抉擇。然而，九月 25 日，手護台灣大聯盟、民進黨和台聯只要指責反軍購人士是「賣台」，是「跑中國，反軍

購」，就可以號召數萬人上街頭。面對這些「不畏死」的群眾，請問：台灣人民有何對策？

在「軍購、和平與國家發展」圓桌論壇上，石之瑜教授主張：海峽兩岸必須將彼此之間的敵對關係轉化成為「倫理關係」；張亞中教授則主張：把台灣建構成「和平島」，才能使兩岸避免走上軍備競賽之路。「倫理關係」或「和平島」都十分理想，然而，我們要用什麼樣的方法來達成這樣的理想？

九月 25 日下午，我和幾位民盟的伙伴在台北市松仁路勞思光院士的居所，討論草擬「兩岸和平宣言」的內容。勞院士從自由主義的立場談到：他一生的理想就是轉化共產主義，使中國發展出民主制度。可是，在兩岸實力我消彼長的今日，自由主義的知識份子又有什麼力量轉化共產主義？

在撰寫這本書的過程裡，我深刻地感受到：「一中兩憲，歐盟經驗」的主張，不僅能夠兼顧台灣的主體性，讓海峽兩岸可以「對等的政治實體」，展開和平協商；而且可以要求兩岸當局在其有效統治範圍內具體落實其憲法主張，化解當前兩岸之間或兩岸內部的許多紛爭。

我當然瞭解：中共 1982 年憲法中對人權保障的前提是「人民民主專政」。當前兩岸之間並沒有「立即統一」的條件。可是，我們必須承認：世界上任何一個社會都是在不斷的變遷之中，唯有「尊重憲法，實行法治」，我們才能在中國社會中找到轉化共產主義，開展民主制度的槓桿。唯有承認「一中兩憲」的政治現實，兩岸才有可能逐步建構出和平穩定的互動架構，等到

客觀條件齊備之後，兩岸才能借重「歐盟經驗」，進一步思考建構「中國憲法」的可能性。

從本書的論述中，我們可以很清楚地看出：「一中兩憲，歐盟經驗」的主張，是以「憲政自由主義」(constitutional liberalism) 作為基礎，希望以法治精神和理性態度破解兩岸的政治困局，並建構兩岸間的和平關係。我非常感謝在台灣社會中長期提倡自由主義的前輩學者楊國樞、胡佛二位院士，儒家思想史的權威學者黃俊傑教授，以及風骨凜然的民間學者王杏慶（南方朔）先生為本書作序，希望自由主義的香火可以藉此在華人社會傳承。

民主行動聯盟的伙伴張亞中、謝大寧、李明、楊開煌等幾位教授，對本書的內容及題目都提供了十分寶貴的建議，謹此致謝。最後，我還要特別感謝我的三位助理小姐楊宜憓、江凱儀、和章芙萍，他們努力地幫我收集資料，整理文稿，沒有他們的協助，我不可能在暑假之內完成此書。

國家講座教授

黃光國

2005 年 9 月 28 日

目　錄

第一部分
台灣的歷史處境

※ 太平洋的霸權

※ 中國的崛起與能源問題

※ 中國威脅論與戰區導彈防禦

※ 美日同盟與中日衝突

第一章
太平洋的霸權

2005 年 8 月 17 日，我在《聯合報》上發表一篇題爲〈一中兩憲，歐盟經驗〉的文章，主張以「一中兩憲」爲基礎，借重歐盟經驗，建構兩岸間穩定的和平關係。

這篇文章發表之後，許多朋友紛紛打電話給我，和我討論文章中的的相關概念。大家的共同反應有兩點：第一，就理論而言，「一中兩憲」的主張似乎能夠解決當前兩岸關係所面臨的大部分問題，可是又好像什麼地方有點「怪」或「不對勁」；第二，就實際而言，國內的政治人物會接受這樣的主張嗎？對岸的中共會接受這樣的主張嗎？

針對第一個問題，我的回答是：「一中兩憲」之所以會讓大家覺得「有點怪」或「不對勁」，嚴格說來，它本身就是個矛盾的概念。在正常情況下，一個國家只有一部憲法，怎麼可以有「兩憲」呢？然而，目前兩岸關係的現實就是如此。面對這個人類歷史前所未有的困局，我提出「一中兩憲」，作爲建構兩岸和平架構的基礎，其實只是希望兩岸政治人物能夠面對現實而已。然而，在不同的時空點上，每個人對他在生活世界中所面對的現實，都會有不同的認識。兩岸政治人物願不願意接受「一中兩憲」的主張，取決於大家是不是和我有同樣的共識。因此，這篇文章發表後，我立刻起心動念，決定寫一本小書，來說明我對當前兩岸局勢的認識，以及爲什麼「一中兩憲，歐盟經驗」的主張能夠破解兩岸關係的困局。

第一節　本書的理路

　　我認為：我們要說明「一中兩憲」為什麼能打破兩岸對立的僵局，一定要從一個比較宏觀的角度，來瞭解當前台灣的歷史處境。因此本書共分為三大部分，第一部分，「台灣的歷史處境」包含三章，第一章「太平洋的霸權」，說明第二次大戰之後，美國如何拉攏日本，維護她在西太平洋的霸權地位。第二章「中國崛起與能源問題」，說明中國自從開始改革開放之後，所遭遇到的能源問題，以及中國為了爭取油源，和日本、美國所發生的衝突。第三章「中國威脅論與戰區導彈防禦」，說明美國如何誘使東亞各國，建構「戰區導彈防禦系統」，來對抗中國的軍事威脅。第四章，「美日同盟與中日衝突」，敘說在美日同盟共同對抗中國的新冷戰格局下，中國和日本之間如何產生一系列的衝突。

　　第二部分「亞細亞的孤兒」包含三章，第五章「兩岸對立與操作選舉」敘說在「美日同盟」對抗中國的新冷戰格局下，2004 年台灣總統大選過程中，陳水扁如何利用民粹式的兩手策略，在島內挑起族群對立，對島外挑撥兩岸關係，以謀取選舉的最大利益。第六章「從凱子軍購到軍備競賽」，分析美國的鷹派如何利用兩岸之間的矛盾，脅迫台灣以天文數字的特別預算，購買一批過時的武器，幫助美國佈置「戰區導彈防禦系統」；而扁政府又如何使用民粹式的語言，企圖讓軍購預算矇混過關。第七章「台灣的經貿鎖國」，則以具體的統計數字說明：陳水扁以所謂的「積極開放，有效管理」，承襲李登輝「戒急用忍」

的兩岸政策，已經嚴重扭曲了兩岸間的經貿結構，使台灣走上
「經貿鎖國」的道路。

❖ 兩岸和平的起點

第三部分「兩岸和平的起點」包含兩章，第八章「歐盟經
驗」討論歐盟的歷史、歐盟的理念，法、德、英各國對於歐盟
的態度，以及他們之間互動的歷史經驗。第九章「論一中兩憲」，
旨在說明：為什麼以「一中兩憲」的原則，借重歐盟經驗，可
以打破兩岸僵局，逐步建構兩岸和平穩定的關係。

以往各方所提出的兩岸論述，諸如：「一國兩制」、「兩岸一
中」、「一中兩國」、「兩國論」、「一邊一國」等等，都蘊涵有「終
極目標」的意義，所以容易使兩岸關係陷入僵局。在展開本書
的論述之前，我要特別強調的是：「一中兩憲」跟以往論述的最
大不同之處，在於它只是「兩岸和平的起點」，而不是「終點」，
它只是要大家認清兩岸關係的現實，以「一中兩憲」作為起點，
打破兩岸僵局，便可以建立彼此互信的機制，逐步建構出兩岸
間的和平關係，達到未來「統一中國」的目的。

我之所以會提出「一中兩憲，歐盟經驗」的主張，主要是
著眼於台灣當前的國際處境。在我看來，影響當前台灣國際處
境的最重要因素，一方面是中國的崛起，另一方面是美國企圖
掌控日本、韓國、和台灣，以維持她在西太平洋上的霸權。

第二節 西太平洋的海上霸權

自從十七世紀殖民主義興起之後，所謂「海權國家」必須掌握有決定性的關鍵武力，包括：位居要津的海港與基地，跨洋的艦隊調度能力，能夠實施海上封鎖，並直搗敵人核心。海權國家享有戰略上較高的彈性和機動性，在近代歷史中，海權國家利用這樣的優勢，贏得了所有的全球性戰略競賽。在路權聯軍與海權國家對抗的歷史中，海權國家連番擊敗了曾經稱霸歐洲的拿破崙和希特勒。

對海權國家來說，孤立主義將賦予敵方所有的優勢，包括使用武力的時機與地點。因此，英國在 1940 年受到德國攻擊時，邱吉爾並未退縮，反而在地中海對敵人採取更積極的海洋戰略。英國知道她無法贏得戰爭，但她所採取的地中海戰略，卻使她支撐到美國援軍再度到來。英國的歷史經驗顯示：對海權國家而言，孤立主義是最危險的戰略。

地緣政治學家史派克曼（Nicolas Spykman）十分瞭解美國安全的海洋基礎。早在 1942 年，他就預言，第二次世界大戰結束後，英國勢力衰落，美國將取而代之，扮演「海外平衡者」的角色。這個角色使美國不能容忍任何國家在歐亞關鍵土地上宣稱霸權。在冷戰時期，歐亞大陸是美國圍堵蘇聯的重大利益所在地。就美國的全球戰略而言，即使在冷戰結束後，仍然需要同時在歐洲與東亞維持軍事部署和聯盟。

從二十世紀初開始，美國即密切注意和太平洋對岸維持權力平衡。第一次世界大戰後，因為美國沒有盡全力維持東亞的

權力平衡，導致此地是非不斷。第二次大戰後，東、西冷戰的
意義，可以說是由海權國家所領導的聯盟，戰勝想要在歐亞大
陸取得霸權地位的陸權國家。蘇聯的崩解，恢復了歐亞大陸西
部的平衡。但是歐亞大陸的東部卻沒有發生同樣的狀況。東亞
至今仍然是列強爭權的重心。西太平洋上的韓國、台灣與南中
國海上的半島、小島與群島，始終是列強衝突的焦點。

❖ 第一島鏈

　　中國通往太平洋的快速海道，必須經過由東亞沿岸向外延
伸而形成的一連串島鏈。第一島鏈分隔東亞大陸沿海與廣大的
太平洋區；它從阿留申群島開始，向下延伸至日本群島。日本
與韓國之間僅相隔一狹小的對馬海峽，繼續向下延伸至台灣，
經菲律賓群島，直到印尼。在廣大的印尼群島中，有麻六甲、
巽他、與龍目島等三處重要海峽連結印度洋與太平洋。

　　第一島鏈繼續延伸至新幾內亞島，包含西邊的印尼屬地爪
哇，前澳洲殖民地巴布亞新幾內亞。穿過澳洲與其東北方鄰近
島群，其終點爲面對南極冰海的紐西蘭南島。在第一條島鏈的
東方，還有位於太平洋中央的第二條島鏈；從中途島開始，至
馬里亞納與馬紹爾群島。

　　對具有海洋野心的陸權國家，第一條島鏈可說是一把雙面
的利刃。一方面，它爲陸權國家提供屏障，讓其發展海洋能力；
另一方面，它卻成爲海洋國家圍堵陸權國家的基地。美國一向
以「太平洋國家」自居，又想扮演全球「海外平衡者」的角色，

圖 1　亞太地區重要戰略島嶼分佈圖

爲了維護她在西太平洋上的霸權地位，當然必須緊緊掌控這條
關鍵性的「第一島鏈」。

第三節　美國在太平洋的戰略佈置

　　亞太地區擁有世界上 60％的人口，其經濟生產占世界總量
的 26％，世界上最頻繁而密集的海運集中於此，是世界上最富
有生機的一個地區。目前亞裔是美國國內成長最快的族裔之
一，美國出口的三分之一在亞洲，美國在亞洲也有巨大的經濟
投入。自 1987 年以來，美國在亞洲的直接投資已經增長了三

倍，發展亞洲市場已成爲美國公司利潤的主要來源。

❖亞太地區的戰略背景

在過去 100 年內，美國在亞大地區經歷過二次大戰、韓戰、越戰等三次戰爭。自第二次世界大戰結束之後，美軍在該地區的陣亡人數遠高於其他地區。現在世界軍事力量的前六名均在該地區，其中四個國家還擁有核武器。在美國與外國的七項防務協定中，與日本、韓國、泰國、菲律賓和澳大利亞的五項防務合作，使美國與該地區緊密聯結。

可是，亞洲地區卻潛藏著多種危機和衝突的爆發點，朝鮮半島、東海油田、釣魚台、台灣海峽、南沙群島、喀什米爾等地，都存在著重大爭端，所引發的衝突，極有可能演變成大規模的戰爭。不僅如此，跨越國界的恐怖主義、販毒活動和核武器的擴散，嚴重影響該地區的許多國家。除此之外，該地區的幾個主要國家正處在過渡階段，如台灣的統獨爭議，朝鮮和緬甸兩國的政策走向，印尼政府的激烈動盪，和中國大規模的經濟改革，對該地區的穩定與安全都有舉足輕重的影響。

亞太地區的大國之間歷來利益交織，力量交匯，競爭激烈，安全形勢複雜多變。美國雖然努力想要取得該地區安全事務的主導地位，然而，該一地區並未建立北約模式的多邊地區安全機制，大國之間的關係也十分複雜，中美、中日、美日、美俄、俄日關係均處於不斷調整之中。而且東亞國家與美國發源於不同的文明體系，在價值方面存在著巨大的差異。這種「文明的

衝突」對美國的戰略規劃，也產生了深遠的影響。

　　基於歷史、現實和未來等多方面的考量，美國的長期戰略方針是保持並加強它在亞太地區的軍事力量，美軍太平洋總部就是實施這項戰略方針的最高權力機構。

❖ 美軍太平洋總部

　　1947 年 1 月，美軍太平洋總部成立於夏威夷州的檀香山，是美軍在太平洋地區的最高作戰指揮機構。其轄區東起美國西海岸，西至非洲東海岸，南北方向遠至兩極，包括 45 個國家和地區，總面積約 1.6 億平方公里，相當於地球表面的 52%。

　　美軍太平洋總部接受美國最高當局的直接指揮，在參謀長聯席會議主席的協調下開展工作，下轄四個一級軍種司令部：太平洋陸軍部隊司令部、太平洋艦隊、太平洋空軍司令部、和太平洋海軍陸戰隊司令部；四個二級地區司令部，駐韓美軍司令部、駐日本美軍司令部、阿拉斯加司令部、以及太平洋特種作戰司令部。

　　太平洋地區陸軍包括：總部、駐紮在華盛頓州的第一軍團、駐紮在夏威夷州的第 25 輕步兵師，駐紮在阿拉斯加的第 172 獨立步兵旅，以及部署在韓國的第二步兵師，總兵力約 6 萬人。太平洋艦隊指揮美軍約一半的海軍力量，包括 6 艘航空母艦、170 艘艦艇和 803 架各種作戰飛機，總兵力約 13 萬人。太平洋空軍司令部指揮四個空軍部隊，擁有戰鬥機 300 架，其他各類輔助飛機 100 架，總共有 4 萬人。太平洋海軍陸戰隊包括駐紮

在加州的第一遠征隊和駐紮在日本的第三遠征隊，總兵力約 7
萬人。整個太平洋總部屬下總共有 30 萬大軍，處於高度戒備狀
態，隨時準備對各方面的情況作出反應。

美軍太平洋總部部署在海外軍隊總兵力約 10 萬人，以輪調
方式進行。駐紮在海外的軍事基地，主要是在韓國、日本以及
西太平洋上的海軍部隊；駐守在美國本土的軍隊，基本上是駐
紮在夏威夷、阿拉斯加、和美國的西海岸。

美軍在亞太地區的八十個主要基地是以「點線結合，三線
分佈」的方式配置。一線基地群配置在日本、韓國和迪戈加西
亞，控制著宗穀、津輕、對馬等三個重要海峽和印度洋中部的
海空航道要衝，既可支援朝鮮半島的陸上作戰和太平洋的海上
作戰，又可支援中東、海灣地區的作戰，還可監視和控制印度
洋的廣大海域，戰略地位十分重要。

二線基地群由以關島為中心的諸島嶼與澳大利亞和新西蘭
的基地組成，既是一線基地的依託，又是重要的海空運中間基
地。三線基地群包括以夏威夷為中心的諸群島、中途島、以及
阿拉斯加、阿留申群島上的基地，是太平洋戰區的指揮中樞，
美國西海岸支援前沿基地的中繼基地。

❖ 控制海上戰略要道

冷戰結束後，世界各國海軍日益壯大，美國已經很難實施
「全面制海」戰略。自二十世紀 80 年代開始，美軍尋求「海上
控制」，期望掌控全球十六條海上要道，確保戰時能維護美軍的

航道，封鎖他國海上航運和海軍力量，進而威脅敵國。

為了要控制這些航道，美國在海外維持龐大的軍事基地網。目前，美軍在太平洋區有完整的三線基地網，在大西洋區建有完備的二線基地網。一旦戰爭爆發，美國就可以迅速控制這些海上要道，贏得對各大洋的控制權。

在美國意圖控制的全球十六條海上要道中，亞洲占了五條。其中三條在東南亞，一條在東北亞，一條在太平洋東北海域。它們分別是麻六甲海峽、巽他海峽、望加錫海峽、朝鮮海峽和太平洋上通過阿拉斯加灣的北航線。

麻六甲海峽是連接中國南海和印度洋的一條狹長水道，號稱「東方直布羅陀」，為太平洋和印度洋之間的重要海運通道。它西寬東窄，多島礁、淺灘，戰時極易被封鎖。海峽的東南出口處就是新加坡，可直接控制該海峽。

巽他海峽位於印尼蘇門答臘島和爪哇島之間，平均水深遠超過麻六甲海峽，適於大型艦船、潛艇通過，是第七艦隊往來於太平洋和印度洋的重要航道。

望加錫海峽位於印尼加里曼丹島和蘇拉威西島之間，是西太平洋與印度洋之間的重要戰略要道，平均水深達 900 多米，是美國核潛艇常用的航路。

朝鮮海峽位於朝鮮半島與日本本州之間，是從日本海進出太平洋的要道之一，其餘為對馬海峽、宗穀海峽和津輕海峽。宗穀海峽水淺峽窄，每年十二月和次年四月還會封凍；津輕海峽位於日本北海道與本州之間，容易受制於人。因此，朝鮮海

峽就成爲俄羅斯太平洋艦隊進入太平洋最重要的通道。戰時美
軍若能完全控制朝鮮海峽，就可以把俄羅斯太平洋艦隊困在日
本海，使其無法進入太平洋。

❖ 美軍駐日橫須賀基地

英國地緣政治學家麥金德曾說：「誰統治了東北亞，誰就掌
握了西太平洋，誰就掌握了亞洲的命運。」美國在東北亞的軍
事力量主要是部屬在日本。美國在日本有著許多重要的海、空
軍基地，其中最重要的是橫須賀、佐世保和沖繩。如果沒有日
本的這些基地，美軍防線將退到第二島鏈的夏威夷。

橫須賀海軍基地位於日本東京灣入口處，是日本屈指可數
的天然良港，水域開闊，地勢隱蔽，可同時停泊核動力航母及
其他各型艦隻 300 餘艘，是美海軍第 7 艦隊司令部和日本海軍
聯合艦隊司令部所在地，也是美國海軍在西太平洋地區最大的
綜合性基地和最大的艦船維修基地。橫須賀海軍基地位於日本
最大的京濱工業區，距東京市西南方 65 公里處，區內工商業發
達，交通便利，可爲海軍基地提供豐富的物質支援和各種可靠
的後勤保障。基地內設有軍械庫、補給中心、彈藥庫、油料庫
和海軍醫院。美國海軍位於橫須賀的修船廠，是美國在夏威夷
以西海域唯一能容納航母的大型船塢，可供航母進行維修。

厚木海軍航空站位於橫須賀海軍基地附近，占地 486 公
頃，是美國在西太平洋地區最大的海軍航空設施，駐有美第 5
航母戰鬥機聯隊，裝備 F－14 戰鬥機和 F/A－18 戰鬥攻擊機，

約有 2000 名海軍現役官兵。

　　目前，橫須賀基地美軍隨時保持著向全球範圍內出擊的狀態。美海軍常駐橫須賀基地各類艦艇，包括第 7 艦隊旗艦「藍嶺」號兩棲指揮艦、「小鷹」號航母、3 艘導彈巡洋艦、4 艘導彈驅逐艦、2 艘導彈護衛艦等。其中「小鷹」號是美海軍唯一以海外基地為母港的航空母艦。

❖駐日佐世保海軍基地

　　佐世保海軍基地位於日本九州西北部的佐世保港內。整個基地陸地總面積 5 平方公里，水域總面積 2749 平方公里，可容納核動力航空母艦及其他各型艦艇 200 餘艘。

　　佐世保基地是美海軍在太平洋地區距離中國最近的大型海軍基地，地處黃海、東海至日本海之要衝，扼朝鮮海峽的南口，對控制黃海、東海與日本海的聯繫，封鎖朝鮮海峽具有非常重要的功能。佐世保基地周圍山嶺環抱，港外島嶼星羅棋布，進口航道的四面有五島列島作為屏障，地勢十分隱蔽，是一個天然良港。港口水域分為內港和外港兩區，內港區擁有各種駐泊、修理設施，外港區供艦船錨泊。

　　佐世保曾為舊日本海軍軍港。1905 年日俄戰爭時，日軍曾動用駐紮在佐世保基地的「聯合艦隊」，在對馬海峽殲滅俄國海軍艦隊。二戰之後，佐世保軍港連同周圍的軍事設施一起被美國接管，成為美國海軍的駐外基地。韓戰期間，該港承擔美軍艦船的補給、修整等任務，是美軍在遠東一個主要支援基地。

越戰期間，佐世保港一直是美海軍第 7 艦隊的重要基地。越戰
之後，該基地作用一度下降。二十世紀 80 年代以後，美軍認為，
佐世保比橫須賀更接近朝鮮，更靠近南海和印度洋，因而重新
提昇佐世保的戰略地位。1992 年，美軍把菲律賓蘇比克基地的
艦艇轉移到這裡，該軍港遂成為太平洋總部處理地區事務的一
個補給站。

佐世保和橫須賀分別位於日本東、西海岸，互為犄角，是
控制朝鮮海峽的「鑰匙」，一旦有戰事發生，這兩個基地將構成
美軍的第一條戰線。因此，美軍不斷強化在此地的軍力。

❖ 美軍駐日沖繩基地

自從 1945 年 4 月以來，沖繩島一直被美軍視為重要的東亞
戰略基地，島上的瑞慶覽、科特尼和普田間是美海軍陸戰隊的
主要基地，嘉手納和那霸是美軍的戰略空軍前進基地，這些軍
事基地構成美軍「島嶼鎖鍊」的首要環節。美軍駐日本沖繩基
地總兵力 2.7 萬人，主要駐紮有美海軍第 3 陸戰師（占總兵力
60%），包括 4 個陸戰營、1 個炮兵營另 1 個連、3 個裝甲連和
海軍第 5 航空隊，包括第 18 聯隊、第 35 戰鬥機聯隊及 374 空
運聯隊。採取六個月一輪的輪班值勤制度。

那霸位於沖繩島的西南岸，是日本沖繩群島中最大的港口
和海軍基地。那霸港港區水域寬闊，大部分水深 10－20 米，有
碼頭和軍港碼頭等共約 20 座，能停靠噸位 2000 噸以上軍艦的
泊位有 23 個，那霸的空軍設施隸屬沖繩嘉手納空軍基地，面積

9 平方公里，可容納 150 架飛機。

金武中城港位於沖繩島的東南端，是金武港和中城港的總稱。第二次世界大戰之後，美軍開始建造該港，港內設施日臻完善，現已成為美軍西太平洋中重要的海軍基地。金城灣水域面積約 200 平方公里，可錨泊大型戰艦數十艘。中城灣位於金武中城港的南端，水域面積廣闊，約 230 平方公里。

白灘軍港位於勝連半島的東南岸，是駐沖繩美海軍重要的後勤補給基地，也是美海軍陸戰隊的作戰訓練基地，在勝連半島東北約 4 公里的平安座島上，有日本第三大原油儲備基地，總儲油能力達 534 萬噸。沖繩練油廠位於兩大油庫之間，是沖繩地區第二大煉油廠。平安座島北面的金武灣海面上有 2 座浮動式油碼頭，可停泊 50 萬噸級油輪，平安座島西北海面上還有 2 座成品油碼頭，可靠泊 6 萬噸級油輪。

❖「海上長城」的心臟

對於麻六甲、巽他和望加錫海峽，美國過去最重要的控制能力來自菲律賓蘇比克灣和關島基地。1992 年 2 月，美軍蘇比克海軍基地租期已滿，美軍不得不在西太平洋地區積極尋求替代地。

1992 年，美海軍將第七艦隊後勤供應司令部從蘇比克灣遷至新加坡。原來美軍蘇比克基地的職能，由關島和新加坡樟宜海軍基地分別承擔。新加坡港是大型國際化港口，戰略位置極為重要。樟宜海軍基地的規模雖不如蘇比克基地，但港內軍事

設施十分完備。船塢可以修理航母，也便於艦隊補給，成為美軍新基地的首選。

關島位於太平洋西部馬利安納群島南端，面積 549 平方公里。它東距夏威夷 5300 公里，西距台灣 2500 公里，北距日本 2500 公里，處於西太平洋的心臟位置，是太平洋西部馬利安納群島中最大的一個島嶼，也是美國最西邊的領土。

1565 年元月 6 日，西班牙人來到關島，並宣佈佔有該島。十九世紀末，美西戰爭後，關島被割讓給美國。1941 年，日本佔領關島，並計畫將其建成日本「海上長城」的心臟。三年後，美軍重新占領關島。冷戰時期，關島成為美國遏制蘇聯的戰略「橋頭堡」。在韓戰和越戰期間，關島在集結兵力、運送彈藥與物資、支援遠端轟炸等方面，發揮過十分重要的作用。

❖ 美軍在關島的基地

近幾年來，美國在韓國和日本的軍事基地經常受到當地民眾的反對。關島是美國領土，在那裏擴建設施，增加人員和艦隻，都不必跟其他國家協商。

關島的軍事基地是美國西太平洋地區的防禦中心，也是美國對部署在印度洋海軍兵力進行支援的綜合補給站，主要有阿普拉海軍基地、阿加尼亞海軍航空站和安德森戰略空軍基地。

阿普拉海軍基地，是美國海軍在西太平洋唯一的核潛艇基地和前進指揮所，又是艦艇維修補給和停泊修整基地，經常保持一個航母編隊所需的裝備。

　　阿加尼亞海軍航空站，位於阿普拉港南岸的奧羅特半島，設有兩條混凝土跑道，最大容量爲 180 架飛機，是美國海軍航空兵在西太平洋的主要偵察和反潛基地，駐有兩個偵察機中隊和反潛巡邏機中隊。同時，又是西太平洋地區美國航空兵主要的後勤保養站，爲駐在關島的航空母艦載機和途經太平洋的海軍飛機提供保養。

　　安德森戰略空軍基地位於關島北端，也設有兩條混凝土跑道，最大容量爲 150 架 B-52 戰略轟炸機，是美國戰略空軍在西太平洋的指揮中樞，駐紮著 15 架 B-52 飛機、一支加油機部隊、和一支配有 WC-130 氣象偵察機的偵察部隊。基地附近還設有核武器庫，提供核武器給太平洋地區的戰略空軍。

❖特別關注中國

　　美國在亞太地區部署重兵的主要目的是控制大洋通道，謀求美國在亞太地區和全球的主導權。美軍太平洋總部和亞太地區各主要國家都有良好的合作關係。與日本、韓國保持著密切的安全防務關係；與澳大利亞保持牢固的軍事聯盟；積極拓展與東南亞條約組織各國間的重要關係；與大洋洲島嶼國家進行著多種形式的安全防務合作；並致力於與印度重新建立基本軍事關係；即使是跟冷戰時的對手俄軍，也進行了一系列的軍事演習與交流。美國認爲：「中國今後的發展方向對亞太地區和美國本身的安全有著深遠的影響」。美軍太平洋總部因此特別關注中國軍隊的現狀與發展，而美中關係的演變，又跟台灣的國際

處境息息相關，特別值得我們注意。

第四節 美中關係與台灣問題

作為太平洋上的海權國家，美國必需掌控太平洋兩邊海洋的情況。從 1940 年代開始，維繫太平洋對岸的權力平衡，始終是美國戰略安全的基本考量。

❖ 兩種對立的主張

面對全世界人口最多的共產中國，美國內部有兩種不同的主張。有一派政治人物主張：透過「交往政策」，將西方民主生活的價值傳遞給中國大陸人民，進而促成中國大陸的和平演變。例如，卡特總統時期，美國國家安全顧問布里辛斯基（Brzezinski）堅信：美國在地緣戰略上必須與中國尋求共識，以在亞洲大陸獲得一個政治立基點；柯林頓政府因此提出「美中戰略伙伴關係」的想法。

與此相反，屬於「鷹」派新保守主義的政治人物，則主張在東亞地區對中共進行「圍堵政策」。他們認為：在地緣戰略上，中國和美國是天生的競爭對手。中國快速發展的經濟使他們產生了危機感。在冷戰後期，美國因為一時權衡所發展出的聯盟關係，至今已經消逝。中國對海洋的野心，如同德皇的「冒險艦隊」，正散發出不容海權國家輕忽的訊息。

他們擔心：如果中國的武力和影響力持續擴大，將南中國海納入領域，並尋求區域主宰權，第一島鏈中段諸島將逐漸默

許其權力。美國想要將情勢翻轉過來，即使並非不可能，也將十分困難。現在美國必須與日本重申其對海路之興趣，並且聯合其他國家，共同維護海洋自由。在過去半世紀中，美國和中國關係的演變，基本上反映出這兩種政治觀點的嬗變。

❖ 美中邦交正常化

1945 年 12 月 2 日，美國與中華民國之間所締結的「中美共同防衛條約」，保障了台灣的安全。但是，1970 年代後，尼克森總統訪問中國，導致「美中和解」，美國承認中華人民共和國，而與中華民國斷交，「中美共同防衛條約」遭到廢止，影響到台灣的安全保障。

1972 年 2 月 21 日至 28 日，尼克森總統訪問中國，在上海簽署「上海公報」，中國主張「台灣問題是妨礙中美兩國關係正常化的關鍵問題」，「台灣的解放，是中國的內政，外國並無干涉的權利」；並要求美國承認「中華人民共和國是中國的唯一合法政府」，「從台灣撤除一切武裝力量與軍事設施」。美國則重申：美國政府關心由中國人自己和平解決台灣問題」，明確表明反對中國以武力解放台灣。

1979 年 1 月 1 日，美國承認中華人民共和國，與中國達成邦交正常化，並與中華民國斷絕關係。在有關邦交正常化的共同聲明中，美國聲稱「承認（recognize）中華人民共和國為中國的唯一合法政府」，但另一方面卻表明認知（acknowledge）「台灣海峽雙方的所有中國人，都認為中國只有一個，台灣是中國

的一部分」。

❖「和平解決」台灣問題

　　北京與華府在邦交正常化的共同聲明中，有一處用語上的
重要歧異：華府發表的共同聲明說「美國政府認知台灣是中國
一部分的中國立場」；但北京發表的共同聲明則指出：「美國政
府承認台灣是中國一部分的中國立場」，使用了「承認」一語。
由於美國並不承認中華人民共和國對台灣的主權主張，兩國政
府遂就這一點達成妥協，分別用不同的用語，發表共同聲明，
表明各自的立場。

　　美國政府在共同聲明中，表明「美國政府與台灣居民保持
文化、商務及其他非政府關係」。根據 1945 年簽訂的「中美共
同防衛條約」，美國政府有義務防衛台灣。斷交後，美國要如何
保障台灣的安全呢？

　　對於這項條約，中共一貫主張「台灣問題的解決是中國的
內政問題，外國並無干涉的權利」，要求廢除該條約及美軍從台
灣撤退。最後，兩國達成以下的妥協：美國政府在其單獨的政
府聲明中表明「期待台灣問題由中國人自己和平解決」；中國則
在單獨的政府聲明中確認已往的原則：「台灣的回歸祖國與祖
國統一的解決方式，完全是內政問題」，並未對美國所聲明的「和
平解決台灣問題」提出異議。

❖戰略目標的轉移

　　在「上海公報」中，美國政府重申：「美國政府關心中國自己和平解決台灣問題。因此，美國政府確認其最終目標，是自台灣撤除所有美國的武裝力量與軍事設施。在此期間，美國政府將隨著此一地區緊張情勢的緩和，逐漸減少在台灣的武裝力量與軍事設施」。換言之，美國希望藉由發展與中國的友好關係，降低台灣對美國的戰略價值，而減少防衛台灣之承諾，逐步廢除共同防禦條約。

　　美國之所以決定採取此一方針的主要因素，在於中蘇的軍事對立。中國與蘇聯在軍事上形成對決狀態後，美國在亞洲主要的戰略目標，已經不是中國，而是蘇聯。在美國的亞洲戰略中，跟蘇聯軍事對決的中國，佔有重要的地位，台灣在戰略上的重要性已經由中共所替代。

　　當時美國之所以下定決心與中國邦交正常化，主要有三個原因：（1）當時的中共軍隊並無能力渡過台灣海峽，以軍事力量攻擊台灣；而台灣則擁有阻止中國侵略的軍事力量；

　　（2）只要跟蘇聯的軍事對立存在，中共就必須考慮「北方的威脅」，因而沒有餘力攻擊台灣；

　　（3）中國當時推行的現代化計畫，其成敗取決於中共跟美國、日本、以及西方資本主義國家如何發展經濟關係。如果對台灣行使武力，中國與這些國家關係惡化，勢必導致其現代化計畫的挫敗。

　　因此，美國預期「現在及可預見的將來，中國極不可能對

台灣行使武力」，而且「跟中華民國斷交時，只要透過銷售美國武器，維持台灣的軍事力量，即可能保障台灣的安全」。中國也不把美國繼續對台銷售武器視為建立邦交的阻礙因素。在發表有關邦交正常化的共同聲明之後，華國鋒主席在記者會上表示：「美方在談判中表示將繼續對台灣銷售防衛性的武器，雖然數量有限，我方堅持未予同意」。但是，「我們之間雖然有不同的看法和歧見，我們依然就共同聲明達成協議」。

❖「台灣關係法」

美國政府在與中國國家關係的正常化的共同聲明中，強烈主張：美國將在非政府層次上，維持跟台灣的文化、貿易及其他關係。在共同聲明之後所發表的美國政府聲明，也明確指出「要求就准許維持非政府關係的國內法及規則進行協調」。此處所謂的國內法，即「台灣關係法」。在審議「台灣關係法的過程中，曾經討論到：「中美共同防衛條約」失效之後，美國對中國以武力解放台灣，應採取的措施，因而在該法內列入了有關保障台灣安全與銷售武器的規定。

「美國與中華人民共和國締結外交關係的決定，是基於期待台灣的將來依和平方式解決」。因此，該法規定「以非和平方式決定台灣未來的企圖，包括杯葛、封鎖的任何方法，將視為對西太平洋地區和平與安全的威脅，為美國所關心的事」（第二條 B（4）），「危害台灣居民安全、社會與經濟制度的任何武力行動，或其他強制形式，美國保留對抗的資格」（第二條 B（5））。

由於「台灣關係法」的主旨在於不允許中共以武力解放台灣，美國在斷絕外交關係之後，仍然依「台灣關係法」，銷售數量有限的武器給台灣。1996年3月，台灣進行總統選舉時，中共以軍事演習爲名，對台灣施加軍事威脅，美國派遣一艘航空母艦與一艘神盾級飛彈巡防艦前往台灣海峽，也是以「台灣關係法」爲基礎。

❖冷戰後的戰略環境

美國與中國實現邦交正常化後，二十餘年間，環繞中國的戰略環境已經有了激烈的變化。由於冷戰體制的崩潰，美國以中國對抗蘇聯的戰略已經褪色。1989年6月「天安門事件」發生後，美國一度凍結對中國的援助，並停止高層官員的互訪。然而，由於鄧小平斷然實施的「經濟改革、對外開放」，在其後期間，中國進行了快速的經濟成長，軍事力量也同時現代化。從宏觀面來看，進入本世紀後，中國將成長爲世界有數的經濟大國，而且將成爲擁有先進軍事力量的國家。中國的「軍事威脅」也開始成爲美國的問題。

美國對中國政策的大前提之一是中蘇對立。蘇聯解體後出現的俄羅斯，不但使中蘇邊境的緊張關係緩和，而且對中國銷售先進武器，與中國進行緊密的軍事合作。因此，中國不再擔心「來自北方的威脅」，而開始走向中國周邊的海域，進入南中國海與東中國海，對台灣施加軍事壓力，已經齊備以軍事力量統一的條件。

第五節 美國的忠實盟友日本

　　美國為了扮演「海外平衡者」的角色，必須擁有足夠的武力，能夠投射到寬闊的太平洋對岸。為了達到此一目的，美國需要大量資源，包括海事武力、核子武器、海外基地與忠實盟友。日本、韓國與台灣等盟友，幫助美國部署全球性的海事武力，構成美國安全的海洋基礎。

　　日本的戰略地理位置有其天生的罩門：任何具敵意的強權只要在東亞大陸沿岸發展武力，就足以將日本擊垮。第二次世界大戰暴露出日本對來自海上攻擊的弱點。當日本軍隊在中國土地上肆虐時，美國海軍已經攻陷日本的後門。早在 1942 年，史派克曼就已經預見：日本需要美國保護以免受到蘇聯的侵害。1950 年 1 月的中蘇聯盟，就是以日本為目標。1950 年 6 月，當史達林下令北韓攻擊南韓，捍衛日本是促使美國參戰的主要原因之一。1952 年，在獲得美國的保護之後，日本才能專注於經濟發展。

　　作為東亞沿岸的前哨圍欄，日本的戰略地理位置可以控制自海參威出發的蘇聯海軍。在越戰期間，美國藉由控制日本海的海道，阻斷了蘇聯對越南金蘭灣基地的援助。在美國的保護之下，日本成為美國在亞洲地區最忠實的盟友，跟美國保持十分緊密的聯盟關係。

❖「美日安全保障條約」

　　在戰後制訂的《日本國憲法》中，日本為了表明對侵略戰

爭罪行的反省和對戰爭責任的承擔，特別訂下第九條：「日本國民衷心謀求基於正義與秩序的國際和平，永遠放棄以國家權力發動戰爭、武力威脅、或武力行使作爲解決國際爭端的手段。爲達到前項目的，不保持陸海空軍及其他戰爭力量，不承認國家的交戰權。」早在冷戰形成的初期，美國就想拉攏日本建立安保體制，但是卻受到日本「和平憲法」的限制。1960 年，美日訂立《美日安保條約》，強調雙邊性質，軍事合作範圍僅限於「維護日本以及遠東地區的和平與穩定」，日本政府也只是私下將台灣納入「遠東地區」的範圍。

　　1952 年 8 月 5 日，日本政府與蔣介石簽訂「日華和平條約」，承認中華民國爲中國的「正統政府」。在 1960 年 6 月 23 日生效的「美日安全保障條約」第六條規定：「爲有助於日本國的安全，並對維持遠東的國際和平及安全有所貢獻，允許美國的陸、海、空軍在日本國使用設施及基地」。依照 1960 年 2 月 26 日「政府統一見解」的說明：此地所指的遠東，並不是「地理學上所正確固定的」，而是「駐日美軍使用日本的設施與區域，以及針對武力攻擊有助於防衛的區域」，也包括「菲律賓以北及日本與其周邊的區域，韓國及中華民國控制下的地區」。

　　1972 年 9 月 29 日，日本政府承認中華人民共和國爲中國的「正統政府」，跟中華民國斷絕外交關係。日本政府在正常化的共同聲明中，雖然承認中華人民共和國爲「中國的唯一合法政府」，但有關中華人民共和國對台灣的主權問題，日本政府並沒有直截了當地承認「台灣是中國的一部分」，而是將法律判斷

和政治判斷加以區別：一方面強調，根據《波茨坦宣言》日本放棄對台灣的佔有，但是沒有權利判斷台灣的歸屬；另一方面則從現實的政治利益出發，表示「充分理解和尊重」中國關於「台灣是中華人民共和國領土不可分割的一部分」的立場。同時，在兩國共同聲明第六條中表明：「對於相互的關係，確認以和平的手段解決一切紛爭，不訴諸武力或武力的威嚇」，反對中國對台灣行使軍事力量。

❖「新防衛計畫大綱」

到了上個世紀 90 年代初，蘇聯瓦解，冷戰結束，日美雙方開始尋找軍事合作的新定位。1995 年 11 月 28 日舉行的「安全保障會議」決定冷戰後日本的「新防衛計畫大綱」。

1996 年 4 月 17 日，美國總統克林頓與日本首相橋本龍太郎在「美日安全保障條約」的基礎上，簽訂「日美安保共同宣言」，把日美安保體制的機能擴大到所謂的「維持亞太地區的和平與安全」，日美軍事合作的範圍，也不再侷限於日本的本土。1997 年 9 月 23 日，美日安全保障協議委員會決定「美日防衛合作指針」，規定有關「美日安全保障條約」實施的細則，其具體措施，都是按照「新防衛計畫大綱」而規劃的。

「新防衛計畫大綱」指出：「隨著冷戰的終結，以壓倒性軍事力量為後盾的東西間軍事對峙結構已經消滅，發生世界性規模之武力紛爭的可能性已減少」，但是，「為了確保我國周邊地區的和平與安定，日本將繼續擔負重要角色」。「美日防衛合作

指針」目的在於「面臨對日本的武力攻擊及周邊事態，進行更有效且具信賴性的美日合作」，而對有關「周邊事態」的合作，規定日本將向美軍提供「後方支援」。

然而，所謂「周邊有事」，是否包括台灣海峽？在日本政府、自民黨內部，以及執政黨和在野黨之間，都發生了爭論。日本許多極右派政治家認為「周邊事態」當然包括台灣在內。中共更發表聲明，責難這種用語「威脅到中國的主權與安全」。最後是由日本聲明這是「著眼於事態性質的概念」，「不是地理的概念」，而暫告落幕。

❖ 美日的「共同戰略目標」

2005 年 2 月 19 日美國國務卿賴斯、國防部長拉姆斯菲爾德與日本外相町村信孝、防衛廳長官大野功統在華盛頓舉行「美日安全諮商會議」後，發表共同聲明，公開宣示兩國在亞太和全球的「共同戰略目標」，引起有關國家的強烈關注。

這份共同聲明顯示，美日兩國在亞太地區的十二項共同戰略目標中，涉及中國的有三項，涉及俄羅斯和朝鮮的各有兩項，涉及東南亞地區的有四項。這標誌著「美日安保體制」已經跨出了雙邊的範疇。涉及中國的這三項是：

（1）關於「鼓勵中國改善軍事事務的透明化」，美國國防部長拉姆斯菲爾德在會後的新聞發佈會上說：「中國不斷增強自己軍事實力的行為是無可厚非的。我們願意同這個地區所有希望保持和平和穩定局面的國家展開合作。」日本一位官員則對

此表示，「在同中國保持良好關係的同時，我們必須關注中國的軍事動向。」

（2）關於「鼓勵和平解決有關台灣海峽的問題」，最為各方關注。美國國務卿賴斯對此表示：「我們期望與中國發展合作關係，我們也期望確保能夠和平解決海峽議題。」

（3）在共同聲明中，美國和日本將中國列為兩國的「共同關注」，歡迎中國在地區及全球扮演一個「負責任及建設性的角色」。賴斯說：「美日官員在會晤中談到與中國建立合作關係的意願，以及確保臺海問題和平解決的意願。」

第六節 「美日同盟」的形成

「美日安全保障條約」與自衛隊構成日本安全保障體制的主要支柱。台灣不僅是日本的鄰國，也位於日本多數船舶每日航行的海路之關鍵所在。當中共船隻進出太平洋之際，台灣與日本正位於東中國海的入口位置。儘管美國也蓄意拉攏日本共同干預台灣海峽兩岸事務，但日本政府卻從未公開介入，以避免觸犯中國的核心國家利益。

1999 年起制定《周邊事態法》等一系列「有事法制」，為美日在亞太地區開展軍事合作奠定了法律基礎。日本首相小泉純一郎上台後，更加追隨美國，在伊拉克戰爭等國際衝突中，對美國提供軍事合作，日本自衛隊已經走出日本本土參與維和行動，並參加美國主導的導彈防禦系統，進一步加強了美日軍事同盟關係。

❖「中國威脅論」

這十幾年來中國的軍事力增強,在南中國海的軍事行動,對台灣的軍事威嚇,冷戰後中國與俄羅斯的軍事合作,已經在日本與美國間產生了「中國威脅論」。

日本的「新防衛計畫大綱」首次提出台海局勢及中國給日本帶來的威脅,美國新任中央情報局局長向國會報告,聲稱中國軍力發展將對美國在亞洲的軍事存在構成威脅。如此不斷製造緊張空氣,都是為修改美日安保體制做鋪路工作。「美日共同戰略目標」的宣佈,意味著「日美安保體制」已經徹底變質,日本將完全介入美國的全球戰略中,從而真正實現日美軍事一體化的目標。

儘管美日兩國在共同戰略目標中不斷強調「加強亞太地區的和平與安全」、「促進國際和平及發展合作」,但其實質則是在共同謀求亞太地區的霸權。美日共同戰略目標顯示,美國將極力幫助日本達成諸多戰略利益,包括使日本成為聯合國安理會常任理事國,解決俄日北方領土問題和朝鮮核問題;日本則支持美國在亞太地區的軍力重新調整,並加強在日本的軍事部署,以牽制中國和俄羅斯等地區大國的發展。

❖大打「台灣牌」

伊拉克戰爭以來,美國的全球戰略重心移向亞太地區,但是由於身陷中東地區,不得不投入大量兵力,控制伊拉克和威懾伊朗,因此迫切需要日本在亞太地區的戰略支援。日本政府

則企圖通過日美軍事一體化，達到成爲軍事大國的目的，進而運用軍事手段解決與亞洲鄰國間的領土、領海、資源等糾紛，以成爲主宰亞洲的政治大國。

美日企圖遏制中國的發展，來謀求亞太地區霸權，主要的手段是大打「台灣牌」。近年來，在台灣執政的民進黨強力推動「台獨」，中共則將制定《反分裂國家法》以遏制「台獨」。美日選擇這樣的時機，將台灣問題公然納入其共同戰略目標，聲稱「鼓勵和平解決有關台灣海峽的問題」，卻很容易被「台獨」勢力解釋成爲支持的信號。

第二章

中國的崛起與能源問題

近年來的中國崛起，是個多面相的複雜現象。基於本書的主旨，本章將只討論因爲中國的崛起所造成的能源問題，以及因此而生的中日競爭和中美摩擦。

英國劍橋能源研究協會曾指出，2000 年至 2004 年間，中國能源需求量的增長占世界總增長的 40%。《BP 世界能源統計 2005》的資料表明，中國的能源消費目前已占世界總量的 13.6%。目前，中國不僅成爲煤炭、鋼鐵、和銅的世界第一消費大國，而且繼美國之後，成爲石油和電力的世界第二消費大國。其礦業主要的動向，尤其是對能源和某些主要金屬礦產的需求量，已經成爲影響世界市場的關鍵因素，世界能源的話題，也越來越集中在中國和亞太地區。中國主要能源和初級產品的供求格局發生了鉅大的變化，資源對經濟發展的制約作用，也愈來愈明顯。

第一節 中國的能源危機

中國現有資源之所以無法滿足國內需求，儲量不足是一大關鍵因素。中國煤炭探明儲量居世界第二位，石油資源第十一位；天然氣資源第十四位，水力資源第一位，太陽能第二位；此外，核燃料資源、生物能、海洋能、風能、地熱能等也相當豐富。可是，由於中國人口眾多，中國能源資源的人均佔有量、可消耗量，人均能源可採儲量，均遠低於世界平均水準。

✤ 能源儲量不足

除了數量，中國的能源資源結構也不理想。中國能源資源結構以煤為主，占能源資源總量的 75.2%，水力居次，占 22.4%，油氣為輔，僅占 2.4%，油、氣資源比重較世界油氣比重（25.3%）低得多。以探明儲量的六大區域分佈看，能源資源的 80% 左右分佈在北方。煤炭資源大部分集中在華北和西北地方，僅山西一省就占全國探明儲量的三分之一，而人口比較集中，經濟相對發達的江南九省市，儲量卻很少。石油資源主要集中在東北、華北和西北；水力資源的 70% 分佈在西南地區。東南沿海地區能源資源偏少，對能源運輸和開發利用造成不利的影響。

伴隨著中國經濟的快速增長，中國的能源儲量與未來幾十年的發展需求之間的缺口將越來越大。目前，中國基本能源消費占到世界總消費量的約十分之一，在廿一世紀初期將超過 1 億噸標準煤，2030 年約為 2.5 億噸標準煤，到 2050 年約為 4.6 億噸標準煤。中國今後新增的石油需求量幾乎全部要依靠進口。按照專家的估算，中國煤炭剩餘可採量為 900 億噸；可供開採不足百年；石油剩餘可採量為 23 億噸，僅可開採 14 年；天然氣剩餘可採量為 6310 億立方米，可供開採不過 32 年。

✤ 經濟發展的「瓶頸」

從改革開放初期到上世紀 90 年代中期，中國工業發展一直是以輕紡工業為主要推動力量。此後，中國重化工業的增長速度就開始超過輕紡工業，成為經濟增長的主要推動力。進入廿

一世紀以來，重化工業加速增長的趨勢更加明顯。據統計，2000年到2003年，中國重化工業增長速度為14.0%，高於輕工業2.8個百分點。在此一趨勢之下，重化工業在工業中所占比重由62.5%提高到64.3%，電力、鋼鐵、造船、汽車、化工、電子、建材、機械設備等工業成為國民經濟成長的主要動力。

在國際經濟學界，通常以人均收入水準作為劃分工業化發展階段的主要標準。在人均GDP從1000美元向3000美元以至更高水準的發展過程中，工業結構重心將由輕紡工業逐漸轉移向重化工業。2003年，中國人均GDP已經接近1100美元，按照其購買力計算，已經超過了3000美元。這些數據顯示，中國工業化的進程已經開始告別輕型工業，步入重化工業，即以資金、技術密集型產業為主導的工業發展新階段。

主要發達國家在重化工業時代都是以大量生產、大量消費、大量廢棄為特徵。然而，中國現階段已經喪失了用這種模式發展的條件。重化工產業的快速發展，產生了巨大的能源需求，已使中國能源供應體系顯得措手不及。目前能源供應已經成為中國國民經濟和社會發展的「瓶頸」，嚴重影響了中國未來的持續發展，甚至能源的戰略安全。

第二節　中國的原油需求

從20世紀90年代以來，中國國民經濟年均增長9.79%，原油消費年均增加5.77%，而同期國內原油供應增長速度僅為1.67%。1993年，中國成為石油淨進口國，此後原油進口量逐

年增大，由 1996 年的 2622 萬噸，增加到 2002 年的 6941 萬噸；
2003 年，中國原油淨進口超過 9112 萬噸。在十年左右的時間
裏，石油淨進口量增加了 7 倍。最遲在 2005 年，中國的石油進
口規模就將突破 1 億噸大關。

　　國際能源機構（IEA）在其《石油市場報告》中稱，「目前
中國已經成爲世界石油需求增長的引擎，並且中國的工業和交
通領域還存在巨大的增長空間」。隨著中國汽車產業的高速發
展，交通運輸業對原油消費需求自然也快速增加。2003 年前三
季度，中國國內 GDP 增速爲 8.5%，而同期原油消費需求增長
竟高達 9.2%。

❖ 自給能力達到極限

　　國際能源署公佈的資料顯示，中國石油需求增長將占近兩
年世界石油需求增長的 1/3。2004 年，中國已取代日本，成爲
僅次於美國的世界第二大石油消費國。中石油研究報告預測，
2005 年、2010 年、2015 年和 2020 年中國原油需求分別爲 2.7
億噸、3.10 億噸、3.5 億噸和 4.0 億噸。

　　與持續膨脹的石油需求相比，中國的原油自給能力幾乎已
經達到極限。目前中國剩餘可採儲量爲 23.8 億噸，儲採比僅爲
14.8，已開發油區的儲採比只有 10.9。在這樣的儲採比配置下，
中國原油穩產已處於臨界狀態，目前年產油在 1.8 億噸，到 2020
年至多也就能達到 2.0 億噸。據此保守估計，在 2005 年、2010
年和 2020 年，中國需要進口原油大致爲 1.0 億噸、1.5 億噸和

2.0 億噸。

2002 年全球能源統計，中國石油探明儲量居世界第 11 位，2001 年探明石油儲量 33 億噸，占世界 2.3%，油氣後備資源嚴重不足。2001 年中國石油生產量占世界第七位，按目前的開採速度，中國將在 14 年後出現石油枯竭的局面。

中國未來 15 年的經濟增長將維持在 7%以上，原油需求將至少以 4%左右的速度成長，但同期國內原油產量增長速度難以超過 9%，國內原油供需缺口逐年加大。一旦世界風雲突變，中國的能源安全將首當其衝，受到威脅。

❖ 國際資源大國的牽制

能源安全問題取決於原油進口來源地的政治經濟穩定，和進口海上通道的安全，這兩方面的現狀，都讓中國石油的安全問題受到挑戰。

2002 年，中國 80%以上進口的原油來自 10 個中東和非洲國家。中東、非洲正是目前國際政治經濟局勢動盪的主要地區，局部衝突持續不斷，恐怖案件頻繁發生。而且無論是從中東還是從非洲進口原油，大都是採用海上集中運輸，其重要通道麻六甲海峽經常發生事故，石油進口面臨極大的運輸風險。

目前中國 90%以上進口的石油需要從海上船運，其中 90%的海上船運由外輪承擔。中石油、中石化、中石化龍禹三大石油公司的油運業務，大多是向國際油輪聯營體、環球航運、韓國現代等海外油輪公司租船承運。這使得中國的原油運輸受制

於人，一旦遇到戰爭、外交或是其他不可抗拒的風險，中國的石油運輸安全將處於極爲被動的局面。

從目前中國與大國之間的關係來看，美、俄、日等國在能源領域已經對中國構成相當大的牽制。中國有超過一半的進口原油來自中東，而美國不惜動用武力，加強對中東地區的石油控制。中亞國家擁有豐富的油氣資源，而且是中國的近鄰，雙方在油氣合作領域具有廣闊的前景，但美國通過控股及參股等形式，竭力插手中國同哈薩克斯坦、土庫曼斯坦的油氣投資及國際合作專案，力圖控制中國油氣供應的中亞源頭。美國和日本又通過各種手段對影響中俄輸油管道，阻撓中俄能源合作順利進行。中國原油水路進口的重要通道麻六甲海峽，則是美國控制的全球最重要戰略通道之一。

第三節 麻六甲之痛

麻六甲海峽位於印度洋北部、馬來半島和印尼的蘇門答臘島之間，呈東南—西北走向，全長約 1100 公里，是連接中國南海和安達曼海的一條狹長水道。它與其南部的巽他海峽和望加錫海峽，共同成爲溝通太平洋與印度洋的重要通道，也是亞洲、非洲、歐洲、大洋洲之間相互往來的海上樞紐，交通位置十分重要。在 1869 年，蘇伊士運河貫通後，大大縮短了從歐洲到東方的航路，麻六甲海峽歷來有「東方的直布羅陀」之稱，是中東和非洲油輪進入東亞的必經之地。

❖「麻六甲困局」

由於具有重要的戰略地位和經濟價值，二戰後，麻六甲海峽歸沿岸國家，即馬來西亞、印尼和新加坡三國共管。每年通過海峽的船隻約五萬多艘，因此成為世界上最繁忙的海峽之一。中國、日本、韓國和台灣地區每年有 4.5 億噸的進口原油，要途經於此；巴西以及澳大利亞的鐵礦石、煤等大宗礦產品運往東南亞市場，也要走麻六甲海峽。

2003 年 11 月 29 日，在中共中央經濟工作會議的閉幕會上，中共中央總書記、國家主席胡錦濤在分析中國經濟形勢時，第一次提到了金融和石油二大國家經濟安全概念，並對石油能源安全問題作了深刻的剖析。胡錦濤表示，中國已成為世界石油消費大國與進口大國，國際石油危機曾對一些石油進出口大國產生重大衝擊，必須引以為戒，未雨綢繆。

他提到了國內石油三分之一以上靠進口，進口的石油一半以上都來自中東、非洲、東南亞地區，進口原油五分之四左右是通過麻六甲海峽的海上運輸。由於一些大國一直試圖控制麻六甲海峽的航運通道。因此，他要求從新的戰略高度，制定新的石油能源發展戰略，採取積極措施，確保國家能源安全。國際傳媒因此宣稱：胡錦濤要破解中國的「麻六甲困局」。

❖中國崛起的「絆腳石」

近年來，麻六甲海峽一直有海盜與恐怖組織聯手製造恐怖事件，例如 2001 年，在麻六甲海峽就發生了 600 多起海盜劫船

事件，經濟損失 100 多億美元。美國、日本、印度以及一些東南亞國家的海軍都在麻六甲佈防，它們最基本的理由是打擊海盜。但是，明眼人都知道，他們都是用這種冠冕堂皇的藉口，在為防範國際衝突而未雨綢繆。

　　一位中國能源專家曾形容中國在麻六甲海峽的影響力是「不堪一擊」。這樣的評價包括有三層含義：第一，目前麻六甲海峽處在馬來西亞、新加坡的控制範圍之內，印度對該海峽也是觸手可及；第二，這條海峽已經成為美國全球戰略必須控制的十六條咽喉水道之一，一旦美國勢力介入，任何國家都無可奈何。第三，以中國目前的實力，根本無法控制這條海峽。

　　從二十世紀 80 年代開始，美軍即積極推行「兩洋戰略」，企圖掌握全球十六條海上要道，麻六甲海峽一直是美國志在必得的一個戰略要地。美軍進駐麻六甲海峽，不僅將使印度海軍難以向太平洋一側發展；而且將迫使日本不得不繼續服從於美國；同時，更會使俄羅斯海軍打消重返越南北部基地的企圖。更重要的是：麻六甲海峽毗鄰中國，是中國的南大門和重要的能源供應航線；麻六甲海峽又與台灣海峽、南中國海相距極近，只要這兩個問題不解決，就將永遠成為中國崛起的「絆腳石」。

❖擊碎美國的美夢

　　2004 年 4 月，美軍太平洋艦隊司令法戈透露，美軍方將制定名為《區域海事安全計畫》的反恐新方案。根據該項計畫，美國將向麻六甲海峽派駐海軍陸戰隊和特種部隊，以防止恐怖

分子襲擊。

美國駐軍的消息傳到東南亞，立即得到新加坡的支持。一個是號稱擁有「全球利益」的超級大國，一個是海峽的擁有國之一，而且打的旗號是「反恐」，似乎美軍不久後就要接管麻六甲的防衛了。

然而，馬來西亞和印尼，卻擊碎了美軍的美夢。

美國國防部長拉姆斯菲爾德本來預計於 6 月 4 日至 5 日，在新加坡與部分亞洲國家高層商討麻六甲海峽局勢的對策。可是，在拉氏起程之前，馬來西亞副總理兼國防部長納吉明確表示，拒絕美國在麻六甲海峽進行反恐巡邏。他說這樣的建議實際上是「否認馬來西亞保護麻六甲海峽安全的能力」。

印尼外交部也發表聲明，反對美國在麻六甲海峽派駐軍隊。印尼表示，麻六甲海峽的主權屬於印尼和馬來西亞，不允許外來勢力派駐軍隊。

麻六甲海峽的絕大部分為馬來西亞和印尼擁有，新加坡雖然位置重要，但是面積很小，在這種情況下，新加坡的態度也隨之軟化。

美軍投石問路的舉動遭到抵制，曾放口風要駐軍的美軍太平洋艦隊司令法戈上將，不得不公開否認自己的說法。他宣稱，美國並無意派遣更多的軍艦到麻六甲海峽。

6 月 4 日，美國國防部長拉姆斯菲爾德在飛往新加坡途中告訴媒體：有關美國不顧麻六甲海峽附近國家的反對，執意介入該海峽的防禦工作的說法是不正確的，「這是媒體一貫的錯誤

報導」。

❖找尋替代通道

　　麻六甲海峽還有一些不可忽視的安全隱患。譬如海盜活動十分猖獗，對通行船舶構成嚴重威脅。海峽的交通秩序也相當混亂，穿越海峽的客貨運輸以及隨意性極大的漁船，都嚴重影響船舶航行安全。因此，找尋各種替代性的運輸方式及運輸通道，成爲遠東許多國家關注的焦點。

　　中國能源研究機構曾經提出三個解決方案：（1）建立泰國南部沿海「海陸聯運陸橋」，（2）建立泛亞洲石油大陸橋，和（3）開鑿克拉地峽運河。

　　第一和第二個方案只能解決每年 4000 萬噸左右原油的運輸問題，這與遠東國家每年需從中東進口四億噸左右的原油相比，作用相當有限。

　　第三個方案是在克拉地峽開鑿一條亞洲的「巴拿馬運河」，一直是「躲開麻六甲」構想中最引人注目的方案。

　　克拉地峽是泰國南部的一段狹長地帶，北連中南半島，南接馬來半島，地峽以南約 400 公里地段，均爲泰國領土。如果在這裏修條運河，今後船隻就不必穿過麻六甲海峽，可以從印度洋的安達曼海，直接進入太平洋的泰國灣。按照初步測算，開鑿克拉地峽運河需耗時十年，耗資 280 億美元。

❖擔心美國人卡脖子

由於泰國政府無力承擔這項工程，作為世界第二大原油消費國和第三大原油進口國，中國的態度就變得非常關鍵。但中國對這個工程一直猶豫不決，重要原因之一，是考慮到它對新加坡利益的影響。麻六甲海峽的控制權掌握在新加坡手中。新加坡是世界著名大港，吞吐量為世界第四。彈丸之地的新加坡，也因此而發展成國際三大石油交易市場之一。一旦中國與泰國、日本等合作，修建完成克拉地峽運河工程，對新加坡的航運業必將造成非常大的影響。

泰國一直不願意放棄「中國機會」。2004 年 2 月 3 日，英國《金融時報》報導，除了克拉運河之外，泰國正在推動一項計畫，在克拉地峽鋪設輸油管道。這條輸油管道長 260 公里，投資額為 6 億美元，預計要花兩年時間完成。元月底，泰國能源部長蓬明‧勒素里德對外界介紹這個計畫，說它「可以使油輪在克拉地峽西側停泊，卸下石油，通過輸油管道輸送到東側，然後由其他船隻裝運並運送到目的地」。「它將能使油輪避開穿越麻六甲海峽之苦，從而減少運輸距離，並提高安全性」。

可是，從經濟學的角度來講，無論是開鑿克拉運河或修管線，其造成的運輸成本都要高於麻六甲海峽。只要麻六甲海峽可以通行，就沒人會選擇泰國。況且人們擔心麻六甲海峽其實是擔心美國卡脖子，但美國在泰國的梭桃邑、烏塔保、曼谷，也有駐軍，改道泰國也不能解決這個問題。

❖東北亞能源合作

　　打破麻六甲困局的另一個辦法，是有效實施油源多元化策略，推行多邊談判，推動東北亞能源合作；共用如俄羅斯、哈薩克斯坦、中東等國的石油資源。

　　2002 年，東北亞國家的 GDP 總和超過 6 萬億美元。中國、日本和韓國都是能源進口大國，而俄羅斯則是能源出口大國。亞洲的油氣資源占世界的 80%，而中國周邊許多國家都是資源豐富的地區。

　　中國、日本、韓國，再加上天然氣資源豐富的俄羅斯遠東地區，如果建立一個能源共同體，組成一個地區性或國際性石油能源合作體制，並建立相互保障、相互制約和完善的仲裁機制，可以達到石油開發、輸送等方面合作的穩定和安全。

　　2003 年十一月，中國中石化、日本精油和韓國 SK（株）等三國的煉油企業，在日本東京舉行的東北亞能源研討會上達成共識，為增強同石油供應商的協商力度，三國的煉油企業在今後將通過「東北亞能源論壇」等多種形式，共同促進建立東北亞能源交易所，並在天然氣領域合作開發。

第四節　東海油田之爭

　　「東亞能源共同體」的構想確實非常理想。然而，在這樣的理想得以實現之前，東亞各國已經為爭取石油資源，而發生了一系列的衝突與爭執。這裡我們先談東海油田之爭。

　　1968 年，「聯合國遠東經濟委員會」在黃海及東海地區進

行為期六週的地質勘測，當時包括中、日、韓在內的亞洲各國均派科學家參加，勘測結果預測：釣魚台列嶼附近東海的大陸礁層及大陸架，可能蘊藏有大量石油。

1969 年 7 月，我國政府宣示對大陸礁層擁有主權，並開始規劃海域石油探採，1970 年 7 月，日本向我國提出外交照會，否定我國對海域石油礦區之權利，我政府予以嚴正反駁，爭端遂起。兩國政府外交部門均曾多次發表立場聲明，爭執不斷加溫，美國、中共與琉球政府均捲入爭端。

1970 年 9 月，我國政府公佈「海域石油礦探採條例」，並在台灣海峽及東海劃定海域石油礦區，開始與美國海灣石油等七家外商公司合作，進行探測工作。但第三、四礦區只到地球物理探勘階段，即因外商公司引用合約中「不可抗力條款」，暫停履約至今，將四座油田的主控權拱手讓人，落入佔地理優勢的中國大陸之手。

❖春曉油田投入生產

早在 70 年代，中共就已經開始勘探開發東海油氣資源。由中國石化、中國海洋石油總公司和荷蘭皇家、殼牌及美國優尼科公司共同探勘、開發。2004 年，春曉號氣井開發成功，計劃於翌年 10 月份開始投入生產，透過海底管道，每年可向浙江、江蘇一帶提供 25 億立方公尺天然氣。

東海油田位在東海西湖凹陷區域，距離浙江寧波市東南 350 公里的東海海域，以西湖的景命名，由春曉、殘雪、斷橋及天

外天等四個油氣田構成，總面積 2.2 萬平方公里，約相當於台灣面積的三分之二。春曉油田往東 5 公里，是日本認定的所謂「中間分界線」，這裡距離沖繩列島 370 公里，距離日本九州本島，更有 600 多公里之遙。

根據聯合國亞洲及遠東經濟委員會的研究報告，東海大陸架可能是世界上蘊藏量最豐富的油田之一。目前已經勘測的資料表明，東海的油氣儲量達 77 億噸，至少可供中國使用 80 年。按照日本界定的範圍，包括整個周邊大陸架，如果確定是日本的，天然氣部分可供日本使用 100 年。

❖大陸架 VS.中間線

《聯合國海洋法公約》規定，沿海國從海岸基線開始計算，可以把 200 海浬（約合 370 公里）以內的海域，作為自己的專屬經濟區域。區域內的所有資源，即歸沿岸國擁有。可是，在東海海域卻有一個中國大陸架的問題。對於大陸架，《公約》規定：「沿海國的大陸架，依其陸地領土的全部自然延伸，擴展到大陸邊外緣的海底區域的海床和底土，包括其領海以外。」

《聯合國海洋法公約》還規定：2500 米深度是切斷大陸架的標準。中國在東海的大陸架廣闊而平緩，從大陸向東自然延伸，直至沖繩海槽（深 2940 米），海的深度才超過了這一標準。於是，這裡便成為中國大陸架和日本琉球群島島架的天然分界線。

中共認為：東海海底的地形和地貌結構，決定了中日之間

專屬經濟區界線的劃分，應遵循「大陸架自然延伸」原則。中日兩國都是《聯合國海洋法公約》的簽約國，只有按照公約行事，才是解決爭端的正確途徑。然而，日本卻拋開國際法，針對東海許多地方海面寬度不足 400 海浬的情況，主張以兩國海岸基準線的中間線，來確定專屬經濟區的界線。由於這種中間線的主張沒有依據，中方當然不願意承認。但中方考慮到雙方既然存在爭議，爲了維護兩國的友好合作關係，提出了擱置爭議，合作開發的建議。中方至今未曾在爭議海域進行資源開採活動，已經進行勘探的「春曉」等油氣田，全部在日方提出的「日中中間線」的中國一側。

❖日本授權採石油

在東海油田爭議的過程裡，對於中方一再要求協商的呼籲，日方非但沒有反應，反而在東海中日爭議海域，單方面進行海底資源調查。2005 年 7 月 14 日，日本經濟產業相中川昭一緊急召開記者招待會，宣佈將東海三處油氣田的試採權授予日本「帝國石油公司」，其總面積爲 415 平方公里，全部在中日之間有爭議的「中間線」以東，位於中共正在建設的春曉和斷橋油氣田南側水域。

當記者詢問日本政府會否派軍艦保護「帝國石油公司」的員工時，中川昭一說：「我們有各種不同的選擇，保護日本私人企業的活動，日本政府責無旁貸。」

事實上，日本早已有以武力「保護日本在東海利益」的軍

事方案。2004 年 1 月 16 日，共同社報導，日本防衛廳已經針對日中兩國有領土爭議的尖閣群島（釣魚台）以及沖繩本島以西的其他島嶼，制訂了一套軍事行動方案。當西南諸島「有事」時，日本防衛廳將派戰機和驅逐艦護衛這些島嶼及鄰近海域，並將派遣 5.5 萬人的陸上自衛隊和特種部隊前往駐守。

❖ 準軍事對峙

而中國也曾多次聲明，在涉及國家領土權益的問題上不會讓步。中川昭一召開記者會的當天，中國外交部發言人劉建超表示，中方對有關事態的發展表示嚴重關切。他警告：「我們強烈敦促日方，不要採取不利於東海穩定和中日關係大局的行動」。「如果日方執意授予日本民間企業在東海中日爭議海域進行試採的權利，將構成對中方主權權益的嚴重損害，並使東海形勢更加複雜化。」

新華社也發表文章稱，中國交通部海事局的海事巡邏船「海巡 31」號，目前正在東海海區執行巡航任務。交通部海事局常務副局長劉功臣表示，今後，中國海事部門將把毗鄰區和專屬經濟區海域納入正常監管範圍，不斷加大巡航監管力度。

3000 噸級的「海巡 31」號海事巡邏船，是中國第一艘裝備直升機起降平臺、直升機庫和飛行指揮塔等全套船載系統的民用船舶，在這次巡航中，「海巡 31」號將使用船舶光電跟蹤取證系統等設備，對在東海海域的外國船舶進行監管。如果日本派遣軍艦為石油公司護航，進入東海有爭議的油氣田，中方將

可能採取對等行動，派遣軍艦同日本展開海上軍事對峙。

劉建超表示，對日本，「我們將抱著這樣一種態度，就是『聽其言、觀其行』。」分析人士認為，這意味著，如果日方繼續採取激進的「進攻性舉措」，中方將予以還擊，中日雙方可能因此而有爆發衝突的危險。

7月15日，中國外交部亞洲司司長崔天凱緊急約見日本駐華使館公使渥美千尋，向日方提出嚴正交涉。崔天凱表示，日方授權企業開採油田的行為，是對中國主權權益的嚴重挑釁和侵犯，中方對此表示強烈抗議。

❖美國偏向日本

7月16日，日本《產經新聞》報導說，日本經濟產業省已經給這三處油氣田命名，分別是「白樺」、「楠」和「桔梗」。日本政府的舉動使中日關係更趨緊張。

對於日本政府的決定，部分極端右翼分子則是高興萬分，他們聲稱多年夙願終於實現。在日本政府舉行記者會的前一天，日本右翼分子石原慎太郎接受法新社採訪時，便強烈主張：在中國問題上，日本政府不應再堅持「軟弱」的觀點，「少說話被視為善良和謙虛，但沈默不再是金。現在已經到日本對中國說『不』的時候了」。在此之前，石原還宣稱，在釣魚島問題上，日本應不惜與中國「進行一次小型戰爭」。

中共與日本在東海因探鑽油氣田而引發的爭議，美國的態度顯然是偏袒日本。2005年7月26日，美國國會參院外交關

係委員會舉行中印能源聽證會，卸任不久的前亞太事務副助卿薛瑞福說，北京「對開採爭議性海洋地區石油的興趣日增，當然可能直接影到響美國的利益。」

他說，中日探油衝突可能惡化，美國可能被迫選擇支持美國的盟邦。「假如我們的盟邦面臨中共更具侵略性的行動，我們可能選擇更強烈的反應。」

國家智庫亞洲研究局學者賀伯指出，中共視美國為其能源的障礙。他說，「在一段時間內，能源正變成亞洲政治的一項不穩定因素，而成為美國要面對的風險，我們在亞洲將面臨二十年非常敏感的時期。」

❖ 磋商難有共識

從 2004 年六月起，北京即提議，該片海域由於尚多爭議，歡迎由中日先行合作，聯合投資探勘與開採東海油氣田。可是日本只想壟斷，對中國的提議一直持消極態度。一直拖到 2005 年二月，最後到 5 月 31 日，日本均一再拒絕合作的要求。

近來日本表示願與中方聯合開發東海油氣田，但要求中方先停止開發，將整個東海作為聯合開發海域，並提供有關東海油氣田相關數據，遭到中方拒絕。

2005 年 9 月 9 日，中共派出五艘軍艦到東海「春曉油田」附近海域，包括一艘現代級驅逐艦，兩艘江滬 I 級飛彈巡防艦，及兩艘被視為補給艦的船隻。日本海上自衛隊的 P-3C 空中偵察機拍攝到這個鏡頭，發現這五艘軍艦都沒有跨越日本主張的專

屬經濟海域中線。不過，由於這是中共軍艦第一次出現在東海油田地區，日方認為，這顯然是在向日本示威，用意在牽制日本政府准許民間公司在當地試挖。日本政府正密切注意中方的動向。

由於聯合國對經濟海域重疊的問題將到 2008 年才會提出處理通案，在此之前，重疊的當事國必須自行協商解決。這是中日雙方對此問題僵持不下的根本原因。東海油田爭議爆發後，中國與日本外交官員在北京舉行東海油氣田開發問題展開事務性磋商，闡述各自的立場和期望。由於雙方觀點分歧嚴重，預估短期內很難達成共識。

第五節　西伯利亞油管之爭

自從 130 年前，西伯利亞地區發現石油蘊藏之後，俄羅斯一直積極向西方尋找市場。當石油輸出逐漸成為俄羅斯經濟的重要支柱，俄羅斯開始把眼光轉向遠東。美國攻打伊拉克之後，西伯利亞原油變成東北亞國家的新選擇。根據《世界石油》雜誌的資料，俄羅斯的石油儲藏量居世界第六位，已探明的石油蘊藏量約為 500-1000 多億桶，占全世界儲量的 5.4%。在 2002 年二月份，俄羅斯日產石油 728 萬桶，一度超過沙烏地阿拉伯的日產石油 719 萬桶，成為世界頭號石油生產國。

❖「能源伙伴新關係」

中國由於經濟高度成長，能源需求越來越大，預估到 2008

年時，每年必需進口一億噸，才能維持經濟成長的需求。美國在完成對伊戰爭後，如果控制住波斯灣的荷姆斯海峽，高度依賴波斯灣石油供應的中國，將受到美國的箝制。另一方面，中俄自簽訂「睦鄰友好合作條約」後，解決了大部分邊界問題，雙方關係大幅度改善。在多方因素考慮之下，中國開始尋求建立中俄「能源夥伴新關係」，以減輕中國對中東石油的依賴。

中共在經濟上向來採孤立政策，只求自給自足。近年來，中國工業急速擴張，對能源需求日益迫切。胡錦濤上台後，開始積極拓展外交。為了經濟需要，不惜與宿敵修好。蘇聯崩解之後，俄羅斯經濟形勢嚴峻，急於打開國際能源市場，因此向中方提出構想，修建一條從西伯利亞到中國東北的輸油管線，即為現在的「安大線」雛形。1994 年雙方簽署備忘錄。1996 年，將該專案納入兩國能源合作協定，2001 年 9 月，該管線規劃大致完成。

日本也同樣擔心自己的能源供應問題。日本進口的原油將近 90%來自中東，對伊戰爭開打後，日本十分憂心經濟受到影響。為避免能源運輸線過長和單一供給的風險，中國、日本這兩個亞洲宿敵，對爭取西伯利亞原油，展開了明爭暗鬥。

❖「內大線」與「安納線」

需油孔急的日本，對俄羅斯的態度也轉向務實，暫時放棄與俄國北方領土之爭，以經濟利益為優先，而積極與俄國建立石油關係。在 2003 年的「曼谷亞太經濟合作組織領導人高峰會」

上，俄羅斯總統普亭和日本首相小泉純一郎進行會晤時，日本向俄羅斯提出了一個價值 70 億美元的「遠東方案」。

日本提出的「遠東方案」，是以西伯利亞地區「安加爾斯克」為起點，建成一條直通海參崴地區「納霍德卡」的石油管道（安納線）；中共方面提出的方案，則是從「安加爾斯克」直通中國大陸黑龍江省「大慶市」的「安大線」。

在該份計畫裡，日本出資 50 億美元，協助興建全長 4000公里的輸油管，另外為開發西伯利亞油田，追加 20 億美元的資助。日本資助建構油管的大部分費用，其中的部分資金為低息貸款，並且不要求俄羅斯政府提供擔保。

但俄羅斯估計將需耗費 50 億美元，而安大線只有 2400 公里，並且有 800 公里在中國大陸境內。

和安納線相較，安大線的優勢是建造里程較短，但因油管終點在中國境內，使得中國成為唯一買主，俄國原油出口價格將受制於中國。此外，安大線經過貝加爾湖，萬一發生事故，將危及「貝加爾湖生態」，也引起環保團體關切。

❖中日相爭，俄國得利

2005 年六月，日本外相川口順子到海參崴訪問，提出對俄羅斯遠東地區增加 75 億美元投資的計畫，但前提是俄羅斯必須選擇「遠東方案」。一名日本官員強調：藉由「遠東方案」，安納線直通朝鮮半島轉進亞太地區，俄羅斯一天可以出口 100 萬桶原油，而且出口對象並不限於日本，還包括許多其它買家，

甚至美國在內。

　　日本經過多年努力，幾乎已經說服俄羅斯，由日本協助興建油管，將西伯利亞的原油，從大平洋岸的港口輸出，以利日本取得原油。2005 年 6 月 30 日，俄羅斯總統普亭，在莫斯科近郊一處別墅，設宴招待中國國家主席胡錦濤，兩人會晤最重要的議題，就是石油。

　　中、日相爭，老謀深算的普亭想得利通吃。於是，原本由日本方主導連結太平洋的新油管計畫照舊，但由中方主導連結中國北方大慶油田的支線，卻準備搶先修築。

　　日本由勝券在握，而急轉直下，落居下風。為了扭轉情勢，日本對俄羅斯援助輸油管的款項，由原先承諾的 75 億美元，大幅加碼兩成，唯一條件就是日本優先。

　　最後俄羅斯能源部原則決定：西伯利亞石油管線鋪設工程，採安大線和安納線分別通往中國和日本海，在中日西伯利亞原油爭奪戰上，俄方展現出兩手策略，而左右逢源。

第六節　搶購中亞石油

　　過去幾年，中國靠出口賺了鉅額美元，這些美元不光是拿來買外債，更大舉吃進全球的石油資產。中國石油與天然氣業者，努力向外購買油礦開採權，最初都被解釋為減低人民幣的升值壓力，如今真相終於浮上檯面。石油不僅涉及經濟利益，更攸關國家戰略佈局。這場搶油大戰，看來好像是由企業擔綱衝鋒，其實是由國家在幕後坐鎮指揮。

❖修建中哈輸油管道

2003 年 6 月 3 日，中國石油天然氣集團公司與哈薩克斯坦
國家油氣公司簽署協定，決定以分段建設的方式，共同開展由
哈薩克斯坦到中國的原油管道，並與哈薩克斯坦共和國財政部
「國有資產私有化委員會」簽訂協定，在哈薩克斯坦共和國油
氣領域，進一步擴大投資。5 年來，中石油在哈實際投資 6.86
億美元。

這項計畫跟哈國內部發現大量石油資源儲備密切相關。
2001 年以來，哈薩克斯坦所屬裏海大陸架油氣資源探勘有了實
質性的突破。2002 年哈薩克斯坦石油產量達到約 5000 萬噸，
出口近 3500 萬噸。到 2015 年，哈薩克斯坦石油計畫產量將超
過 1 億噸。

哈國家石油天然氣公司同中國石油天然氣集團公司共同出
資修建的「肯基亞克-阿特勞管道工程」於 2002 年 5 月破土動
工，目前已經投入使用。「阿塔蘇-阿拉山口管線」全程約 1200
公里，管道年輸量爲 1000 萬至 2000 萬噸，是中哈輸油管道的
關鍵環節，目前進入正式建設階段。

按照最初意向，這條管道應於 2005 年建成，投入營運。但
是，由於哈國石油年產量不穩定，難以確保這條管道進行盈利
性運轉所需的 2000 萬噸最低供油量，這一計畫一度被凍結。

隨著哈薩克斯坦石油產景的增加，加之良好的前景預期，
中方決定從 2002 年，採取分段建設的辦法，減少投資風險。

據中國駐哈薩克斯坦使館官員分析，中哈輸油管道的建

設，有三方面重要的戰略性意義：第一，可減輕中國對中東石油的過分依賴，大幅度減少中東地區局勢動盪對中國能源安全的威脅；第二，這條線路地處亞洲內陸，使中國的供油線路更加安全；第三，該線路一旦建成，將使中國可以獲得長期、穩定的原油供應。

俄羅斯專家認爲，通過鋪設中哈輸油管道，與中亞地區的石油管道網路接軌，可以把石油供應國中東、中亞國家和俄羅斯，與中國、日本、韓國等亞洲的主要石油消費國連接起來，使中國處於「泛亞全球能源橋樑」的戰略樞紐位置上。

❖收購北布紮奇油田

2004 年 10 月 20 日，美國石油企業鉅子雪佛龍德士公司（Chevron Texaco Co.）宣佈：它已經放棄哈薩克斯坦北布紮奇油田 65%的股權，由中國的中石油集團全數收購。開發哈薩克斯坦北布紮奇油田的合資企業是「德士古-北布紮奇合資公司」（Texaco North Buzachi Inc.），其中沙烏地阿拉伯 Nimir Petroleum 公司擁有該公司 35%的股份，雪佛龍德士古公司則控制 65%股份。

雪佛龍公司從 1993 年就進入哈薩克斯坦，開發油氣專案，總投資達到 40 多億美元。今年八月，中石油公司從沙烏地阿拉伯 Nimir Petroleum 公司收購了其擁有 35%股份，同時與雪佛龍德士古公司進行談判，收購其餘 65%的股份。十月中旬談判成功。中石油集團因此擁有該公司 100%股份，成爲該油田新主

人，獲得全權開發哈薩克斯坦北布紮奇油田。

北布紮奇油田位於哈薩克斯坦西部，可採儲量為 3 億至 5 億桶，潛在儲量 10 億桶，目前處於試開發階段。接盤後，中石油公司計畫將石油產量從 2002 年的 32.76 萬噸提高到 100 萬噸。

❖ 競購哈薩克斯坦石油

2005 年八月下旬，大陸石油的母公司中國石油天然氣集團宣佈，將以近 42 億美元，收購哈薩克斯坦石油公司。

在前蘇聯各加盟共和國中，哈薩克的油儲量僅次於俄羅斯。哈薩克斯坦石油是哈薩克境內規模最大的私營石油公司，該公司探明原油儲量高達五億五千萬桶。哈薩克斯坦石油在加拿大註冊，在加、美、英、德和哈薩克證券交易所，都有股票上市，其油氣田、煉油廠等資產全部都在哈薩克境內，年原油生產力超過七百萬噸。

哈薩克斯坦石油表示，中石油同意透過其全資公司中油國際，以每股 55 美元的現金價格，收購哈薩克斯坦石油，出價比哈薩克斯坦石油在紐約市股市近期的成交量價高出約 25%。

英國金融時報報導，中石油原本出價 32 億美元，印度國營石油與天然氣公司與國際鋼鐵大公司米諾爾鋼鐵聯手，出價 36 億美元競購，中石油再加碼到 42 億美元，哈薩克斯坦石油股價因此水漲船高。

英國廣播公司（BBS）以「求油若渴」形容這筆交易。雖然不久前中海油競購美國優尼科石油公司失利，但這次中油國

際可望擊敗其印度的競爭對手，買下哈薩克斯坦石油公司。

第七節　優尼科競購案

然而，中國以投資併購的方式招展海外油源的努力，碰到
的強勁對手，除了日本之外，就是美國。2005 年 6 月 24 日，
中國海洋石油公司正式宣佈，願以 180 億美元的現金，併購美
國第九大石油公司優尼科（Unocal）。優尼科原先已經跟美國另
一石油巨頭雪佛龍達成併購協議，但股東尙未投票決定；由於
中海油的出價高於雪佛龍，優尼科表示願意與中海油展開談
判，提高了中海油併購成功的機率。

❖ 勢在必得的收購行動

中國海洋石油是大陸三大石油和天然氣生產企業之一，但
其市值僅 200 億美元，使得這項收購行動好像是蛇吞象。但因
爲中海油有國營背景，又得到中共的政策支持，中方展現出勢
在必得的決心。

從市場角度來看，這項收購計畫勢必會帶給中海油沈重的
財務負擔。但中海油的收購行動，並不只是考量公司的營運，
而且顧及中共海外的能源安全。優尼科擁有亞賽拜然一個大油
田 10%的股份，在美加油氣儲備量相當於 5 億 5700 萬桶。更重
要的是，優尼科約有一半的油氣儲備，是位於東南亞的天然氣
田。中海油正在大陸南部沿海地區興建天然氣輸送管道，如果
能夠自東南亞獲取天然氣供應，將可以利用這些管道輸往大

陸。爲了確保能源供應能夠滿足大陸經濟快速成長的需求，中
共官方已經對中海油下達指令，並提供資助，促其完成這項艱
鉅的交易。

中海油公司董事長傅成玉，現年 54 歲。1982 年中海油成
立時，他就成爲這個企業的一員。80 年代之初，他加入大陸第
一波留美熱潮，就讀南加州大學，並獲得石油工程碩士學位。

學成歸國後的十年，傅成玉負責監督中方，與英國石油、
德士古、菲利浦石油、殼牌與雪佛龍等外商的合資企業合作，
這些經驗使他深入了解美國企業界的想法。

當中海油宣布出價收購尤尼科時，他親自出馬，爭取對方
股東與管理階層的支持，並保證開出比其競爭對手雪佛龍更好
的條件，而且幾乎不會裁減任何員工。傅成玉堅稱，儘管中海
油是國有事業，但他們提出的收購計畫純粹是商業性質。他願
意回答美國官員任何合理的憂慮和問題。

爲了遊說收購優尼科，中海油在華盛頓成立了「作戰室」，
聘請了從政治風險到市場風險的一系列高級顧問，包括高盛和
JP 摩根顧問公司；又動員了和布希總統有關係的人脈，包括布
希最大金主負責的公司、政府的情報與貿易委員會及競選顧問。

據研究政治獻金的「德州人公義」說，中海油在華府請的
說客 Akin Group Strauss Hauer & Feld LLP 法律事務所和公共策
略媒體顧問公司，都是布希的 10 萬美元級大金主。公共策略媒
體顧問公司副董事長麥金農，則是布希兩次競選總統的媒體顧
問。

❖空前的政治干預

然而，中海油強烈的企圖心卻引起美國政界對「中國威脅」的普遍戒心。6 月 30 日，美國國會眾議院經過短暫的討論，就以壓倒性多數表決通過，阻止布希政府批准中海油公司收購美國優尼科石油公司，理由是這筆交易可能危及美國的經濟及國家安全。

眾議員在討論時，表示關切美國對中共貿易逆差、中共購買美國公債、及國家安全的問題。布希政府則表明，如果這宗收購案達成交易，他們會評估它對經濟和國家安全的影響。

7 月 2 日，中海油總公司宣布退出收購美國優尼科石油公司的競標案，理由是這項競標行動遭遇到「空前的反對力量」，這種來自華府的政治干預是「不合理而令人遺憾的」。

中海油是香港和紐約股市的上市公司，中海油原先提出的收購案始終沒有得到股市投資者的認同：在中海油提出收購案之初，其股價出現下跌。可是，中海油宣佈放棄收購的那一天，其股價卻強勁上升，在香港股市從 4.175 港幣漲到 5.55 港幣，漲幅為 32.9％；其市值也從 1700 多億港元增加到 2200 多億港元。在紐約股市也上漲了 4.15 美元，上升 5.99％。相反的，中海油宣佈退出後，優尼科的股價則是重跌 12％，跌到 63.6 美元，遠低於 65.3 美元的近期高價。

❖由競爭者變敵人

當中海油撤回收購優尼科公司計畫時，部分美國主要媒體

才發聲表示：中海油收購不成有損美國利益。《亞洲華爾街日報》指出，中國以其所持的美元購入美國資產並無不妥。即使優尼科被中海油收購，亦不會影響油價。收購失敗，損失的其實是優尼科的股東。

《華盛頓郵報》則發表一篇社評，題爲《搬石頭砸自己的腳》，指責美國國會基於保護主義，阻撓中海油收購美國公司。該報認爲，即使中海油是由中國政府取得貸款，也不成問題。反正它以高價收購，使優尼科的股東得益，其工人又能因此保住飯碗，何錯之有？

《紐約時報》在一篇社論中指出，由於中國需要石油，縱然未能收購優尼科，亦會向他處尋求，甚至接觸一些威脅美國的國家，如伊朗、蘇丹及緬甸。收購失敗將使中國「由美國的競爭者變成敵人」。

第三章
中國威脅論與戰區導彈防禦

　　從第二次世界大戰結束之後，美國始終是以全球「海外平衡者」的角色，掌控著西太平洋的霸權。面對著中國全面崛起而可能造成的軍事威脅，美國一方面是和日本結盟，簽訂「美日安全保障條約」，並將「周邊有事」的範圍擴充到包含台灣海峽，一方面則是積極建構「戰區導彈防禦系統」，將她的盟國盡量納入此一系統的保護之下。

第一節　戰區導彈防禦系統

❖分攤研發費用

　　1999 年三月，美國國會通過建立「全國導彈防禦系統」，美國國防部隨即成立「彈導飛彈防禦署」，負責執行彈導飛彈防禦系統的各項研發及部署計畫。目前的導彈防禦系統計畫包括下列三大專案：

　　（1）戰區導彈防禦（Theater Missile Defense，簡稱 TMD）。

　　（2）國家導彈防禦（National Missile Defense，簡稱 NMD）。

　　（3）先進彈導飛彈防禦相關技術研發。

　　此一構想源自美國雷根時代的「星戰計畫」。由於需要龐大的經費，加上冷戰結束，該項計劃最後宣佈放棄。但是由於導彈技術的擴散和全球戰略的需要，美國仍想繼續發展該計畫，同時又想少花錢，於是「聰明」的美國人想出一個絕妙的主意，將星戰計劃一分為二，成為「戰區導彈防禦系統」（TMD）和「國家導彈防禦系統」（NMD）。其中「國家導彈防禦系統」（NMD）是用來保護美國本土，免於受到彈導飛彈的攻擊。「戰

區導彈防禦系統」（TMD），則是用來保護美國海外駐軍及盟國
人員與重要資產的安全，主要任務在於「降低某些政權左右區
域局勢的實力」。各項系統的研發都需要投入大筆的經費，由於
戰區導彈防禦系統（TMD）的保護目標包括美國的盟國，因此
美國就有理由向相關國家和地區伸手，索取開發費用。

❖防禦飛彈攻擊的策略

　　要瞭解「戰區導彈防禦系統」，必須先知道該系統到底要防
禦的是什麼？大體而言，攻擊性導彈的種類大致有彈道導彈、
巡航導彈及空對地導彈三種。這些導彈依其射程設計的不同，
有短、中、長程導彈之分。如果依發射地點的不同，又可歸納
為空中、海面、海下以及陸上等發射型導彈。如果依戰區作戰
的不同需求，則可歸納為戰術及戰略兩種。由此可見，為了滿
足各種不同的需求條件，攻擊性導彈各有不同的導彈設計。

　　對於攻擊性飛彈的防衛，美國軍方有三種主要的策略：（1）
在發射前偵察到，並予摧毀，（2）在發射升空時，予以摧毀，（3）
在飛行途中或重回大氣層時，予以攔截摧毀。因為前兩種方式
對己方不會造成損害，軍備專家認為是導彈防禦的「上策」，但
由於技術要求較高，這兩種方式的反導彈系統都還在研製之
中。第三種方式則是來襲的敵方導彈在接近保衛區時，才予以
攔截並摧毀，保衛區可能會受到一些破壞，所以說是「下策」。
但其技術要求卻相對簡單，美軍已部署使用的「愛國者」反導
彈系列，均屬於第三種防衛策略。

❖反飛彈系列

美國現有的戰區導彈防禦系統係由各種功能不同的次系統組合而成，主要可分為：（1）反飛彈系列，（2）偵察及追蹤系統，（3）戰管指揮、控制、通訊情報中心。茲分述如下：

「反導彈系列」是戰區導彈防禦系統最大的一環，可分為陸基（land-based）、海基（sea-based）及空中巡弋（airborne）導彈等三種不同形態。陸基型供陸軍使用，有低、高空層兩種防衛系統。屬於低空層防衛的有「愛國者」飛彈改良二型和改良三型（PAC-2 及 PAC-3），以及中型展延防空系統（Medium Extended Air Defense System, 簡稱 MEAD）等兩大類。MEAD是美國聯合德國及義大利合作研發的短、中程高機動防空系統，研發成功後，將取代蒼鷹及愛國者反飛彈兩種防空系統。

戰區高空區域防衛（Theater High Altitude Area Defense，簡稱 THAAD），是屬於高空層防衛；陸基部署高空層 THAAD 的目的，是在外大氣層攔截敵方來襲導彈，並予以直接摧毀，以保護人口密集地區，免於受到彈導的攻擊。但由於技術上的困難，雖經多次測試，到目前為止均未能成功。

海基型是供海軍部署使用，亦有低空層及高空層兩種反飛彈系統。這兩種海基型反導彈系統，均是利用海軍「神盾級」驅逐艦內現有的「神盾武器系統」及標準導彈空防系統改良而成，屬於低空層的反導彈系統，已經實彈測試成功，但尚未部署使用。屬於高空層的是泛戰區型反導彈系統，目前尚在研發階段，未有測試成功的報導。海基型的反飛彈系統由於機動性

高，而且可以部署在靠近戰區附近之公海，對嚇阻敵軍有非常大的功效。

最後一個反導彈系統是空中巡弋雷射武器（Airborne Laser，簡稱 ABL），使用波音 747-400F 型貨機，裝載百萬瓦級的化學雷射武器系統，主要是利用高能雷射，將正在發射升空的敵方導彈摧毀。ABL 系統的成功部署，將是提升美國導彈防禦能力的一個重要步驟。

❖「防禦系統」的大腦和耳目

TMD「偵察及追蹤系統」可以說是 TMD 系統的「眼睛」和「耳朵」，目前美國是使用太空人造衛星紅外線系統，作為偵測及預警之用，將訊息立即提供給部隊指揮官，使其能及時作出正確的反應；同時又將資訊傳給各個 TMD 反飛彈系統，以採取適當的步驟，將來襲導彈成功地摧毀。

TMD 的「戰管指揮、控制、通訊情報中心」可以說是 TMD 系統的大腦中樞，為整合各個反導彈系統的戰管控制系統，使各項預警及偵測資料通暢無阻，並統一上下游系統的指揮作戰，發揮整體合作的團隊力量。

依美國軍方的論調，東北亞地區的最大威脅，就是逐漸崛起的中國。TMD 猶如國家的「防盜系統」，是專門來對付中國的。由於，ＴＭＤ的研發和部署費用龐大，美國幾乎已經難以為繼，因而必須尋找第三國的參與和協助。依照美國的構想，這套 TMD 的「戰鬥指揮、控制、通訊指揮中心」和「偵察及

追蹤系統」主要是掌握在美國人手裡，參與的第三國，只要配置各種不同的「反導彈系列」即可。更清楚地說，NMD好比是美國的「防盜系統」，TMD宛如是東亞各國的「防盜系統」。美國說它的「防盜系統」可以讓東亞各國共用，而東亞各國的「防盜系統」則由美國負責設計，東亞各國只要付錢就好。

這個做法好比是美國這個保全公司可以完全的掌握客戶防盜系統的密碼和安全通路，可是客戶卻完全不知道保全公司葫蘆裏賣的是什麼膏藥，只好聽憑賣方予取予求，自由進出自己的家園，根本不知道保全公司會不會監守自盜或出賣客戶。這樣的設計，怎麼能夠令客戶安心？

❖日本加入、南韓拒絕

早在 1996 年底，美國便要求日本加入共同研究開發 TMD 的構想。依日本防衛廳的初步估計，五年研究經費約需 200 億日圓，加上後續的發展，以及將當時日本部署在地面的「愛國者飛彈」，更新為具有迎擊導彈能力的新型導彈，費用高達 1 兆 3000 億日圓到 2 兆 3000 億日圓。分攤下來，要佔日本年度防衛預算的 40%。投下巨額研究開發經費，卻不能掌握此一防衛系統的情報主控權，讓日本一直疑慮不已。直到 1998 年 8 月 31 日，北韓發射導彈（北韓稱是人造衛星），飛越日本列島上空，日本才決定參與美國所提出的反導彈計畫。

日本認為：TMD 系統可以保護駐日美軍，亦有助於「美日安全保障體制」的運作，雙方合作開發 TMD，可以加強美日軍

事防衛技術交流，並落實「美日安全保障體制」。日本官方宣稱：TMD 是被動的防衛性武器，並非以特定國家為目標。然而，美日的國防戰略都強調：「先發制人」，認為「攻擊是最好的防衛」。一項武器到底是用在防衛或是用在攻擊，其差別是在使用時的判斷。什麼叫「防衛性武器」呢？

南韓在美國的壓力之下，本來就不得發展射程 180 公里以上的飛彈。金大中總統領導下的南韓認為：日本對北韓採取「先發制人」的攻擊，可能演變成整個朝鮮半島的全面戰爭，因此堅決反對美國和日本在還沒和南韓協商之前，對北韓採取「先發制人」的攻擊。此時更順水推舟，就以財力不足為理由，拒絕加入 TMD。

❖ 金大中的陽光政策

南北韓迄今未簽署和平條約，雙方仍處於交戰狀態，邊界依舊重兵對峙。將朝鮮半島的「冷戰對峙」轉換為「協力合作」的設計師，就是南韓總統金大中。金大中是一位很有遠見的政治家，他引用「北風」和「陽光」的故事，認為要叫對方脫下衣服，用凜烈的「北風」，只會逼使對方把衣服扣得更緊，不如用溫暖的「陽光」（sunshine），讓對方熱起來，自動脫下衣服。他運用地緣政治的宏觀思維，先行安撫日本，主動與俄國交流，並得到中國支持與諒解，於 2000 年 6 月訪問北韓，在平壤舉行南北韓高峰會。

南北韓高峰會議的舉行，減低了北韓對南韓發動攻擊的可

能性。南北韓高峰會議後，雙方政府同意重建跨越南北韓停戰區的鐵公路，決定在板門店停戰村重設聯絡處，並安排戰亂離散家庭重聚。不久南北韓雙方運動員合作，在同一面旗幟引導下，踏進雪梨奧運會會場。

從地緣政治的觀點來看，在金大中主導下，朝鮮半島邁向大和解有其特別意義。在美國主導的冷戰體系之下，北韓成為隔斷南韓與亞洲大陸來往的通路。金大中誘導金正日所領導的北韓，逐步擺脫孤立鎖國的桎梏，讓漢城與平壤協力合作，取得東北亞區域政治生態的主導權。南韓與北韓建立合作關係之後，不但可以早日促進「祖國統一」，北韓也從原來的阻礙，變成南韓通向俄羅斯、中國大陸乃至歐洲大陸的跳板。

第二節　TMD 與台灣

❖「TMD 是錢坑」

同樣的，從中國大陸的觀點來說，如果能誘導台灣，促成海峽兩岸的大和解，則中國可以打破美國半個多世紀以來，在太平洋西海岸佈置的日本、琉球、台灣、菲律賓的防封鎖線，而向太平洋的海洋貿易方面發展。

很遺憾的是，台灣並沒有像金大中這樣高瞻遠囑的政治家。從 1995 年起，便有美國的說客開始訪問台灣，勸說台灣加入 TMD。台灣軍方開始對參加 TMD 很熱情，並曾私下請美方評估台灣加入 TMD 的可行性。但是，當他們知道其預算花費可能是天文數字後，態度逐漸冷卻。國防部長蔣仲苓在立法院

答詢時，曾說過：TMD系統要花上90億美元，「是一個錢坑」，所以國防部必須審慎評估。當時蔣仲苓基本上是持反對立場的。

軍事專家普遍認為，攔截導彈並非易事，任何反導彈系統都不可能百分之百摧毀來襲的導彈。從經費來看，日本參與TMD的初期投資是90億美元，比台灣一年80億美元的軍費還高，其龐大的開發費用很可能將台灣的財政拖垮。

相反地，外交部對 TMD 卻是充滿興趣。北美司司長沈呂巡證實：美方曾就 TMD 問題，向我方進行簡報，外交部「也對此表示歡迎」。1997 年克林頓和江澤民宣佈美中建立「戰略夥伴關係」，台灣軍方的許多高級將領認為：有必要以非正式軍事聯盟來加強美台關係，於是開始支持台灣部署 TMD 系統。

1998 年七月，美國在台協會理事長卜睿哲拜會國防部後，蔣仲苓的態度便開始鬆動，而對外公開表示：「希望美國協助我方評估 TMD。」當年秋天，美國國會通過撥款法案，以附帶決議支持台灣加入 TMD。

❖「有極高意願加入 TMD」

唐飛出任國防部長後，於十月底前往美國，拜會美國國防部長柯恩，柯恩即承諾會「仔細評估 TMD 納入台灣的可行性」。唐飛一趟美國行回來之後，國軍對於 TMD 計劃的想法也隨之大轉彎，從「TMD 是個錢坑」改變轉為「台灣有極高意願要加入 TMD」。

據分析，唐飛出身空軍，對戰爭中早期預警的重要性有深

刻的認識。他認為，TMD 要想有效攔截導彈，戰場管理和指揮、
管制、通信、情報系統是關鍵環節，這種「早期預警」對台灣
的防禦非常重要，因此才會對加入 TMD 表現出高度興趣。

唐飛認為：TMD 有 6 個子計畫，台灣可以參與其中一至兩
個計畫。比如：台灣的愛國者導彈型號是 2+，而 TMD 計畫中
的愛國者導彈型號是 3，提升半級，是台灣可以爭取的。美國
全境配備 TMD 的預算固然高達 600 億美元，但台灣的面積和
加州差不多，將大台北都會區納入 TMD 大約要花 20 億美元，
預算並不如想像中驚人。這和蔣仲苓的想法有相當大的差距。

此外，唐飛也希望在 2006 到 2010 年之間，將台中以及高
雄都會區納入 TMD 的保護傘下，並以「低空層導彈防禦為主」。
唐飛認為，雖然目前洛克希德公司的測試仍然失敗，但「未來
應該還是會成功」，提早加入的費用，會比延後加入來得低。

❖ 中共的飛彈威脅

2000 年民進黨執政後，對於台灣加入 TMD 的問題，有更
深一層的考量。台灣當局認為，中國大陸常規部隊的裝備水準
不高，但導彈技術並不落後。其導彈可在遠離沿海地區的基地
發射，越過台灣海峽打擊台灣。大陸已在台灣對面部署了幾百
枚導彈，如果這些導彈對台灣密集發射，即使只裝備常規彈頭，
也會對台灣未來的導彈防禦系統構成很大威脅。

目前解放軍在東南沿海有一個部署東風 9 型（M-9）戰術
導彈部隊，該型導彈使用固體燃料，藉由公路機動發射系統，

可發射 500 公斤的彈頭，射程 600 公里，戰場生存能力非常強。東風 11 型（M-11）也是一種公路機動發射的導彈，射程 300 公里。另外，中共還在發展射程更遠的改良型導彈。未來導彈 M-9 及 M-11 將採用衛星導航系統，以提高精確度。在對台作戰中，這些短程導彈將嚴重威脅台灣的機場防空力量、海軍基地、作戰指揮中心及後勤設施。

美國的愛國者導彈曾經在波斯灣戰爭中大出風頭。1996 年大陸對台灣進行導彈演習之後，美國出於防衛台灣的需要，同意出售「愛國者-2」型導彈給台灣。1997 年，台灣購買的愛國者地對空導彈系統運抵台灣，並在台北周圍部署了三個固定基地。不過連美國的軍事專家也認為，依賴現有的導彈防禦系統，台灣仍然無法防禦大陸的導彈攻擊。

大陸不斷增加沿海地區的導彈部署，已經引起了台灣決策層的極度不安。台灣的「愛國者-2」型導彈防禦系統尚未經過實戰檢驗，台灣民眾在心理上無法接受戰爭的現實，台灣的經濟也經不起大陸導彈的攻擊。一旦大陸發動導彈襲擊，即使不發動登島作戰，也會造成島內資金的大量外流。

❖ 美國漫天要價

台灣在導彈研發方面一直比大陸落後。20 世紀 70 年代，大陸發射人造衛星成功，中山研究院開始實施「青蜂計畫」，研製短程導彈，並在 1980 年初見成效。中研院已經研製成功導彈引導技術的電腦系統；台灣自行研製並部署的短程導彈，包括：

「天箭」空對空導彈，以及「雄風」和「天弓」地對空導彈。針對大陸在沿海地區部署的 M 族導彈，台灣還在自行研發反導彈系統。

由於大陸在研發導彈系統方面一直佔有優勢，從美國購買 TMD 系統似乎成為扭轉這種不利局面的上策。支持加入 TMD 系統的人士認為，部署 TMD 系統可以保持兩岸均勢，嚇阻大陸利用導彈發動進攻，從而確保地區穩定。但這種意見在台灣並未形成共識，有關 TMD 系統的爭論呈現出日益劇烈之勢。

反對加入 TMD 的主要理由是軍備競賽所造成的財政負擔。台灣如果加入 TMD 系統，需耗資 94 億美元。這個數字遠低於美國最終部署 NMD 系統的費用 600 億美元。但美國要防禦的是 930 多萬平方公里的都會區，而台灣部署的 TMD 只能覆蓋 5700 多平方公里。以每平方公里的成本計算，美國與台灣的耗費比為 1 比 250。由此可以看出，美國獅子大開口，利用 TMD 系統，漫天要價，猛敲台灣。

❖財力不勝負擔

完整的 TMD 系統包括低空防禦系統和高空防禦系統，兩者以 40 公里的攔截高度為臨界點。台灣要購買的是低空防禦系統，其攔截半徑為 50—60 公里，「愛國者-2」和「愛國者-3」都是典型的低空導彈防禦系統。

撇開 TMD 系統的高空部分不談，僅部署 200 枚「愛國者-3」型導彈和相關系統，就需要 14 億美元，每枚導彈裝備到部隊

後，還需 700 萬美元。除此之外，如果美國同意出售「神盾」驅逐艦給台灣，又要高達 65 億美元的開支。增加對 TMD 系統的投入，對台灣防務預算中購買其他重要武器系統的額度必然會造成排擠作用，從而讓台灣的軍事預算更加捉襟見肘。

　　波斯灣戰爭時，媒體報導過份誇大了愛國者導彈的性能。根據美國總審計署的調查結果顯示，當時「愛國者」的命中率其實只有 9%。1997 年，美國承認「愛國者」只能攔截處於飛行末段的導彈。美國總審計署在 2000 年的一份報告指出，改進後的「愛國者-3」型，其性能將會有所提升。台灣要想有效防禦大陸的導彈攻擊，就必須購買改進後的「愛國者-3」型。可是，「愛國者」的性能必須作不斷的改進，其研發費用連年增加。台灣是否有足夠財力協助美國人克服這些技術上的難題呢？

❖ 國防交由美國掌控

　　即使「低空導彈防禦系統」可以有效攔截大陸的短程導彈，台灣仍然面臨著中共從內陸發射中程導彈的威脅。中共佈置在內陸的「東風」型中程導彈，可以裝備常規彈頭，突破台灣的低空導彈防禦系統，打擊台灣相關目標。如果台灣認為有必要防禦這些中程導彈，就必須再設法購置「高空導彈防禦系統」。且不說高空導彈防禦系統的技術是否成熟，台灣能夠不顧中共的巡航導彈、資訊戰和常規軍力，而耗費大部份的軍事預算購買這個系統嗎?如果台灣將大部份資源集中用於導彈防禦，面對中共導彈以外的威脅，又將如何應付？

由於 TMD 系統的大部分設備都是在美國生產，其管理、使用、和系統整合都由美國控制，甚至連操作人員的訓練也要長期依賴美國。一旦發生戰爭，台灣還要依靠美國的衛星預警資料，來探測並跟蹤大陸的導彈發射情況。這無疑會阻礙台灣的情報收集能力，延誤重要的指揮控制決策。台灣的國防從此由美國所掌控，根本沒有討價還價的餘地。

❖台灣的「安全困境」

美方相關單位的評估認為，目前彈道飛彈的技術發展非常快速，共軍導彈的精準度日益提升，相對而言，飛彈防禦的發展進度十分緩慢，兩者落差日漸擴大，「將有限資源投注在反導彈系統是不切實際的」，特別是鄰近中國大陸的台灣，「沒有時間和資源走錯方向」。

美軍將領認為，對於中共的武力威脅，擁有從接近大陸城市的潛艦上發射巡弋飛彈之能力，絕對比加入 TMD 來得具有嚇阻力，也才能讓共軍在發射導彈攻擊台灣前審慎思考。台灣應該購買真正對共軍具有嚇阻力的攻擊性武器，才能解決目前共軍的導彈威脅。然而，什麼叫做「攻擊性」武器？台灣要取得什麼樣的「攻擊性」武器，才能保障自己的安全？

台灣海峽寬約 130—250 公里不等，只要部署在這裏的導彈射程超過 100 公里，就會被認為富有「攻擊性」。台灣為了增進安全而部署「攻擊性」武器，威脅到大陸的安全，大陸就會提高軍事能力，來重新奪取其相對優勢。結果是使台灣陷入與大

陸軍備競賽的「安全困境」之中。

1998 年年底，台灣當局請求向美國購買四艘神盾級軍艦，總金額高達 1600 億新臺幣。由於神盾軍艦能清楚掌握大陸短程導彈的彈道，這項決定是台灣意圖加入 TMD 的重要信號。1999 年四月，美國國防部提交國會有關 TMD 的報告中宣稱，面對大陸的導彈威脅，台灣目前最需要的是早期預警雷達系統。該報告還為台灣參與 TMD 設計了五種方案。

可是，因為「神盾」艦有能力部署彈道飛彈和巡弋飛彈，而且又有海上機動能力，可以緊靠目標區部署，一直被大陸認為是一種准攻擊性力量。如果美國出售「神盾」級驅逐艦給台灣，大陸就會在沿海地區部署更快、更精確的導彈來彌補。中共為提高其海上防禦能力，已經向俄羅斯購買兩艘「現代」級驅逐艦，配備有超音速 SS-N-22「日炙」反艦巡航導彈，能夠對付台灣海軍的新型軍艦。美國在「神盾」艦售台問題上一直猶豫不決，這可能是重要原因。

❖政治的考量

由以上的分析可以很清楚地看出：從軍事的角度來看，台灣加入 TMD，不但不能增加台灣的安全，反倒可能使台灣陷入軍備競賽的「安全困境」，甚至拖垮台灣的財政。然而，從李登輝執政後期到民進黨執政這段期間，台灣當局之所以想要加入 TMD，主要是為了政治的考量，而不是軍事的目的。民進黨主要關注社會和政治問題，很少關注軍事問題，但在導彈防禦問

題上卻立場強硬。陳水扁總統接受美國華盛頓時報專訪時，曾指國軍正積極研究和評估參與戰區飛彈防禦系統（TMD）發展計畫，希望美國邀請台灣加入。

在民進黨看來，加入 TMD 系統可增強台灣與美國和日本的防務聯繫。TMD 的支持者強調，TMD 是用來防禦的，不具有任何挑釁性。借導彈防禦而與日本和美國結成事實上的軍事聯盟，至少可以保持現狀，與大陸分庭抗禮。擁有了 TMD 這一層安全保障，台灣還可能藉由諸如「公投」之類的「民主程序」，而宣佈獨立。因此，即使要付出巨大代價，也仍然值得投資。

國民黨自從李登輝主政之後，對於國家大政，始終缺乏中心理念，而經常視選情變化，跟著民進黨搖擺。整體而言，國民黨也支持加入 TMD 系統，認為這會鞏固美台關係。在國民黨內部，也有一部分人認為：TMD 確實可以消除選民對大陸導彈威脅的擔心。可是 TMD 耗費過大，會排擠社會福利和民生基礎建設在整體預算中的比重。如果 TMD 的研發和購置費用妨礙到其他的建設預算，選民可能就不會答應。因此，國民黨在國家安全與社會福利的平衡上，常常舉棋不定，無所適從。

正因為台灣加入 TMD 的政治意涵確實大於軍事意義，美國對這項具有軍事同盟象徵的指標合作，在現階段仍然不會作出明確決定，並刻意保持模糊空間，因為唯有如此，才能用它作為制衡中國的籌碼。

第三節　突破第一島鏈

本書第一章提到，第二次世界大戰後，第一島鏈和第二島鏈之間所含蓋的西太平洋海域，一直都是美國海軍的勢力範圍。2001 年之後，中共人民解放軍的海洋調查船刻意進出此一海域，在日本以及台灣附近的海域，展開潛艦通航以及布置水雷的調查，活動範圍包括日本的小笠原群島到西南諸島的西太平洋廣大海域。

從 1990 年代中葉以降，中共一直在東海「中日中間線」附近海域進行海洋調查，主要是使用氣槍，進行海底地質調查，旨在從事海底石油探勘。近年來在太平洋海域的調查，則是以軍事為目的，兩者有重大的差別。一般揣測，這很可能是中共軍方正在為將來萬一美國介入「台灣獨立」，做動武的準備。

❖「沖之鳥」島

沖之鳥島在東京南方一千七百公里，是日本最南的領土，這個珊瑚礁島周長僅十一公里，因為受到侵蝕，每遇漲潮，兩塊相連的礁岩僅剩幾平方公尺面積浮在海平面上，日本政府已花了大筆經費，以水泥混凝土鞏固這兩塊礁岩周邊，以防止國土「沉沒」到海裡。

日本認為該島是常態性浮出水面的島嶼，屬於日本的「排他性經濟水域」。但中共則認為「沖之鳥」是礁島，不得主張排他性，兩國爭論不休。

沖之鳥島方圓幾百公里內沒有其他島嶼。如果日本取得該

島的主權，就可以主張其附近的水域為排他性經濟水域，因而東京都知事動作頻頻，開放漁民到此漁撈，以宣示日本對此島的主權。2005 年八月，日本海上保安廳宣佈，將於 2007 年三月前，耗資一億日圓，在「沖之鳥島」上設太陽能燈塔，以宣示對該島的主權。

❖進入「公海」調查

由於中共已具有突破太平洋島鏈的實力，中共也一再試圖證明：一旦台海有事，如果美國、日本欲介入台海衝突，中共有能力阻止美日介入，所以沖之鳥島更有重要的戰略地位。

由於中共主張的排他性經濟水域是從大陸礁層向外延伸，日本則主張領土向外推二百浬，雙方有一重疊水域，兩國爭議不斷。根據「聯合國海洋法公約」，這些海洋調查船經由「事前通報」，獲得日本政府許可後，才能在日本海域進行調查。換言之，中共海測船可在知會日方情況下，進入日本排他性經濟水域，但中共常常未知會便自行越界。

日本政府認為，這項調查活動具有軍事目的，要求立即停止。但中方不但不聽勸阻，反而指此海域為「公海」，日本不得主張為排他性經濟水域，而繼續從事調查工作。

❖中國的「內海」

為了因應日漸增強的中共軍力，美國除了藉由軍售以提升台灣的防衛能力之外，同時在關島派駐核子潛艇，佈署航空母

艦，和戰略轟炸機，不斷重新評估並強化東亞的戰略形勢。1996年 3 月，台灣第一次總統大選時，李登輝總統不斷以語言挑激兩岸關係，在台灣附近海域實施軍事演習，美國出動海軍航空母艦，擺出護衛台灣的架勢。為了防止此一事態重演，中共斷定美國可能自航空母艦出動飛機，並發射巡曳飛彈攻擊中共，因此刻意在中國、日本以及台灣附近海域進行海洋調查活動，並在台海外圍佈署潛艦或水雷，以阻止美國海軍航空母艦戰鬥群接近台灣。

　　2002 年 12 月，中共國務院國家海洋局公佈「全國海洋功能區劃」，主張周邊的黃海、東海、南海為「中國海」。翌年，國家海洋局、國務院內政部、中共人民解放軍總參謀部聯合簽署「無人島管理規定」，加強管理這些海域內之無人島嶼。國家海洋局則進一步公佈「全國海洋經濟發展計畫綱要」，正式加速「中國海」的開發與利用。中共海軍在西太平洋的進出，意味著將「中國海」此一重要國家目標付諸實施。

　　海南島是中共進入南海的渡口，其東南海域上則有西沙群島，自海南島筆直東進，通過台菲之間的巴士海峽便是太平洋。海南島為中共海軍的潛艦基地，南海又是中共海軍潛艦的訓練場所。1988 年以前，中共在其主島永興島興建 2600 公尺的機場跑道，從此海南島至永興島間的海域，成為中共人民解放軍維護其海上交通線的重要基地。中共又在其南方的美濟礁，佯稱建漁船避風港，實則興建海軍基地。藉由這些軍事設施，中共意圖掌控自印度洋經由麻六甲海峽，進入南海，復經巴士海

峽，出太平洋的這條海上交通要道。

❖中共軍艦進出太平洋

2002年十月，中共派遣「旅滬級」最新導彈驅逐艦「哈爾濱」號，自東海通過日本西南群島海域，經由距離台灣東部海岸約150海浬海域南下，並且在南海與南海艦隊會合，實施綜合演習。同一時間，東海艦隊所屬的小型艦艇部隊則順著大陸沿海，通過台灣海峽南下進到南海，加入上述綜合演習。

11月12日，中共海軍所屬「明級」攻擊潛艦在日本鹿兒島縣佐多岬附近海域浮出海面，懸掛著五星旗，通過大隈海峽，由太平洋行經東海。根據中共外交部記者會的說法，這是「正常的海上訓練」。

2003年11月10日，中共「漢級」核子潛艦闖進琉球海域的日本領海，行經宮古島與石垣島之間一道狹窄的V字型峽谷，並接近琉球的下地島。

下地島位在琉球群島的中間點，距離那霸美軍基地近三百公里、釣魚台一八〇公里，中日雙方爭議頻仍的東海油田開發，亦近在咫尺；往西南飛，大約半個鐘頭，即可抵達四五〇公里外的台灣本島。下地島半徑五百公里內所涵蓋的範圍，堪稱是東亞安全的「地雷區」，其戰略價值不言可喻。

❖「在中國門前楔下釘子」

與伊良部島連結的下地島，同屬宮古郡伊良部町，島嶼面

積僅九‧五四平方公里，人口約七千人，都集中在伊良部島。三方面海的下地島，則被翡翠綠般的大海包圍，優美的景觀構成飛行訓練的絕佳環境。當初下地島就憑藉著這些先天優勢而被日本中央選來設置民航飛行訓練機場。

三年前，美國智庫蘭德公司的報告，即主張美軍應將下地島當作「東亞安保新據點」，建議美日兩軍進駐下地島，以因應台海危機。當時，中方媒體曾以「美國阻撓中國統一的上選之地」來形容下地島的戰略地位，認為「美軍要在中國門前楔下釘子」，「挑戰中國，以遏止中國新布局」。

去年九月日本首相小泉與美國總統布希在聯合國會晤，當時雙方會談就曾提及美軍進駐下地島基地的問題。如今中共潛艦出現在此一區域，除了偵測周邊地形、氣溫等水文資料之外，其目的之一顯然就是鎖定這座深具戰略價值的島嶼。

❖日本強化「島嶼防衛」

日本去年曾發現中國潛艦通過鹿兒島附近的大隅海峽，如今中國核子潛艦又出沒在琉球以北的海域，已靠近美方設定的第二島鏈，似顯示中國海軍正在測試遠洋作戰的能力，而且是以日本為假想敵；所以，東京當局視此為嚴重的外交與國防事件，反應相當強烈。

北京當局雖已致歉，然而，這一連串事件卻使得日本右翼勢力振振有詞指稱中國所表現的並非「和平崛起」，而是企圖取代美國亞太的霸權地位。日本防衛廳甚至開始研擬新的「防衛

計劃大綱」，預設中國攻擊日本的三種可能狀況：一、在台海發生戰事時，為了阻止日本支援美軍，中國可能對日本發動局部攻支擊；二、釣魚台問題若因中國內部民族主義高漲而對中共造成極大壓力，中共可能對釣魚台採取軍事行動，從而引發中日海戰；三、在東海等海洋資源的紛爭中，中國也可能動武。

2004 年，曾經擔任日本防衛廳長官的自民黨眾議員玉澤德一郎，在接受中國時報記者專訪時表示，從沖繩本島到釣魚台將近五百公里長的區域，沒有美軍與自衛隊駐紮。假使發生軍事爭端，需要花很多時間調動軍隊。過去日本的防衛戰略承襲冷戰時期的思維，將重點放在北海道，現在冷戰已經結束，日俄關係已經發展到要簽署和平協定，因此現在應該將重點轉換到南邊。為了因應來自南邊的威脅，日本必須強化「島嶼防衛」，在下地島或與那國島設置軍用航空基地。

❖核彈威脅美國西海岸

中共將可以搭載核子導彈的核子潛艦開到琉球海域，一方面，是要阻止自日本橫須賀或關島美軍機地出動的航空母艦戰鬥群以及核子潛艦；一方面是要威脅以核子武器攻擊美國，阻止美國軍事介入。

在阿富汗戰爭以及伊拉克戰爭中，美國曾經從航空母艦戰鬥群、艦艇或核子潛艦發射巡曳飛彈，攻擊敵方。假若美國用同樣方法，攻擊中共指揮中樞以及主要軍事設施，則中共核子潛艇也可以自水中發射「巨浪 2 號」洲際飛彈，射程 8000 公里，

能夠達到美國阿拉斯加以及西海岸地區。

根據美國國防部的報告，中共正在開發可搭載此一型飛彈的「094」型核子潛艇，預計將於 2010 年以前裝備完成。針對日本和關島的美軍基地，中共已經在沿海地區佈署了可以搭載核彈頭或一般彈頭的「東風 21」型中程彈道飛彈。如今中國核子潛艦又出沒在琉球以北的海域，已靠近美方設定的第二島鏈，顯示中國海軍似乎在測試遠洋作戰的能力，且是以美國為假想敵，自然引起了美國防部的高度關注。

❖美日加強東亞軍事部署

2004 年底，中共公布將制定「反分裂國家法」，取回台海問題主導權，不再依靠在台海問題上搞兩手策略的美國。美國對中國的態度因而呈現出極大轉變。不但展開「妖魔化中國」的新攻勢，並且在經濟、外交和軍事上也開始為「新冷戰」展開部署。在經濟方面，對紡織品設限，對人民幣匯價發動新攻勢；在外交方面，美國將釣魚台列嶼的主權正式給予日本，美日宣佈「共同戰略目標」，將安保條約的範圍擴大到台灣。

2005 年三月，中共「反分裂國家法」通過之後，美、日兩國立刻採取了一系列的軍事行動：五月初，美國海軍宣佈：將在太平洋部署在兩支航空母艦戰鬥群，其中一支是橫須賀的小鷹號戰鬥群，另一支是以夏威夷的珍珠港作為母港，並以佐世保港作為主要停泊港，屆時兩艘航空母艦隨時可從東北亞出擊。

5 月 28 日，日本《產經新聞》報導，日本計畫在未來四年

內，將目前部署在琉球那霸空軍基地的二十四架 F4 戰機，全部
汰換成火力更爲強大的 F15 戰機。F15 是日本軍方性能最優越
的機種，航程範圍可達四千六百公里，比起 F4 的二千九百公里
超出許多。產經新聞報導引述一名日本高級官員的話表示，日
本防衛廳決定將 F15 戰機部署在琉球，是爲了因應中共最先進
的戰機，並提升日本空軍與琉球美軍基地中 F15 戰機的聯合作
戰能力。

　　6 月 29 日，美國與南韓官員宣佈：12 至 24 架美國 F117A
隱形戰鬥轟炸機，將部署在南韓西南海岸邊的君山空軍基地，
美軍發言人說，約一個中隊的隱形戰機，將停留約三到四個月，
停留期間將參加一項旨在熟悉南韓地形的飛行訓練。這項部
署，一方面是爲了因應北韓的核彈威脅，一方面則是預防東海
的突發事變。除此之外，美國五角大廈並已簽報白宮，要求放
寬核武動用的限制。從 2005 年二月起，日本極右派日趨張狂；
終致引發四月間中韓的反日群眾運動。美日的這些擴軍計劃，
不啻是在向日本右翼發出訊息。這些問題，本書第四章將再作
進一步的分析，這裡，我們先談中共的反應。

第四節　朱成虎的警告

　　2005 年 7 月 14 日，在香港一個民間基金會所舉辦的一項
簡報中，中國國防大學防務學院院長朱成虎少將對外國記者訪
問團表示：如果中美兩國因台灣問題發生軍事衝突，中國別無
選擇，只能動用核子武器。

　　朱成虎表示，因為中國沒有能力與美國進行傳統戰爭。「假如美國使用飛彈和目標導向武器攻擊中國境內的目標，我認為我們必須以核子武器反擊」。

❖「核武毀滅論」

　　他說：「對西安以東所有城市可能遭到摧毀，中國會有所準備。當然，美國也必須有心理準備，將有數以百計的美國城市被中國摧毀。」

　　朱成武的這番「核武毀滅論」，立刻引起了華府官員和國會議員的高度震撼。1995 年時，中共人民解放軍副總參謀長熊光楷曾含蓄表示，如果美國介入台海衝突，中國就可能使用核武器攻擊洛杉磯。自 1995 年以來，朱成虎的說法是中國軍方官員在中國的戰略意向方面所做的最明確的表示。

　　十五日，美國國務院發言人麥考馬克批評說，美國認為朱成武的說法是「高度不負責任」與「不幸」的，希望相關說法不代表北京官方立場。

　　當天，科羅拉多州共和黨眾議員譚克里多立刻致函中國駐美大使周文重，他在信中痛斥：「一位資深的政府官員，會表現如此可怕的愚蠢，作出這種無恥的威脅，一點都不是現代國家應有的現象，尤其是一個即將舉行奧林匹克運動會的國家。」他在信中警告：這種言論將動搖美、中關係的基礎，並對中國帶來嚴重的後果。「為了避免進一步惡化，貴國政府必須立即譴責並否定朱的謬論，解除朱的職務，並對美國人民發表正式的

道歉。」

　　然而，中國卻只對這番言論進行淡化處理，拒絕收回朱成虎的說詞。中國外交部發言人表示，朱成虎的講話只反映他「個人的觀點」，可是外交部拒絕澄清這是否也代表中國政府的立場。中國外交部卻同時發表聲明說：「中國決不容忍台灣獨立，而且不允許任何人通過任何方式，把台灣從祖國分裂出去。」

❖在軍事上吃定中國？

　　華府智庫「國際評估策略中心」的費雪表示：「毫無疑問，中國軍方希望美國瞭解，如果美國在中國攻台時協防台灣，中國將會對美國動用核武。」

　　費雪說，人民解放軍如今已經佈署新型洲際彈道飛彈系統。未來還將佈署長程洲際彈道飛彈和長程潛射彈道飛彈。這些核子導彈中，有三型能夠攜帶多彈頭，將在五年內服役。此外，中國也將添購五十至六十艘核子和傳統攻擊潛艦。

　　當然，最重要的關鍵在於中國已擁有相當程度的核武實力。朱成虎的核武攻擊說不啻在提醒美國，不要自以為可以在軍事上吃定中國。依照美國中情局最新的評估報告，中國擁有各種射程的核武四百餘枚，並有四十到四十五枚能夠打到美國本土的洲際彈道飛彈，到 2010 年可增加到八十枚，且都可攜帶多枚核彈頭。一旦中國決心以核武反擊，雖不能像俄國那樣，做到與美國「保證互相毀滅」，但炸毀各大都會區絕無問題。

第五節　中共核戰略的變化

美國從未宣示不主動使用核武。三年前，美國國防部發表「核武態勢報告」，強調「先發制人」的攻擊性原則，並將中國列入美方在緊急應變計畫中可能率先使用核武的七個國家之一，並明言它可能在台海衝突中動用核武。如今，中共由一名青壯派的少將以個人身份發表類似論調，卻引起五角大廈和國務院的嚴峻反應，還引來美國右翼媒體和智庫的強烈嗆聲。這種截然不同的反應，象徵中國一個新戰略時代的來臨。

中共現行的軍事戰略是「打贏高技術局部戰爭」。這種戰略始於 20 世紀 90 年代。十多年來，在這種戰略的指引下，中共軍隊大幅度提高了適應現代化戰爭的能力。但是中共現在的核戰略依然還停留在「有限核威懾」的理論上，根本不足以支持「打贏高技術局部戰爭」。

❖潛在戰爭的主動權

美國長期奉行「全球毀滅性」核戰略，並發展了足以毀滅世界數次的超級核打擊能力。超強的核武力，再結合「首先用核、先發制人」的進攻性思想，使得美國的「全球毀滅性」核戰略咄咄逼人。相較之下，由於中共長期奉行「有限核威懾」戰略，自行克制核力量的發展，致使戰略核力量的規模非常有限。有限的核力量再結合「後發制人」的戰略，使得中共的核威懾能力更加蒼白無力。

由於取得了核戰略對抗的絕對優勢，所以美國也就取得中

美潛在戰爭的主動權：不僅可以主導操控戰爭的規模、戰爭的地點、戰爭的時間等戰爭要素，而且可以選擇對美國最有利而對中共最不利的作戰態勢。中共希望將戰爭限制在台海局部，但是美國卻可以將戰爭擴大到整個中共內陸地區。中共希望美國只出動 1、2 艘航空母艦，進行有限的局部戰爭，但是美國卻可以出動 7、8 艘航空母艦，甚至上千架軍機，與中共進行一場全面戰爭。中共希望挫敗台獨後就收手，但美國卻想在擊潰中共之後再收兵！

❖「有效核威懾」

對那些弱小但對中共懷有敵意的對手而言，中共「有限核威懾」戰略雖然足以對它們形成致命的威脅，但由於受到國際的限制，他們又不能發展自己的核武器。結果他們的選擇就是投入另一個核大國的懷抱，成為對抗中共的棋子。

台獨就是一個最好的例子。就大陸目前所擁有的有限核武力而言，台獨派根本就沒有本錢進行軍事對抗。但是台獨派認為：面對美國毀滅性的核力量，採行「有限核威懾」戰略的中共，根本不敢對台獨使用核武器。只要投向美國懷抱，美國一定可以壓制中共！

從上述分析中可以看出，在新的安全形勢下，無論是對超級強國，還是弱小國家，中共現行的「有限核威懾」戰略都不足以嚇阻對手。相反的，這種戰略卻會「刺激」它們，做出種種不利於中共的舉動。所以。中共認為：現行的「有限核威懾」

戰略必需做重大的修正，調整成為「有效核威懾」戰略。

　　「有效核威懾」戰略的意義是：無論是中共發動首先核突擊，還是發動報復性核反擊，中共所擁有的核武器的規模，必須足以在任何情況下，毀滅這個世界上任何一個國家。如此一來，中共在國家核心利益受到威脅時，才能保有首先使用核武器的權利。

❖「相互確保毀滅」的戰略平衡

　　中共要擁有多少核武器才能實施「有效核威懾」戰略？就目前而言，擁有 800 至 1000 枚戰略核彈頭是實現「有效核威懾」的理想基數。這種規模的核力量，在受到對手首先核突擊時，仍有能力將 300 至 500 枚的核子彈頭投向敵國，對其造成毀滅性打擊，可以確保「有效核威懾」戰略的實施。

　　然則，中共有能力實施「有效核威懾」戰略嗎？根據西方公開的估計，中共目前大約有 400 枚核彈頭。就當今中共的國力而言，只要國家給予重視，在不久的將來，便可以將戰略核彈頭的數量擴充一倍，接近 800 至 1000 枚左右。

　　適度擴充核武力作為實施「有效核威懾」的基礎，則中共將會與美國形成基本的戰略平衡，其間區別僅在於：美國能毀滅中共 N 次，而中共能毀滅美國一次。但「相互確保毀滅」的本質是一樣的。一旦中美形成「相互確保毀滅」的戰略平衡，美國將不敢再輕舉妄動，中美發生直接衝突的可能性也將大為減小。

在不久的將來，如果中共將現行的「有限核威懾」戰略提昇爲「有效核威懾」戰略，則美國將不得不完全退出台海角逐，台獨派將不得不單獨承受大陸強大的軍事壓力。這種情況下，中共就可以在局部戰爭的範圍內，動用「高技術常規力量」，迅速解決台獨事變。

第六節　中俄聯合軍事演習

美國利用「美日安全保障條約」和「戰區導彈防禦系統」，不斷加強它和東亞盟友之間的關係，中共當然也要尋思破解之道。從 2005 年八月，中共宣佈：從 8 月 18 日起，中俄雙方在山東半島展開一項名爲「和平使命 2005」的聯合軍事演習。並將邀請「上海合作組織」成員國的國防部長和觀察員參與觀摩。

中方參演主力之一是北海艦隊。北海艦隊原本是針對前蘇聯而成立的，目前的主要任務是保衛北京的海上門戶，其次是警戒美日軍事聯盟對中共的海上威脅。

北海艦隊目前有旅順、葫蘆島、青島等三個軍級編制的海軍基地，轄有驅逐艦支隊、護衛艦支隊、核潛艇支隊、常規潛艇支隊、以及由飛彈艇、掃雷艇、獵潛艇、魚雷艇等組成的快艇支隊，還有登陸艦大隊。在中共海軍三大艦隊中，北海艦隊成立最晚、實力最強、並擁有中共最強大的核潛艦隊。

俄羅斯參加軍演的是隸屬太平洋艦隊的三艘軍艦。太平洋艦隊前身是俄國遠東海軍，組建於十八世紀初。目前兵力約六萬人，有飛彈核潛艦、核攻擊潛艦、常規動力潛艦、飛彈巡洋

艦、飛彈驅逐艦、飛彈護衛艦等各型艦艇近四百艘，以及海軍
航空兵飛機一百七十多架。

這次派出的三艘軍艦，分別是無畏級的「沙波什尼科夫元
帥」號大型反潛艦、171 型大型登陸艦、「現代」級驅逐艦。「沙
波什尼科夫元帥」號具有八座艦對空飛彈垂直發射裝置，備彈
六十四枚。還有兩座四聯裝反潛、反艦飛彈發射裝置，艦載兩
架反潛直升機。

❖ 出動王牌部隊

在中俄首次的聯合軍事演習中，雙方都出動了最精銳的王
牌部隊：中方派出濟南軍區某機械化步兵師，這支部隊傳承自
葉挺獨立團，原本是國民革命時期從黃埔軍校中抽調中共黨員
所組成，這個團在中共軍史上曾出了一百六十五名將軍，被稱
為「鐵軍」。

「鐵軍」機械化步兵師在中共陸軍中裝備最先進，訓練也
最嚴格。去年秋天，中共在湖北、河南交界的桐柏山區舉行山
地進攻戰鬥演習，並首次向各國駐大陸武官展示其演練成果，
評價很高。

這支部隊雖然屬於陸軍，但同時接受高難度的海軍陸戰隊
泛水、衝灘訓練。部隊指揮官多次把官兵帶到風大浪高、岸灘
複雜的海岸練兵，探索新型戰車泛水作戰的方法。

在俄羅斯部份，俄軍第七十六空降師將有一個連約一百廿
人，從四百公尺的空中，人與車一起空投著陸，顯示俄軍的空

降實力。在第三階段軍演中，出動號稱「航母殺手」的俄羅斯圖 22、圖 95，和圖 160 等三種核打擊戰略轟炸機，負責模擬攻擊炸射航空母艦等海上目標。

圖 160 是俄軍最先進的超音速長程戰略轟炸機，外形爲白色呈流線型，俄羅斯航空兵稱之爲「白天鵝」，一個圖 160 轟炸機團攜帶的核彈，能夠摧毀一百六十八個紐約或莫斯科這樣的大城市，俄國全軍目前也僅有十四架。

❖軍演目標各說各話

共軍總參謀長梁光烈上將表示，中俄聯合軍演主要是加強兩軍在防務安全領域的合作與協調，演練兩軍共同打擊國際恐怖主義、「極端主義和分裂主義」，進一步提高兩軍應對新挑戰、新威脅的能力。

中共一位高級軍事將領在接受「亞洲週刊」訪問時表示，這次演習目的是聯合俄國，「在台灣邁向獨立時，嚇阻美國支持台灣」。這位將領強調，對中共而言，國家主權、領土完整與國家統一的真正威脅，是「擁有高科技武器的強大潛在敵人」。

俄羅斯總參謀長巴盧耶夫斯基大將則指出，俄國關注亞太地區軍事政治形勢的穩定發展，俄軍致力於與本地區所有國家建立友好合作關係，這次軍演「不會威脅到第三國的利益」。

俄國軍事分析家也不同意「俄國會支持中共攻擊台灣」的說法，莫斯科「國際政治與經濟研究所」的中俄關係專家米契耶夫說，俄國雖支持中共的一個中國政策，但「俄國絕不希望

捲入台海兩岸的戰術對立」。

❖警告華府勿挺台獨

　　中俄首次聯合軍事演習過程，美國十分緊張。據美國「華盛頓時報」報導，美國太平洋司令部派出 EP-3 型電子偵察機，全程監控中俄軍演過程，並沿著大陸海岸線收集演習電子參數。在水面與水下活動部分，則以兩艘海軍遠洋情報偵察艦在演習區附近海域全程監控。

　　華府智庫「傳統基金會」亞洲部門主任，曾經擔任國防部主管亞太事務的副助理部長布魯克斯則發表《強化中俄聯繫》專文指出，這項軍演是個惡兆，「規模不大，意涵極深」，不但增強了兩國在 1996 年建立的「戰略伙伴關係」，更是要「共同削弱美國在亞洲的影響力」，「這是冷戰結束後的第一次」。

　　他表示，這項演習對雙方精銳盡出，而且在中方要求下，演習的範圍向南延伸了八百公里，「就是為了威脅台灣」。文章說，「北京的意圖是在警告華府（或許東京也在內），如果你支持台灣，萬一台海發生狀況，俄羅斯可能站在中國這一邊」。

❖結論：全球戰略的新形勢

　　冷戰結束後，美國成為世界超強，近年來在亞洲的勢力更不斷膨脹。九一一事件以後，美國不顧中、俄、歐盟等國家的反對，出兵阿富汗與伊拉克，並藉機將勢力伸入中亞。從全球戰略觀點觀之，中俄兩國都已陷入美國全球軍事戰略的包圍，

腹背受敵，明顯影響兩國國家安全利益。

北京方面表示，這次聯合軍演，將邀請「上海合作組織」成員的國防部長與觀察員參與觀摩。「上海合作組織」是冷戰後由中俄兩國發起，邀請哈薩克、吉爾吉斯、塔吉克、烏茲別克等位於兩國間緩衝地區的國家參與，並邀請伊朗、印度、巴基斯坦以觀察員身份加入。此一組織在地緣政治上形成一個橫跨歐亞的完整板塊，從區域安全來看，它是中俄雙方後院的重要集體安全組織；從全球戰略來看，它是一個沒有美國參與的國際安全組織，足以與北約組織相抗衡，甚至形成反包圍的態勢。

回顧中俄兩國關係的歷史，不難看出：當前兩國關係正處於前所未有的轉捩點。1950 年中蘇簽訂的「中蘇友好同盟互助條約」，到 1980 年期滿，蘇聯希望續約，但雙方在邊界、意識形態與領導權等方面經過多年衝突，傷口未癒，最後中國以不結盟等原因拒絕。近年來，中俄雙方因為美國超強獨大，而演變成為「戰略伙伴關係」，2001 年再度簽訂「中俄睦鄰友好合作條約」。這次雙方首度舉行大規模跨國聯合軍事演習，更進一步走向「準軍事戰略同盟」，將雙方關係向前推進一大步。這不僅會影響亞太與全球安全，更將對台海安全造成深遠影響。

第四章
美日同盟與中日衝突

　　2005 年二月，美國與日本在華府舉行的「美日安保諮商委員會」，公開宣示兩國在亞太區域安全的「共同戰略目標」，首度將「和平解決台海問題」列爲共同戰略目標。聲明中並公開要求「中國改善軍事事務的透明化」，聯手遏制中國軍事擴張的意向十分明顯。

　　在美國的強力支持下，日本右翼勢力一面支持台灣島內的獨派運動，企圖以台灣問題來牽制中國。一面壓迫日本小泉內閣，以強硬姿態來測試北京當局的反應。對於北京抗議日本官方容許教科書篡改侵華史實，日本置之不理；無視於台海兩岸都主張對釣魚台的主權，逕自宣布接管釣魚台燈塔；而且刻意參拜靖國神社，造成日本和中國之間的一系列衝突。

第一節　釣魚台主權爭議

❖日本竊佔釣魚台

　　釣魚台列嶼位於台灣東北方的東海中，南距基隆 102 海浬，北距沖繩首府那霸爲 230 海浬，最大島稱爲釣魚台島，面積約 4.5 平方公里，其餘包括黃尾嶼、赤尾嶼等總共八個小島，總面積約 6.5 平方公里。

　　釣魚台海域爲一大漁場。早在十四世紀，中國人已經發現釣魚台列嶼，並加以命名。自十六世紀中葉起，明朝確定釣魚台列嶼爲台灣島的離島，是屬於台灣的一部份。在 1884 年以前，中國、日本及琉球地圖均將釣魚台列嶼列入中國領土。

　　1894 年七月，中、日兩國爆發甲午之戰，至十月底，中國

海、陸軍皆已戰敗。次年 4 月 17 日，雙方在日本下關（馬關）的春帆樓簽訂「馬關條約」，割讓台灣、澎湖及其屬島。

就在簽約前三個月的 1895 年 1 月 21 日，日本內閣鑒於甲午之戰勝利在望，核准沖繩縣在釣魚台設立國標，而完成對釣魚台列嶼之竊佔。

日本竊佔釣魚台後，即許可其國民在島上開發。自 1897 年起，古賀辰四郎及古賀善次父子先後曾在釣魚台上從事羽毛及鳥糞收集、標本製作、及農耕，歷時二、三十年，及至太平洋戰爭爆發而終止。

1945 年，日本戰敗投降，領土限於四大島。同年聯合國將琉球交付美軍託管，同時納入釣魚台列嶼，但未妨害我國人民使用。我國基於區域安全理由，亦未表異議。此後二十多年間，美軍曾以赤尾嶼作為艦砲射擊及飛機炸射之標靶，除此之外，對釣魚台列嶼並未做其他用途。

❖ 釣魚台「行政權」歸還日本

1971 年六月，美國以日本對琉球仍有所謂「剩餘主權」（residual sovereignty）而與日本訂定「沖繩歸還條約」，並於 1972 年五月，將琉球和釣魚台之「行政權」一併「歸還」日本，引起了海內外華人的「保釣運動」。在美國的歸還聲明中，明言美國僅歸還「行政權」，至於主權問題，則留待相關方面未來解決，為中日的主權爭議，埋下了不定時炸彈。

從此之後三十餘年，釣魚台雖在日方控制之下，爭議並未

平息。日方固然動作不斷，台灣及大陸方面亦均有反應。自 1972
年至 1978 年，日本曾數次企圖在釣魚台建立直昇機場，未能如
願。1978 年四月，大陸漁船二百艘曾圍繞釣魚台抗議。1988 年，
日本右翼組織「日本青年社」在釣魚台上設立燈塔。1990 年十
月，日本海上保安廳預備承認此一燈塔，並標上海圖，企圖造
成既定事實；台灣保釣人士則發動高雄區運會聖火船，企圖登
陸釣魚台，以宣示主權，結果並未成功。1996 年七月「日本青
年社」在島上建立無人看管燈塔，再度引發台、港、大陸及海
外華人大規模的保釣運動。十月，保釣人士乘坐 49 艘漁船出
發，其中一艘漁船上的四個人登上釣魚台，50 分鐘後自行離去。
這是大陸人士第一次登上釣魚台。

　　2003 年 8 月 25 日，日本右翼團體登上釣魚台維修燈塔，
台灣外交部於 8 月 26 日重申釣魚台列嶼爲中華民國領土，不容
侵犯，並訓令駐日代表向日本政府表達嚴重關切。

❖「阿米塔吉」主義

　　自從 1972 年美國撒下不管後，釣魚台一直是中、台、港、
日間政府或民間的爭執，現在美國似乎也要來淌這混水了。2004
年 2 月 2 日，美國副國務卿阿米塔吉（Richard Armitage）在答
覆日本記者的提問中，曾講到：「依據『美日安保條約』，假使
日本施政下的領域遭受攻擊，則視同對美國的攻擊」。向來注意
中日領土問題的專欄作家船橋洋一，馬上以「阿米塔吉主義
（doctrine）」爲題，在「朝日新聞」發表一篇專欄，表示：

阿米塔吉用的不是「日本」或「日本的領土」，而是「日本施政下的領域（administrative territories）」，此發言含意就是尖閣諸島。阿米塔吉「修正了過去美國對此問題曖昧的態度」。

3 月 24 日，美國國務院副發言人厄立在記者會上表示，美日安保條約適用範圍是日本施政下的所有領域，「當然包括釣魚台」。另一方面，他也提到中國、日本、台灣都聲稱對釣魚台有主權，有關釣魚台的糾紛，宜由主張主權的的當事國與地區以和平方式解決。

❖美國政策轉向

1996 年釣魚台發生爭議時，當時國務院發言人伯恩斯（Nicholas Burns）表示，美國對於日中釣魚台主權爭議立場中立。當記者詢問「美日同盟」的安保範圍是否涵蓋釣魚台時，伯恩斯的回答是：「我手上沒有安保條約，所以無法評論一個假設性的問題」，當時亞太助理國務卿羅德（Winston Lord）也以「無法回答假設性問題」來回應同樣的詢問。當時美國駐日大使孟岱爾（Walter Mondale）告訴紐約時報記者：「美國軍隊不會因此條約而被迫介入（釣魚台問題）」。換句話說，當時國務院並不把「釣魚台爭議」與「美日安保條約」聯在一起。

如我們將美國對 1996 年的爭議與現在進行比較，可以看出：美國這次的立場，明顯的轉向重視「美日同盟」的戰略思考。換言之，小布希政府強調以「美日同盟」為其亞洲戰略基

柱，這和克林頓政府強調以「美中合作」經營亞洲，有相當大的不同。這次釣魚台爭議，正好成為測量美國亞洲政策方向的探針。

❖日本逮捕保釣人士

美國政策的轉向，使日本政府在「美日同盟」的羽翼下，敢於採取更積極的措施，來宣示她對釣魚台的主權。2005 年 2 月 15 日，日本小泉政府宣布接管釣魚台島上的燈塔，並再次聲稱日本擁有釣魚台列島主權。台灣當局竟然表示，日本此舉「有助於台日雙方的談判」，立場顯得十分曖昧。

4 月 24 日清晨七點二十分，七位大陸「中國民間保釣聯合會」的成員成功登上釣魚台。日本立刻出動海上保安廳和沖繩縣警察，以違反「出入境法」及「難民認定法」現行犯為理由，「逮捕」到七人，並送往那霸「偵訊」。外務省次官竹內行夫當天上午即召見中共駐日大使武大偉，表達嚴重的抗議，並說「日本政府會依相關法令，嚴正處置」。

武大偉大使回答：「關於釣魚島，中國有中國的立場」，拒不接受抗議。中共外交部發言人孔泉表示：「釣魚島及其附屬島嶼自古以來就是中國固有領土。關於中日雙方在釣魚島問題上的爭議，中國一向主張通過談判解決」，要求「日方冷靜處理，不得採取任何危害他們（指登島七人）人身安全的行動」。

登上釣魚台的七名大陸保釣人士都沒帶護照，遭「偵訊」時，除了報姓名、中國籍、並聲明「（我們）是被日本警察綁架

過來的。釣魚島是中國的領土，為何登上自己的領土竟會被逮捕？」完全否認任何罪行，也不回答日警的任何偵訊。

翌日起，多名大陸保釣人士至日本駐北京大使館前面舉行抗議，大陸的網民更掀起一股反日的「網路民族主義」。

4 月 26 日上午，日本外務大臣川口順子、法務大臣野澤太三等人公開表示，要用「國內法」將七位保釣人士送交檢方懲罰。中國大陸的態度立刻轉趨強硬，要求日本必須「立即無條件釋放」。日方顧及中日低迷的關係會更惡化，只好將他們逕交入出境管理局，強制「驅逐出境」，中方也沒有做「承接」動作，避免在外交上等於承認釣魚台是日本領土。

第二節　日本篡改歷史教科書

第二次世界大戰結束後，從 1945 年到 1949 年，由於盟軍總司令部的禁止，日本的教科書刪除了「軍國主義」和「國家主義」的教育內容。1949 年日本開始使用審定教科書。

二十世紀 50 年代，日本右翼勢力開始利用教科書否定侵略。1953 年，日本政府確定了文部省對教科書的審定權。1955年，民主黨發行《值得憂慮的教科書》宣傳品，第一次對原有教科書進行了強烈批評。

到了 90 年代，日本右翼勢力更加明目張膽地作出篡改動作。1997 年 1 月，「新歷史教科書編纂會」總會成立，開始編寫新的歷史教科書。1999 年 1 月，文部省修改教科書審定規則。

廿一世紀開始，日本「新歷史教科書編纂會」在各地活動，

連同某些出版社，動員教科書作者，刪除有關慰安婦和南京大
屠殺的內容。2001 年，在六家出版社的版本中，有四家將南京
大屠殺的具體數字抹掉，有兩家出版社將南京大屠殺的表述篡
改爲「南京事件」，還有五家出版社刪除了日本殖民政府「殺光、
燒光、搶光」的「三光政策」。更有甚者，2001 版的新教科書
竟然稱：中日歷次戰爭，責任都在中國，入侵亞洲各國是爲了
「解放」亞洲，「造福」亞洲。

❖ 美化侵略的基調

2005 年 4 月 5 日，日本文部科學省正式公佈教科書審定結
果。「扶桑社」美化日本帝國主義侵略行徑的右翼歷史教科書通
過審查。因爲受到鄰國的壓力，此次公佈的日本右翼教科書對
審稿作了一百多處修改，但是美化侵略的基調並沒有改變。

日本右翼新教科書把日本與中國之間的歷次戰爭都歸咎於
中國。譬如，關於甲午戰爭爆發的原因，說是「清國不想失掉
最後的朝貢國朝鮮，開始將日本作爲敵人。日本進行了日清和
日俄兩場戰爭，就是由於東亞的這種國際關係」。

關於「九一八」事變，送審本稱：「隨著國民黨統一中國的
逼近，中國人的反日運動激化，不斷發生妨礙列車運行和迫害
日本學童的事件」。主語變成了國民黨統一中國的逼近，而不是
日本的步步進逼。

在《日中戰爭》一章中，新送審本比 2001 年版增加了「西
安事變」一節，著重指出：「共產黨獲得了喘息，共產黨員潛入

國民黨內部，大肆推進將日本引入戰爭的破壞和挑釁活動。」

此外，新送審本繼續將八年戰爭描述為「目的不明的泥沼戰爭」，完全抹殺日本企圖滅亡中國的陰謀。

教科書對日本自古至今的歷次對外侵略戰爭，一律不用「侵略」二字，對豐臣秀吉入侵朝鮮也稱為「出兵」。為何不用侵略，右翼學者辯解說，因為豐臣秀吉根本沒把朝鮮看在眼裏，不過是「借道」朝鮮，真正的目的是征服中國明朝。可是，對於蘇聯在二戰後期出兵中國東北，教科書毫不猶疑地用了「侵入」、「侵攻」等字樣。

❖鼓吹「造福」亞洲

關於南京大屠殺，2001 年版教科書在《日中戰爭》一節正文中的括弧內加了一句話：「那時，日本軍隊導致民眾中也出現了很多死傷者，這就是南京事件」，將大屠殺以「事件」一詞輕輕帶過。在介紹遠東國際軍事法庭時，又說：「東京審判認定，在 1937 年的日中戰爭中，日本軍隊佔領南京時，殺害了很多中國民眾。但是，關於事件的實際情況，發現資料上有很多疑點，存在各種見解，現在仍在爭論。」

在送審本中，括弧中的那句話也被刪除，進一步否定了南京大屠殺的真實性，盡量使讀者不會注意到南京大屠殺的問題。

相反的，新版教科書對日本在戰爭中的損失則大書特書。2001 年版教科書在「戰爭的慘禍」一章中，將日本所受的損失與受害國並列，用很大篇幅介紹了東京大空襲。

同時，教科書大力宣傳日本「造福」了亞洲，是亞洲的「恩人」。例如，讚頌日本對台灣的殖民統治，增加介紹八田與一在台灣南部興修水利的內容，而且 2001 年版教科書和送審本都企圖否認中國自古以來對台灣的主權。

❖ 韓國將作「實質回應」

日本新版教科書公佈之後，引起了中、韓兩國的強烈反彈。4 月 4 日上午，韓國總理李海瓚在中央辦公樓內主持國務會議，痛斥日本新教科書不僅歪曲歷史，而且主張「獨島為日本領土」，因此，修訂版「比原來的還要糟糕」。

韓國國家安全委員會官員表示，韓國將於本月或下月在獨島周圍舉行海上演習。演習將以海事員警為主要力量，目的為測試韓國處理外部威脅的應急計畫，危機處理手冊包括日本在獨島登陸，以及日本飛機侵犯韓國領空的應對措施。

對於鄰國的反應，日本右翼勢力表現得更為突出。4 月 3 日，石原慎太郎在參加富士電視臺一個談話節目時，公開批評韓國總理李海瓚。「總理作這樣的發言，是目光短淺的表現。對政治家來說，這一手法不過是三流的伎倆。」

與石原慎太郎一同參加該談話節目的高崎經濟大學教授八木秀次，則為歷史教科書進行了詭辯，「認為他國的歷史教科書不合自己的心意，而施加壓力要求修正，是干涉他國內政！」

第三節　日本首相參拜靖國神社

除了釣魚台主權，篡改歷史教科書之外，日本首相參拜靖國神社，也引起亞洲鄰國的普遍反感。日本的神社是神道祭祀神靈的所在，神道認爲「山川草木皆爲神」。靖國神社與一般神社不同，它的祭祀對象是死在戰場上的軍人。靖國神社建於1869年六月，原稱「東京招魂社」，是爲明治維新時期內戰中陣亡的數千官兵「招魂」而建，1879年改稱現名。

❖「昭和殉難者」

明治維新後，日本政客把天皇崇拜與神社信仰一體化，提倡「國家神道」，靖國神社也取得了「國家神社」的顯赫地位，變成由國家護持管理的祭祀場所。在上個世紀30、40年代，日本法西斯勢力最爲昌盛的時期，軍國主義者爲了要對外侵略，編製出所謂的「靖國思想」，要兵士們相信：效命沙場如櫻花飄落，其魂可在靖國神社內找到歸宿，成爲「靖國祭神」，萬世不滅而受人景仰。無數日本士兵，就在「重逢靖國」的口號下，走上戰場。供奉在靖國神社裏的246萬亡靈，其中有210萬死於第二次世界大戰。這些死在戰場上的士兵本身是加害者，同時也是軍國主義的受害者，日本的右翼政客爲了現實的政治目的，卻刻意把他們捧爲「英靈」。

日本戰敗投降後，美國佔領軍當局宣布：廢除國家對國家神道的護持，靖國神社也改爲爲民間的宗教法人團體。但日本右翼勢力卻一直想爲侵略戰爭翻案。1978年，靖國神社利用舉

行秋祭的機會，終於把東條英機、板垣征四郎等十四名甲級戰犯的亡靈，以「昭和殉難者」的名義，弄進靖國神社祭拜，爲實現其既定目標，邁出了一大步。

戰後的日本憲法規定，國家及其機關不得參與宗教活動，任何宗教團體都無權接受國家的護持，政府首相正式參拜靖國神社是違憲的。50 年代以後，右翼勢力不斷施加壓力，日本遺族會、軍恩聯盟、自民黨報答英靈議員協議會等團體，打出了「非宗教論」，說靖國神社其實不是宗教，首相參拜爲國戰死的軍人，不算宗教活動，不違憲法。從 60 年代起，自民黨先後多次向國會提出《靖國神社法案》，要求將靖國神社重新由國家護持，但卻遭到社會輿論和在野黨的強烈反對。

1975 年 8 月 15 日，在日本戰敗投降 30 周年之際，當時的首相三木武夫原想以「自民黨總裁」的身份，前往靖國神社參拜，因爲遭到反對，經權衡再三，決定以私人身份前往。中曾根康弘執政期間，打出「實行戰後政治總決算」的口號，並在 1983 年 8 月，以總理大臣的名義進行了參拜。1985 年的 8 月 15 日，中曾根在出席政府舉行的「全國戰歿者追悼會」後，又率內閣成員進行「正式參拜」。除了在 8 月 15 日這個特別的日子之外，歷屆日本首相大多是在春秋兩次「大祭」時前往祭拜。日本現任首相小泉純一郎，雖然遭到中國強大的壓力，仍然連續四年前往參拜。

❖上海反日示威

　　除了釣魚台、歷史教科書和參拜靖國神社等爭議之外，春曉油田問題又使雙方矛盾雪上加霜。在此一對立狀態下，日本外相町村信孝預訂於 2005 年 4 月 17 日訪問大陸。

　　4 月 16 日，在中國大陸各地紛紛舉行反日示威遊行，其中以上海的情形最為激烈。在上海的遊行，有十萬以上的群眾參加，開始時還算平和，許多人拿著印刷整齊的示威標語和布條。後來開始有人猛踢日本廣告，破壞日系超市和日本料理店，至少有十餘家日本料理店遭到縱火。

　　群眾到了日本上海總領事館前，面對隔開群眾的警察，有人大聲斥罵這些警察：「你們配做中國人嗎？」接著有人分發雞蛋和寶特瓶，群眾開始往領事館投擲。領事館靠近道路的窗戶幾乎全部被毀。警察雖然站在群眾和日本領事館之間，但並未阻止民眾向領事館投擲石頭等物品。

　　上海是日系企業在中國大陸設點最集中的城市，有五分之一到中國投資的日系企業在上海設有據點，數目在五千到六千家之間；當地常住日僑人數至少有三萬五千人。

　　暴力事件發生後，日本政府立刻要求中國確保日本使領館、日本人和日本企業的安全。町村信孝對中國接二連三發生暴行示威，表示「非常遺憾」，並對中共無法提供充足的警力，以保護日本政府及僑民的生命財產提出抗議。町村說，日方將要求中方為反日暴力示威造成的損害提出賠償和道歉。

❖「中日關係趨於絕望」

5 月 17 日，中共副總理吳儀到訪日本，出席愛知博覽會的「中國國家日」慶祝活動。自從大陸全國人大常務委員長吳邦國於 2003 年九月訪日後，吳儀是赴日本訪問的大陸最高領導階層政要。23 日，在一場演講會上，吳儀警告：「中日兩國現在面臨建交 30 年來從未見過的困難局面，我們如果未能儘快改變這種趨勢，兩國的共同利益和兩國人民的感情都會受損。」

吳儀原本排定 24 日下午與小泉會談，就修復兩國關係交換意見。當天上午她突然接獲來自北京的緊急通知，說國內有「緊急公務」，命令她立即返國，讓日本政府相當錯愕。

小泉說，「我已儘量不對兩國關係造成負面影響，但不曉得為麼要突然停止會談。」小泉不悅的表示，「是對方說想要會談，所以才做這次安排。」「不想見的話，那就不要見吧！」

日本媒體對此事反應激烈，一家晚報以醒目的斗大標題報導：「小泉的中日關係已趨於絕望」，另一家媒體批評說，一位在大陸領導班子排名不高的女副總理，竟然如此羞辱小泉，將對日中關係造成新的衝擊。

❖突顯鷹派姿態

當天，大陸外交部發言人孔泉召開記者會，證實吳儀匆匆返國是因為日本領導人連續就參拜靖國神社問題，發表不利於改善中日關係的言論，「中國對此事十分不滿。」孔泉說：「靖國神社中供奉著 14 名雙手沾滿了中國人民、亞洲人民鮮血的甲

級戰犯。」他要求小泉「正確對待歷史」。

　　小泉上個月為平息中國民間的反日風潮，曾聲明暫不參拜靖國神社。可是，吳儀訪日前夕，小泉首相在眾議院聲稱，「參拜神社是日本悼念在戰爭中死亡者的一種方式，這是日本的內政，不容外國干涉」。小泉的這番發言，引起中國高層的不悅，認為小泉有意挑釁。

　　不僅如此，吳儀到訪前夕，日本政府再度公開宣稱對釣魚台列嶼及沖之鳥島擁有主權，並正式披露有 18 名日本居民的「本籍地」在釣魚台，有 122 名日本人的「本籍地」在沖之鳥島。這兩個無人島都是中日間有主權爭議的領土。當中方致力於使民間反日風潮降溫的時刻，日本卻端出所謂居民「本籍地」，來突顯右翼鷹派姿態，擺明了是要挑戰北京當局。

❖表達嚴正立場

　　5 月 21 日，日本自民黨幹事長武部勤訪問中共中央對外聯絡部部長王家瑞，對王表示：「希望吳儀和小泉會談，不要再提靖國神社問題」，他更進一步說，如果吳儀要提靖國神社問題，那麼小泉就只能以「這是日本內政問題，不容他國干涉」回答，引起了雙方的激烈辯論。

　　第二天胡錦濤接見武部勤等一行人時，日方人士再度提出：「參拜靖國神社是日本的內政，中方不應該干涉」，當場引發胡錦濤不快。胡錦濤很明白告知武部勤等人：「中國十分在意參拜靖國神社、歷史教科書、以及日本介入台灣問題。」

他以罕見的語氣警告：「小泉必須停止參拜靖國神社」。他說：中日關係就如同砌牆，「磚要一塊一塊地砌，但要塌下來，只需一瞬間」。氣氛頓時變得很僵，雙方幾乎不歡而散。北京外交界私下認為，胡錦濤早已有與日本攤牌的心理準備，當他知悉日本不會在中方所關切的重大問題上讓步之後，立即指示吳儀以大動作表達「嚴正立場」。

第四節 日本爭取「入常」

2005 年二月，日本和美國公佈的「美國戰略目標」指出：為了確保美國和日本的安全，要在促進國際和平及發展的合作方面，進一步鞏固美日伙伴關係，還要「促成日本成為聯合國安理會常任理事國」，以「改善聯合國安全理事會的效率」。

❖日本積極爭取「入常」

在美國的支持和鼓勵之下，日本開始積極爭取聯合國安全理事會常任理事國席次。自聯合國成立後，安理會曾於 1965 年擴增過一次，理事會成員由 11 席調整為現在的 15 席。

2003 年三月美英主導發動對伊拉克的攻擊行動，安理會改革問題再度搬上檯面。聯合國為此成立了一個專案改革小組，秘書長安南於 2005 年 3 月 21 日向聯合國大會提出報告，建議安理會席次由現在的 15 席增加到 24 席，並提出兩項改革方案，分別是：

方案一：增加 6 個不具否決權的常任理事國（非洲、亞洲

各 2 席、歐洲、拉丁美洲各 1 席）；以及 3 個經選舉產生的非常任理事國。

　　方案二：增加 8 個「常任理事國」（非、歐、亞、美洲各 2 席），任期 4 年、可連選連任；以及一個非常任理事國。

　　早在 1995 年，聯合國成立 50 週年之際，日本就曾試圖爭取加入安理會常任理事國。十年後的今天，捲土重來，日本更是處心積慮、步步爲營，全心全意爲爭取「入常」而努力。

❖ 有限度的支持

　　日本爭取「入常」的重要理由之一是「出錢多」。日本一直是聯合國會費的第二大繳納國，目前會費分攤比例近 20%，僅次於美國的 22%，比另外四個常任理事國所繳會費的總和還要高。

　　在國際事務運作上，日本也積極參與對外人道主義援助活動，從盧安達難民救援，東帝汶難民支援，到伊拉克難民救援，日本的表現都十分積極。在聯合國維和部隊、全球環保及教育等方面，日本也投注了大量資源。

　　對於日本爭取「入常」美國很早就公開表態支持。但美國的支持是「有限度的」。美國不贊成新增的常任理事國擁有否決權。在安理會內，美國的主張常常遭到其他國家的反對。如果安理會再擴大，可能會使美國的行動更加礙手礙腳。五個常任理事國的否決權是何等權威，在複雜的國際關係中，豈可輕易授予他人？

❖「四國聯盟」

因此，五個擁有否決權的安理會常任理事國，全部反對新增的常任理事國擁有否決權。至於日本的「入常」，英法美已表同意，俄羅斯尚未表態，中國則是公開反對。北京認為：身為二次世界大戰的侵略國家，日本應先充分展現與亞洲鄰國尋求和解的態度與誠意。安南也表示，日本想要如願，先得說服亞洲鄰國。但「日本缺乏反省，讓鄰國日益不安，紛擾的東北亞局勢仍陷在歷史的情結中」，而不像德國，它為二次世界大戰掀起戰端的悔過與歉意，已經博得鄰國的寬容。

2005 年五月中旬起，日本就結合了德國、印度和巴西，組成「四國聯盟」（G4），積極爭取聯合國安全理事會常任理事國席次，以擴增其國際地位。G 方案主張：增加 6 個不具否決權的常任理事國，以及 4 個非常任理事國。

❖團結謀共識

「四國聯盟」的方案提出後，遭到了強勁的對手。由巴基斯坦、義大利等國組成的「團結謀共識」運動，反對增加安理會常任理事國。該運動提出的新方案建議：不增加常任理事國，只增加非常任理事國，增加數量是 10 個。所有的非常任理事國任期為 3 年，可連選連任，但沒有否決權。

此一方案增加了各國進入安理會的機會。同時，它建議在選舉非常任理事國時，「應優先考慮對國際和平與安全貢獻最大的國家，並考慮地區平衡」。在這一定程度上滿足了「四國聯盟」

的要求，但被選的對象並不限於四國，使義大利、巴基斯坦、
南韓等國家都有機會上榜。因此，許多國家認爲新方案較有吸
引力。

由於任何一個方案都需要聯大三分之二的多數才能通過，
要爭取到這樣的多數並不容易。但是，在「團結謀共識」運動
的成員看來，它只要爭取到三分之一會員國的支援，就可以打
掉「四國聯盟」的方案。

❖中國的反對

爲謀求世界各國對日本「入常」的支持，5 月 16 日起，日
本「外務省」特地召回日本駐全球各國的 122 位特命全權大使
開會三天，共商如何爲日本「入常」拉票。日本希望能夠拉到
128 票，支持日本加入常任理事國。

日本外相町村信孝在會議上說，「安理會改革是小泉內閣最
重要的課題」。「希望各位大使能憑藉日本在戰後 60 年中，『作
爲和平國家所建立起來的自信和驕傲』，說服各國要人，贏得他
們的支持。」

然而，日本駐中國大使阿南卻預測：中國將反對日本入常。
他表示，即使小泉停止參拜靖國神社，中國的立場也會不改變。
他認爲中國反對日本日常，不單是出自歷史認識問題，更重要
的還有「國際戰略考慮」。

6 月 1 日，中國常駐聯合國代表王光亞公開表示，德國、
日本、印度和巴西組成的「四國聯盟」提出要求增加安理會常

任理事國的方案，使聯合國成員國分裂成兩個對立陣營，危害了聯合國的改革進程。下週如四國將決議草案提交聯合國大會表決，中國將投反對票。

6 月 7 日深夜，中國公布了一份關於「聯合國改革問題的立場」，文件中表示，有必要考量佔聯合國成員國三分之二以上發展中國家的呼聲，增加這些國家的「入常機會」。文件同時重申，反對強行表決存在重大分歧的改革方案。

❖ 四千萬人的請願

6 月 30 日，聯合國收到一份由四千萬人簽名的請願書。從去年起，總部設在美國加州的「世界抗日戰爭史實維護聯合會」（簡稱「史維會」）發起簽名請願活動。請願書譴責日本政府美化其軍國主義戰爭罪刑及篡改歷史的行徑，呼籲聯合國成員反對日本成為安理會常任理事國。

請願活動始於南韓，並得到了亞洲國家的積極響應。民眾通過電子郵件、手機短信、和網路簽名的形式，表達了對日本爭取「入常」的不滿。史維會府主席兼發言人丁元表示，截至目前為止，已經有 41 個國家的逾 4200 萬人在請願書上簽名，而來自中國大陸的簽名為 4150 萬，其中上海 536 萬、北京 397 萬、廣東為 339 萬。

分析人士認為，日本是二戰中的侵略國，在鄰國犯下種種暴行。日本政府和國會議員至今沒有正式承認其罪刑，也不願意對戰爭受害者提供適當賠償。日本政客還經常有人跳出來美

化日本的罪刑，不少內閣成員也不顧亞洲鄰國的強烈抗議，堅持參拜供奉甲級戰犯靈位的靖國神社。日本政客這些不負責任的行為，給日本的「入常」設下了重重障礙，也使請願活動一呼百應。

舊金山市立學院教授史考特表示，在第二次世界大戰中，日本軍國主義者對中國和亞洲其他國家人民所犯下的罪刑，是人類歷史上最大的不公正，日本政府必須作出正式道歉，並向受害者賠償。否則日本沒有資格申請成為安理會常任理事國。

❖暫時放棄「入常」

日本前首相中增根康弘在一個月內連續兩次兩次砲轟現任首相小泉純一郎，他說，日本既然早就已經有邁向聯合國常任理事國的打算，就應該積極聯合中國大陸和南韓，以做為協助日本「入常」的動力，而不是為了堅持參拜靖國神社，而和周圍國家全部鬧翻。

在演講中，中曾根再三強調「國家利益」四個字，他說，「國家利益」和「個人理念」孰重孰輕，其實非常清楚。雖然不去參拜靖國神社，可能需要有勇氣，和國內部分人士為敵，不過，「有勇氣才能算是一個政治家」。

在亞洲鄰近各國的反對之下，2005 年 8 月 21 日，日本產經新聞報導，由於只得到九十個聯合國會員國的支持，不到會員國總數的三分之二，日本將「暫時放棄」爭取成為聯合國安理會常任理事國。雖然如此，日本政府仍將透過援外與維和等

手段，擴大對聯合國事務的參與，以達到「爭取入常」的重要外交目標。

第五節 祖靈與法西斯的幽靈

荷蘭作家布魯默曾將日本人對二戰的態度與德國人做過對比：德國人理解二戰的關鍵，不是在史大林格勒戰役或柏林之戰，而是在「發現奧斯威辛集中營」的那一刻。日本人的理解，則不在珍珠港或中途島之戰，而是在「廣島的原子彈」。在日本教科書上，沒有日本軍人殘殺中國人的照片，卻有廣島遭原子彈炸毀的照片。

❖德國人的反省

在德國，任何為希特勒辯解的言行，都被視作違憲，並面臨法律懲處。當代德國許多有遠見的政治家，不僅反復告誡民眾，對納粹肆虐的那段黑暗歷史，要永遠保持清醒認識，牢記教訓；而且還身體力行，利用出國訪問、集會演講、觀看展覽等各種機會，為納粹時代的德國一再認錯。

戰後，德國向蘇聯支付了 120 億美元的戰爭賠償，向猶太人支付了 600 億美元的賠償。德國又與美國、以色列、俄羅斯和波蘭等國簽署協議，向納粹集中營的倖存者及其後代提供 48 億美元的賠款，從而「翻過納粹歷史懸而未決的最後一章」。

1970 年 1 月 25 日，原西德總理勃蘭特到波蘭訪問。他踏著積雪，冒著寒風，前往華沙猶太死難者紀念碑前致敬。他獻

上花圈，先是肅穆垂首，然後雙膝跪地，向慘遭納粹殺害的猶太人表示沉痛哀悼。為了加強對德國年輕一代的教育，2000年1月，德國在首都柏林建造了一座納粹大屠殺紀念館，希望德國人民牢記歷史教訓。

❖ 法西斯的幽靈

反觀日本，在對侵略歷史的認識和清算方面，與德國簡直不堪比較。被遠東軍事法庭判處絞刑的甲級戰犯東條英機及其大小同夥，仍被當作「為國捐軀的英靈」，供奉在東京的靖國神社。進入80年代後，日本每年總有一些國會議員、政府閣僚，前往靖國神社向這些戰犯的亡靈撚香膜拜，即使受到亞洲鄰國的強烈抗議，他們仍舊堅持到底。

在二戰結束60年後的今天，日本當對法西斯蠱惑下的瘋狂與殘暴，仍然沒有深刻的反省。原子彈的爆炸使日本人輕易地找到遮掩歷史瘡疤的藉口。日本右翼份子至今仍然為戰犯歌功頌德，他們不斷地藉修改教科書來篡改歷史，就是利用日本民眾的受害者心態，這也是右翼思潮日益猖獗的社會基礎。沒有全民的深刻反省，就不會有發自內心的道歉，就不可能清除滋生右翼的土壤，曾經慘遭蹂躪的亞洲人民，也會越來越擔心日本未來的走向。

❖ 台聯主席參拜靖國神社

在二次大戰之前，台灣曾經淪為日本的殖民地達五十年之

久。二次大戰期間，許多台灣青年被日本人徵召去當軍夫，戰死沙場；許多台灣女性被日本人騙去當慰安婦，長久生活在恥辱的陰影中。令人感到怪異的是，在民進黨主政下的台灣，許多獨派人士為了培養「反中意識」，不但對日本法西斯主義沒有絲毫的反省，反倒跟著一批軍國主義的餘孽，刻意做出各種「媚日」行動。

2005 年 4 月 23 日下午，台灣團結聯盟主席蘇進強率該黨訪日代表團，到東京的靖國神社參拜，成為首名參拜這個神社的台灣政黨黨魁。

蘇進強一行抵達靖國神社外，就受到一群揮舞著日本國旗和台聯黨旗的人歡迎。他向在場的記者發表談話時指出，他是以「台灣人和台灣本土政黨」的立場，對二戰期間被日本軍徵召陣亡而被奉祀在神社內約二萬八千名台灣人，以及「為國犧牲的日本人」表示敬意。

對於以中國為主的亞洲國家反對日本首相參拜靖國神社一事，蘇進強指出，「中國的觀點」不能代表所有世界人民的觀點，也不能代表「台灣的觀點」。他說，中國是以仇恨的觀點來看靖國神社，他個人和台聯以及多數台灣人都不認同這種看法。他表示，「日本人對靖國神社的看法應受到尊重。」

❖「數典忘祖」？

2005 年 4 月 26 日，台聯一行人返台。他們步出機場迎賓大廳就遭到立委高金素梅率近二十位原住民，以及台北縣議員

金介壽的抗議。群眾高喊「台聯黨滾出台灣」，叫罵推擠不斷，並有人以雞蛋攻擊蘇進強，場面頓時混亂。最後蘇進強等人在航警簇擁下上車，座車在叫罵推擠中，快速離開機場。

蘇進強搭機抵台後，立即在台聯立委陪同下，在中央黨部召開記者會，說明此行成果。面對外界批評台聯參拜軍國主義，蘇進強表示，他不是參拜發動戰爭的軍國主義，而是參拜「為戰爭死難的英靈」，包括兩萬八千多位流落日本的台灣英靈，身為台灣人的後代前去參拜，「死者為大，有何不可」？

他也強調，「真正的軍國主義是中國」，應該譴責的是以七百多顆飛彈瞄準台灣的北京。美日關切和維護亞太安全，政府應與美日共同建構亞太安全同盟。國內政黨和政治人物不應為爭取中國在台代言權，刻意以「北京的觀點」，來扭曲這次訪問和參拜靖國神社的意義。

對於高金素梅率眾抗議，出現暴力的場景，隨團出訪的立委何敏豪反批「這種暴力行為，才是軍國主義」，立委廖本煙說，兩萬多位在靖國神社的台灣英靈，有三分之二是原住民，他指責高金素梅「數典忘祖」。

台聯黨團總召羅志明說，日本對台友好，給予李登輝赴日簽證，愛知博覽會期間開放台灣人赴日免簽證，在美日安保協定中納入台灣，又公開反對「反分裂國家法」，反觀中國卻制訂「反分裂國家法」，大家應該思考：日本和中國到底「誰會幫助台灣」？

❖台灣公視的「公正報導」

2005 年 6 月 14 日上午，立委高金素梅率領的台灣高砂義勇隊遺族六十人，前往東京靖國神社，採取「還我祖靈行動」，要求迎回神社內台灣原住民高砂義勇隊靈位。

在此之前兩天的 6 月 12 日，台灣公共電視台在靖國神社裡的靖國會館，順利完成了一場由「原住民」企畫的錄影節目。該錄影是以記者會的方式進行，出席人士有靖國神社「權宮司」山口建史，台灣中央研究院民族學研究所研究助理黃智慧，報答英靈會，前陸軍士官會代表共九人。

黃智慧負責主持及口譯，公共電視台的記者娃丹（泰雅族）則以中文詢問，由出席人士回答。娃丹在開場白說：「關於高金素梅的靖國神社訴訟，在台灣有各種報導，內容都很偏頗，因此想要做公正的報導，在高金素梅來日本之際，想聽聽日本方面各位的意見」。

訪談中，管理靖國神社的「權宮司」山口表示，「靖國神社是神道，好端端的供奉著祭祀的英靈」，高金素梅穿著原住民的服裝，要求進行五分鐘的祭祀儀式，帶回祖靈魂魄，由於這種行動是「作秀」，「妨害靖國神社的信仰」，會給「（其他）參拜者帶來麻煩」，他一定會當面峻拒。他強硬地表示，「出身台灣的英靈完全跟日本人一樣被祭祀，以後靖國神社的態度也不會改變」。

此一錄影的消息，在東京電視台播出，日本「e-mail 雜誌」曾作報導，標題為「靖國神社：不是作秀的地方」，暗指高金素

梅跟北京有聯繫，對高金素梅迎回祖靈的原由、主張和理念隻字不提。

❖「還我祖靈行動」

6 月 14 日，高金素梅一行人由我國駐日代表處人員陪同，車隊到達靖國神社之前幾百公尺，就被日本警方攔下，隨行記者也被堵在車內，不准下車採訪、攝影，理由是「日本右翼團體已在靖國神社守候，避免發生事端」，決定要求高金素梅等人放棄訪問。

台灣原住民代表團未獲准進入靖國神社，只好轉往東京地方法院隔壁的律師會館門前的廣場召開國際記者會。在記者會上，泰雅族代表林招明和布農族代表史亞山分別敘說他們對祖先靈位被迫留在靖國神社的悲痛。

高金素梅指出，他們在出發前已經接獲駐日代表處的公文，表示已與靖國神社協調一個地方，讓他們表達意見。只要不踰越，靖國神社的人會視而不見。但在前往靖國神社途中，卻被日本警方攔截，「日本政府害怕六十位原住民是良心不安，還是心虛？」

高金素梅怒斥駐日代表表現軟弱，她返台後不但要向政府抗議，下一會期也會到外交委員會，提案裁撤駐日代表處。高金素梅還說，「陳水扁若有膽識就走出總統府，要求日本政府正視歷史。」

❖小泉參拜靖國神社「違憲」

6月17日，高金素梅率領高砂義勇隊遺族代表前往大阪高等法院，控訴日本首相小泉純一郎參拜靖國神社違憲，她並代表原住民遺族，反對被迫當日本兵犧牲的原住民祖先，死後又被迫和加害者合祀在靖國神社。

9月30日，大阪高等法院認為小泉參拜靖國神社是「公」的行為，是「違反日本憲法禁止的宗教活動」，判決小泉違憲。

大阪高等法院的判決書，列出下列幾個理由：首先，小泉參拜時使用公務車、並有秘書官陪同，等於是職務上的參拜；其次，小泉的參拜動機有政治性，亦即是選舉的政治期約行為；第三，小泉的參拜，給民眾國家特別支援靖國神社的印象，牴觸憲法第廿條第三像所禁止的宗教活動；最後，內閣總理大臣有義務說明參拜是私人行為，或公務行為。

這是繼去年4月福岡地方法院判決小泉首相參拜靖國神社「違憲」後的第二個例子，也是高等法院第一次的判決，這個結果對未來日本首相參拜靖國神社，將帶來重大的影響。

雖然判決為「違憲」，但是大阪高等法院也認為，小泉的參拜靖國神社「並未侵害思想與信教的自由」，因此原告所提的賠償每人一萬日圓要求，則被判決駁回。

高金素梅到東京、千葉、大阪、福岡、松山和那霸的地方法院進行訴訟，迄今有關賠償的要求全被駁回，至於首相參拜是否違憲，也只有福岡地方法院和大阪高等法院判違憲，其他法院都避作判斷。

❖普世的價值標準

小泉聽到大阪高等法院的判決時，公開表達他的不滿：「我不是以首相身分前往靖國神社參拜」。「我的參拜是向戰爭陣亡者表達哀悼之意，並發誓不再引發那一類的戰爭。」對今年是否還會去參拜，小泉則持保留態度說：「要看適切的時刻」，迴避明確作答。

在這個案例中，我們可以看到台獨基本教義派的認同混淆。當日本的亞洲鄰國都在譴責日本在二戰中的侵略行為，導致日本無法「入常」時，台灣的獨派人士卻千里迢迢跑到日本靖國神社去參拜「為戰爭死難的英靈」，還說「日本人對靖國神社的看法應受到尊重」，這是什麼樣的「台灣觀點」？民進黨政府出資經營的公共電視台竟然不殫其煩地跑到日本，刻意替日本右翼份子製造發言的空間，「反中國」反到這樣的程度，到底是誰在「數典忘祖」？連日本大阪高等法院和福岡地方法院都判定小泉參拜靖國神社違憲時，台獨基本教義派到底在闡揚什麼樣的「普世價值標準」？

第六節　漁權與主權

民進黨政府雖然口口聲聲講「台灣是一個主權獨立的國家」，可是只要一涉及日本，不僅對參拜靖國神社問題保持低調，對日本篡改歷史教科書問題悶不吭聲，對釣魚台問題更是畏首畏尾，不敢捍衛自己的主權。

❖ 經濟海域畫界之爭

1996 年七月日本批准 1982 年聯合國海洋法公約，並據以實施二百浬專屬經濟海域，兩國漁權紛糾隨即產生。台日雙方對兩國經濟海域劃界的方式各有不同主張，日方堅持以兩國鄰近島嶼的「中間線原則」來劃界。可是，日本與那國島距離台灣只有一百多公里，如果依照中線原則劃界，蘇澳漁民出海沒多久就會越界，我方當然不可能接受。

我方認為台灣本島面積及人口都比鄰近日本島嶼超出許多，因此主張採行「衡平原則」，依島嶼大小及人口原則作比例分配，內政部也據此公布我方的暫定執法線。

釣魚台主權歸屬是台日雙方主要歧見之一。如果以彭佳嶼為基準點，台灣的經濟海域只能劃到東經一百廿五度四十二分，若從釣魚台劃二百浬，則可達東經一百廿八度，涵蓋琉球群島；我方堅持後者，但日本當然不同意。

由於了解釣魚台問題的複雜性，日方另外主張在釣魚台列嶼附近海域劃出「日台暫定水域」，讓雙方漁船都能進入捕魚，但我方不願接受，原因是日方區劃的水域面積太小，漁獲不多，且該水域內多為鰹魚，並沒高經濟價值的鮪魚。

❖ 「秘密」完成地籍登錄

2005 年 4 月 14 日，台灣報紙報導：宜蘭縣政府今年 2 月已向內政部完成釣魚台列嶼的地籍登錄程序，將該列嶼登記為我國的財產，劃歸頭城鎮轄區，成為宜蘭縣領土的一部分。

　　礙於日本海上保安廳的阻撓，無法登島測量，宜蘭縣是參考由人造衛星拍攝的地形圖等來做面積、經緯度的詳細測量，同時，爲了避免日本反彈，其作業全都是「秘密」進行。

　　當天日本外務省便傳訊給在台的交流協會，向我方提出照會，強調釣魚台是日本固有領土，不承認台灣擁有主權，要求宜蘭縣盡速撤銷地籍登記。

　　由於以前台灣沒有釣魚台諸島的地籍資料，民進黨政府有心申張台灣對釣魚台的主權，儘管是不敢得罪日本，偷偷摸摸在做，總算是向前邁出了一大步。

❖扁政府的「主權意識」

　　不料，翌月起，一連串真槍實彈的考驗，讓陳水扁政府一再強調的「主權意識」顯得漏洞百出。2005 年三月，當大陸各城市因爲對日爭議而爆發反日示威的時候，獨派報紙紛紛站在日方立場，譴責「中國的民族主義」、「排外立場」，民進黨政府則擺出一副「事不關己」的樣子，一貫保持低調。

　　4 月 22 日，大陸保釣人士登上釣魚台，日本海上保安廳立刻出動警察，加以逮捕，民進黨政府依舊是「保持低調」，令人感到十分奇怪。陳水扁總統一再強調：台灣與中國大陸是「一邊一國」、是「各自不同的國家」，而台灣對釣魚台又擁有主權，中國大陸人士登上釣魚台，就等於是「外國人侵入台灣領土」，可是台灣並沒有派出警察或軍隊去逮捕他們；反倒任由日本出動武裝的「沖繩縣警察」去抓大陸保釣人士，在台灣的領土上

「行使公權力」，這時候陳水扁政府琅琅上口的「台灣主權」到
哪裡去了？扁政府護衛領土主權的決心又在哪裡？

❖日、韓巡邏艇對峙

我們可以舉一個同時發生的例子作為對比，看韓國政府如
何伸張他們的主權。2005 年 6 月 1 日凌晨零時十五分，七十七
噸級的南韓漁船「502 神風號」在釜山市機張郡大遍港二十七
英里處作業時，遭日本巡邏艇指控越界進入日本海域三英里捕
魚。該漁船先逃逸，日艇並展開追逐，神風號約三十分鐘後被
迫停船，海上保安廳兩名人員上船進行調查，未料該漁船竟載
著這兩名人員再次乘機逃走。

該南韓漁船逃逸約兩個半小時後，在南韓專屬海域內，被
南韓海上警察的巡邏艇加以攔阻，兩名日本海上保安官獲釋。

南韓海警將神風號綁在南韓巡邏艇旁邊，日本海警見狀也
將日本巡邏艇綁在神風號的另一側。五艘南韓海警巡邏艇與六
艘日本海上保安廳巡邏艇先後趕至，雙方在海上對峙，南韓要
求日本巡邏艇撤離南韓水域，日方則要求南韓交出非法捕魚者。

經過 33 小時的對峙後，日韓雙方終於達成妥協，南韓漁船
神風號船長同意簽署文件，承認無視日本巡邏艦艇要求停船的
命令，闖入日本專屬經濟區，願意向日本當局支付相當於 50 萬
日圓的保證金；而日本則同意撤走艦艇。

❖掛「五星旗」去「赴死」

　　看到韓國政府維護主權的作法之後，我們再回來看扁政府對「主權」的態度。2004 年前，雖然台灣和日本對經濟海域畫界問題遲遲未達成共識，由於日方沒有嚴格執法，雙方也相安無事。

　　從 2004 年起，日方在民代及漁民的壓力下，開始派遣巡防艇，以日本所主張的中線作為執法線，嚴格防守；如果有漁船因風向、潮流或其他緣故，甚至魚網飄進日本所主張的經濟海域內，則連人帶船都要被扣押，並交由琉球法庭審判，常科以罰金。罰金數額最近甚至提高到一千萬日圓以下（約合三百萬台幣）。去年我國有漁船八艘被扣押，今年被扣押的漁船數為四艘。漁船被追逐驅離的未計其數。

　　2005 年 6 月 8 日，晚上七時，一群我國漁船在釣魚台海域正常作業，遠見日本巡防艇「白嶺丸」高速追趕著其中落單的漁船。積怨已久的漁民調轉船頭，將「白嶺丸」團團圍著，憤怒的用擴大器高喊：「這是我們的傳統漁場，日本船艦滾出去」！

　　一小時後，我國海巡署第 5025 巡防艇趕到現場，不料第一件事就是排開漁船，把「白嶺丸」放走。漁民真是火上加油，怒不可遏，認為政府非但無力護漁，反而阻止漁民向日本表達不滿。漁船返回，連夜擴大集結。到了九日清晨，約有一百艘漁船浩浩蕩蕩的開到釣魚台列嶼，拉起抗議日本侵佔我國傳統漁場的布條，大聲喊出內心的委屈與不平。

　　這次爆發的漁民自救和抗議行動，自動自發，而且史無前

例，因此震動了朝野和社會；有些漁民揚言：政府再不出面護漁，將來要「掛五星旗出海」，行政院長謝長廷聞訊後，以一副事不干己的嘲弄口吻說：掛五星旗是去「赴死」！

❖「我們一定打不贏」

宜蘭漁民悲嘆：「窮小孩被人欺侮，沒大人靠。」其實，「窮小孩」不是問題，「沒大人靠」才是問題。看到政府官員表現如此窩囊，立委強烈要求國防部派軍艦護漁。6 月 15 日，國防部召開記者會指出，依海岸巡防法規定，專屬海域的漁業維護，「由海巡署負責」，海軍依法擔任「備援與策應角色」。海軍總部戰訓署署長李皓強調，護漁依法不是海軍的任務，海軍的原則是「不引發爭端，不升高衝突」。

國防部作戰計劃次長程士瑜中將則指出，如果海軍派軍艦護漁，日本就會派海上自衛隊。日本的海、空自衛隊實力比我們強，如果雙方開戰，「我們一定打不贏」。

此言一出，舉國大譁。大家批評國防部懦弱，還沒有打仗，就先認輸，何況是「作戰次長」親口承認。國防部長李傑出來打圓場，表示程士瑜發言「凸槌」。6 月 21 日立法院長王金平偕同國防部長李傑及 14 位立委搭海軍鳳陽艦出海宣示「護漁」、「釣魚台是我們的」。

針對這件事，陳水扁表示，國防部長陪同立法院長搭乘軍艦出海護漁，外界好像覺得「不得了」，但如果視為議員考察，「就沒有那麼嚴重」。他說，「主權與漁權應該脫鉤處理」。「護

漁是爭取漁民的權益，和主權無關」；至於釣魚台問題，他強調，從國民黨到民進黨執政，從未改變釣魚台屬於台灣的立場，「但是沒有必要每日講三次」。

❖「釣魚台是日本的」

陳水扁的論點很明顯是受到「台灣之父」李登輝的影響。2002 年 9 月 24 日，李登輝接受日本「沖繩時報」的專訪時，公開表示，釣魚台「是日本的領土」。李登輝說，中共主張釣魚台是他們的領土，這是因爲當地有石油蘊藏量的問題，但中共在那些島上並沒有駐軍，釣魚台「顯然是日本領土」。

他並表示，台灣漁民也常介入釣魚台紛爭，那是因爲「受香港人煽動所致」。重要的是，日本政府應該重視戰前日本政府與台灣漁民所達成的「漁業權」，認真考慮台灣漁民的要求。

李登輝的媚日心態雖然受到台灣輿論的嚴厲批判，但他依然我行我素，堅持一貫立場。當年 10 月 20 日，在「群策會」舉辦的「國政研討會」上，又再度重申「釣魚台是日本的領土」，他說，釣魚臺列島「沒水沒電，上面又沒辦法住人」，台灣人民對釣魚臺這塊土地「並沒有興趣」。台灣對於釣魚臺列島「只有漁業權，並沒有領土權」。「如何和日本商討漁業權問題」，才是台灣人民真正關心的事。

❖出賣釣魚台主權

魚群大多分布在近海珊瑚礁層中，以我國與日本鄰接的東

海經濟海域來看，靠近我方的海底大多是岩層，靠近釣魚台附近海底則是珊瑚礁層，因此我國傳統的漁場大多是在釣魚台群島及釣魚台以北的海域。釣魚台主權的歸屬必然會影響到我國主要傳統漁場的範圍，如果政府強烈主張釣魚台主權屬於我國，我們就可以爭取與日本共同開發釣魚台群島海域，如果政府將釣魚台主權與漁權脫鉤，政府就沒有立場和日本政府進行談判，我們就有喪失傳統漁場的可能。

政府說，台、日重疊的經濟海域，台灣屢屢向日本要求恢復資源共享，已經談判了 14 次，尚無結果。所謂「尚無結果」，說穿了就是日本不甩台灣，不顧台灣漁民在近海水域捕魚的權利。現在日方答應願意在 7 月 29 日跟台灣進行第 15 次漁權談判，陳水扁總統立刻指示：主權和漁權「分開處理」，這種論調跟李登輝有什麼差別？又能談到出什麼結果？

台灣的獨派很喜歡強調台灣是「海洋國家」，以刻意跟中國的「大陸國家」作出區隔，既然是「海洋國家」，為什麼不學日本或韓國，拼命去搶小島、珊瑚礁，擴大經濟海域、大陸架，反而是一遇到日本就棄甲曳兵，連自己政府主張的釣魚台主權、經濟海域都不敢伸張，這算是什麼「主權國家」呢？

第二部分
亞細亞的孤兒

※ 兩岸對立與操作選舉

※ 從凱子軍購到軍備競賽

※ 台灣的經貿鎖國

第五章
兩岸對立與操作選舉

任何一種意識型態，都可能演變成政治民粹主義。當前台灣政治民粹主義的根源，就是「台灣意識」和「中國意識」的對立。由於中共以武力威脅台灣獨立，而「台獨派」則強調台灣的「國家認同」，刻意要打造台灣的「國族主義」或「國家主義」，這樣的主張不僅和對岸主張的「中國意識」互相對立，而且和台灣內部主張以「中華民國」名義保持現狀的人，也可能形成尖銳的對立。

❖挑撥族群對立

台灣社會中的這種對立，在平日並不明顯。然而，一到選舉時刻，進行政治權力重新分配的時候，獨派人士便會刻意挑撥兩岸之間的衝突，再藉由「台灣意識／中國意識」的對立，攻訐主張「保持現狀」的人，造成台灣內部的尖銳對立，以爭取大多數福佬族群的支持。

1996 年台灣舉辦第一次總統直選，李登輝提出「兩國論」，將兩岸關係弄得十分緊張。競選期間，中共又發動了三次演習，對台灣南北兩端發射了四顆飛彈，並且明白宣示：如果台灣宣佈獨立，中共將不惜「武力保台」。美國派「獨立號」和「尼米茲」兩艘航空母艦特遣艦隊巡弋台灣海峽，更使兩岸之間的軍事對立呈現出劍拔弩張之勢。中共未曾料到的是：這一系列動作，反倒幫了李登輝的大忙：許多台灣人民不敢支持明白宣示「台獨」立場的民進黨候選人，李登輝的選舉機器則將另外兩組有「統派」傾向的候選人打成「投降主義」、「中共同路人」，

李登輝本人則順著這個大勢，四處演講，誇耀他自己「最有膽識、最有經驗、最有智慧」，「中共不怕半人，只怕我李登輝」！

❖ 挑激兩岸關係

1996 年台海的飛彈危機之後，美日認為中國軍事力量不斷提升，有可能突破他們攜手設定的西太平洋防線，因而簽訂「日美安保共同宣言」，將美日安保體制的機能擴大到「維持亞太地區的和平與安全」，並刻意加設「周邊有事」條款，隱約將台海也納入安保指針的範圍，以期維持東北亞的軍事均勢。日本政府對所謂「周邊有事」的涵義雖然刻意保持模糊，但這對於台灣內部的獨派人士是很大的鼓舞，他們相信，在「美日同盟」的保障之下，只要台灣不宣佈獨立，不管如何挑激兩岸關係，中共一定不敢動武。這一點竟然變成獨派總統候選人競選時最重要的外在條件。

❖ 阿扁的選戰策略

2000 年，陳水扁以 39.9% 的得票率當選總統，許多人擔心他過去主張台獨的立場會阻礙兩岸關係未來的發展。當年五月廿日，陳水扁總統在就職演說中，宣佈「四不一沒有」的對大陸政策，他說：「只要中共無意對台動武，本人保證在任期之內，不會宣佈獨立，不會更改國號，不會推動兩國論入憲，不會推動改變現狀的統獨公投，也沒有廢除國統綱領與國統會的問題。」許多人因此相信他在任內會推行「新中間路線」，使兩岸

間的緊張關係大為緩解。

　　然而，1996 年李登輝競選總統的經驗顯示：以「統獨對立」挑激兩岸之間的緊張對立，是獨派候選人最有力的競選武器。「只會選舉，不會治國」的陳水扁在第一任總統任內，經濟衰退，社會紊亂，政績乏善可陳，他當然不會輕易放棄這項選舉利器。隨著 2004 年總統大選的逐漸接近，他也逐步展開他的競選策略：

第一節 「一邊一國」論

　　2002 年 7 月 21 日，民進黨第十屆第一次全國黨員代表大會在台北國際會議中心舉行，陳水扁總統當選民進黨主席。他在就職演說中強調，就任黨主席後，將積極推動兩岸政黨層次的互訪，用善意、信心和行動，為兩岸關係的開展跨出歷史的第一步。隨後，陳水扁脫稿強調，如果我們的善意無法得到對岸中國相對的回應，我們要思考是否走「自己的路，走咱台灣的路，走出台灣的前途」。

❖「一邊一國，要分清楚」

　　8 月 3 日，世界台灣同鄉聯合會第二十九屆年會在日本舉行，陳水扁總統以視訊直播方式致詞。他說：台灣不是別人的一部份，不是別人的地方政府、別人的一省，台灣也不能成為第二個香港、澳門，台灣是一個主權獨立的國家，「台灣跟對岸中國一邊一國，要分清楚。」

阿扁指出：中國一直不放棄對台灣使用武力，在國際上打壓台灣。中國說的所謂「一個中國原則」或「一國兩制」就是要改變台灣的現狀。台灣的現狀是否要改變？只有兩千三百萬偉大的台灣人民，才有權力決定。有需要的時候要如何決定？就是「公民投票」，所以他誠懇的呼籲大家，「要認真思考公民投票立法的重要性和迫切性」。

陳水扁的「一邊一國論」，揚棄了模糊「台獨」理念的作法，明確表明「台獨」立場的政策取向。推動「公投立法」更是可以具體運作的目標。隨後，內政部長余政憲立即表示「全力配合」，而長期推動「公投法」的民進黨立委蔡同榮則宣稱：他已經獲得一百一十四席立委的支持，新會期便可通過「公投法」。

❖「政治自殺，或經濟自殺」

陳水扁總統發表「一邊一國論」之後，紐約時報網站，美國有線電視新聞網（CNN）網站，英國廣播公司（BBC）新聞網網站等國際媒體紛紛加以報導，其內容重點大多擺在「陳總統呼籲支持獨立公投」。

〈紐約時報〉從北京發出的一篇報導指出：陳水扁稱，就台灣前途舉行「公投」是一項「基本人權」，又說，在現實中，台灣海峽兩岸是「一邊一國」。但北京一直威脅，假如台北宣布「獨立」，或拒絕最終與大陸統一，便會對台動武。在北京與台北數十年的對峙中，台灣經濟已越來越依賴大陸。目前大陸佔台灣總出口四分之一，是台灣產品最龐大、增長最迅速的市場。

幾乎所有台灣主要廠商在大陸都有投資，總額逾五百億美元。

　　文章認為，在台灣經濟陷於衰退、其他市場亦經濟不景的情況下，迫使北京採取懲罰性行動，對陳水扁來說，即使不是「政治自殺」，也是「經濟自殺」。

❖「美國不支持台灣獨立」

　　兩岸關係趨向緊張，陸委會主委蔡英文臨時受命，定七日下午赴華府，向美方說明陳水扁所提的「一邊一國論」。

　　8月7日，在行政院陸委會主委蔡英文抵達華府前三小時，白宮國家安全會議發言人麥考馬克召開外籍記者臨時簡報會，在回答有關陳總統談話的問題時說：美國的政策眾所周知，行之有年，且維持不變，我們是「一個中國政策」，而且我們「不支持台灣獨立」。他說，根據美國瞭解，「陳水扁8月3日的談話，並非尋求台灣獨立」。他說，美國促請各方避免任何可能威脅和平與安定之舉，也促請兩岸恢復對話。

　　這是美國官方發言人首次公開表示，「美國不支持台灣獨立」。在此之前，不論白宮或國務院發言人，都是說「一個中國政策不變」。麥考馬克回答這個問題時，是逐字宣讀事先備妥的新聞稿。他在簡報中多次直稱「陳水扁」，並未加「先生」或任何稱謂。有人問，陳總統談話後，台灣方面有若干聲明和解釋，美國如何看待這些聲明和解釋？麥考馬克說，「台灣公開強調陳水扁的談話不是尋求台灣獨立，他們如此說，我們就姑且相信他們所做的解釋吧。」

❖「發動文攻」

　　從陳水扁上任後，中共對他的態度一直是「聽其言，觀其行」。兩年下來，陳水扁從不斷釋出善意，到立場轉趨強硬，中共方面似乎處於被動回應。陳水扁的主動出擊，不但滿足了國內支持者的期待，同時也在國際上塑造出一定的形象，讓中共顯得招架無力。

　　中共對台方針雖然愈趨彈性，但畢竟還是有其限度。當時中共正在召開北戴河會議，將續掌大權的江澤民，將在十六大會中提出十五大總結報告，並預定十月訪美。如果江澤民在對台工作上交不出像樣的成績單，對中共內部權力交班難免造成新變數，甚至還可能引發對台路線的權力鬥爭。

　　這些客觀因素迫使對岸當局不得不採取特別動作。北戴河會議結束後，權威人士表示，北戴河會議正式對陳總統的台獨「定性」，認為「一邊一國」的主張比「兩國論」更嚴重。中共對陳水扁態度已沒有什麼轉圜，接著，比照 1999 年對「兩國論」的「批李」攻勢，發動第一波「文攻」。各涉台部門陸續召開座談會，官方新華社、人民日報、解放軍報、瞭望周刊陸續發表評論員文章，批評陳總統「一邊一國」談話；並發動海外親中共媒體「批陳」。

❖「兩邊三國論」

　　陳水扁「一邊一國」論也引起了在野黨的強烈質疑。國民黨主席連戰批陳水扁：將台灣二千三百萬人民，與「台獨」的

火藥庫綁在一起。親民黨主席宋楚瑜則抨擊：陳水扁的談話，
違背了他在總統就職典禮時的承諾，是「四不一沒有」主張的
完全破產。

12 月 7 日陳水扁發表談話「三問連戰」，為何不敢大聲說
出「海峽兩岸，一邊一國」？兩週之後的 20 日，連戰在回答記
者詢問時，表示「可接受一邊一國」的說法。

當時，陳水扁在台北縣參加台南縣市同鄉會會員大會，表
示：他「三問連戰」為何不敢大聲說出「海峽兩岸、一邊一國」，
不到兩周的時間，連戰隨即跟進，證明「一邊一國」是台灣的
主流價值。

陳水扁指出：兩岸關係不僅是「一邊一國」，實際上是「兩
邊三國」。從「中華民國」撤退到台灣，「中華民國」就是一國，
與對岸的中國、蒙古人民共和國可以並稱為「兩邊三國」。在這
樣的前提下，沒有所謂「一個中國，各自表述」的問題，所以
要摒棄一個中國的迷思。

連戰不放棄「一中各表」的論述，在台灣社會主流價值下，
不得不拿香對拜，他的競選對手都是「鸚鵡及跟班的角色」，那
還不如支持他繼續連任。

對於陳水扁提出的「兩岸三國論」，連戰批評說，陳水扁認
同的「兩岸三國」是中國、外蒙古及台灣，中華民國不見了，
這是什麼意思？過去這個星期唱的國歌都是唱假的，廣告費都
白花了，陳水扁到底是要選哪一「國」的總統，這樣的人讓他
下台好了。

❖「諮詢性公投」

　　由於在野黨無力回應陳水扁的挑戰，他更是肆無忌憚地對藍營步步進逼：2003 年五月，世界衛生大會（WHA）在日內瓦召開年會會議，我國以衛生實體名義申請成為世衛大會觀察員遭拒，這是台灣向世界衛生組織第七度叩關失利。

　　5 月 20 日，世界衛生組織召開 SARS 簡報會，邀請各感染地區做疫情簡報，秘書長布倫特蘭德夫人否決邀請我國衛生署長陳建仁，就台灣疫情提出報告。事後，行政院發言人林佳龍透露，陳水扁總統指示行政院積極研議，於明年五月世界衛生大會（WHA）年會召開前，舉行「諮詢性公投」，向全世界表達台灣加入世界衛生組織（WHO）的意願，。

　　林佳龍指出，「諮詢性公投」根本不需要法源。如果公投法能夠於本會期完成立法，當然最好；但是如果公投法一直未能通過，用「諮詢性公投」也可以克服「公投」的技術問題。他說，以公投方式表達台灣加入世衛心聲，是希望藉此凝聚台灣民眾共識，向世界宣達台灣的心聲，也有效反制中共的打壓。

　　因此，政府將在明年三月總統大選投票日，同步舉辦有關台灣加入世界衛生組織，以及是否要續建第四座核能電廠的「諮詢性公投」。

❖扭曲「直接民權」

　　他的論點一出，立刻國內法學界的爭議。論者以為：就現行憲法架構而言，包括行政機關與立法部門，都是「代議政府」，

是經由擁有主權的國民委任授權而經營國家。這就是所謂的「間接民權」。而創制、複決或公民投票，則是「直接民權」，「公投」既然是國民主權的直接表達，當然必須獲得終極的實踐。經由公投的直接民權所表達的民意，必然具有法律效力。如果經由公投表達的國民主權意志，只是「諮詢性」，還要經由「代議政府」的評量與選擇；則「國民主權的直接表達」淪為「代議政府」的從屬，豈不是完全扭曲了「直接民權」的真諦？

再就「無法源公投」而言。公投體制是要在「直接民權」與「代議政府」之間作疆域重劃，是屬於憲法層次的問題。憲法既然明定，「創制、複決（即「公投」）之辦法必須以法律定之」，所謂「不經立法即可舉行公投」，當然是違憲的行為。如果總統可以主持「無法源公投」，則舉國上下都競相以行政命令推動「無法源公投」，又將如何面對？

第二節 從國際包圍台灣

中共非常清楚：大陸對「公投」議題的任何直接反應，都會被民進黨利用，作為操作民粹反中的競選籌碼，因此，最好的因應之道，就是通過美國來約束台灣。

❖「跨越紅色警戒區」

可是，從 911 事件之後，小布希政府已經被「反恐」、伊拉克善後、北韓核武等議題搞得焦頭爛額。陳水扁在中美關係上不斷給他出難題，現在又打出「公投牌」，迫使美國必須面對中

共的壓力，自然讓美國相當不悅。

胡錦濤與布希在艾維昂高峰會時，已經針對「公投」議題交換過意見。6月20日，美國在台協會台北辦事處處長包道格告知陳水扁，任何議題的「公投」都已「跨越紅色警戒區」，而且就像「切香腸一樣，一次一片」，最後將不可避免的走向衝突引爆點。「美國以為，為兩岸穩定，台灣不應節外生枝。」

次日，美國國務院發言人正式表態說，陳水扁在就職演說中承諾「不就統獨進行公民投票」，美國將「嚴肅看待」，警告台灣當局「考慮公投可能造成的負面影響」。

陳水扁是為了選舉考量，才要搞「公投」。如果在美國壓力之下，就此退縮，豈不是更沒面子？陳水扁一方面對內擺出強硬姿態，宣稱「公投」是台灣的權力，「美國不是宗主國，台灣不必當附庸」，「台灣是一個主權獨立的國家，人民有權行使投票等各項基本人權」，「台灣民眾也可透過公投方式表達理念，這是國民基本人權，絕非任何政府或個人可剝奪」。一方面派邱義仁去向美國人說明。

❖ 奉上「謝罪禮」

邱義仁對美方說明陳水扁對「公投」的真正想法，美國表達反對的言語相當委婉，但立場則十分明確。國務院發言人瑞克聲稱：美國「嚴肅看待」陳水扁總統不會推動改變台灣現狀的「統獨公投」的宣示。國務院亞太事務副助理國務卿薛瑞福也表示：美國看不出台北有足以令人信服的理由舉行公投。如

果辦公投是爲了「台灣的內政」考量，美國就沒有必要支持。

從去年八月陳水扁提出「一邊一國」的說法之後，美國對陳水扁的權謀善變就極爲不滿。「公投」議題浮出之後，對台政策更向大陸傾斜。這一兩年，除了國家政策認知上的差距之外，美台雙方在軍售、經貿兩方面也有不少摩擦。但是「公投」牌惹惱了美國，陳水扁只好在這些問題上讓步，以尋求美國的諒解。

在軍售方面，美國對陳水扁的消極態度十分不滿，甚至批評台灣不關心自身的防衛，只想把責任推給美國。經過美國對朝野政黨施壓，紀德艦的預算雖然通過，美國還希望台灣趕快購買長程預警雷達、愛國者三式導彈。台灣因爲財政困難，而且對愛國者導彈的防衛效力，內部爭議極大，所以預算被主計處打了回票。但惹出「公投」的風波後，行政院不得不趕在邱義仁赴美前，增列數千億軍費的預算，讓他帶去美國做「謝罪禮」。

第三節 「催生台灣新憲法」

2003 年 9 月 28 日，民進黨在台中市體育館歡度十七周年黨慶，主題爲「國會改革、公投上路」。陳水扁總統以民進黨主席身分致詞時，宣示：2000 年民進黨十四歲，贏了總統大選；2003 年，民進黨要完成公投立法；緊接著明年，民進黨十八歲，「轉大人了」，民進黨有三大任務，一是完成歷史上第一次公民投票，二是明年三月廿日贏得總統選舉，三是民進黨現在雖然

是國會第一大黨，但席次沒有過半，明年年底要讓立委選舉過半。他還高喊「大家有沒有信心？」。

　　他接著說，2006 年，民進黨廿歲，要做的就是共同「催生台灣新憲法」。陳總統指出，公投不再是洪水猛獸，目前的當務之急是推動公投立法。在野的國親兩黨雖然支持公投立法，他要提醒大家，在野黨可能使用技術限制公投權利，「這與民進黨推動公投立法的立意完全不同」。他說，沒有公投法還是要有權利公投，不能公投法通過了反而不能公投，民進黨要繼續打拼，讓明年可以公投。

　　國民黨發言人郭素春說，陳水扁早先提出「一邊一國」時，外界就質疑他是否要建立「台灣共和國」。現在陳水扁親自說出：當選連任，要在 2006 年「制定新憲法」，等於是自己露出馬腳。可見陳總統說「一邊一國」，其實就是說明年的選舉是「台灣共和國」對「中華民國」。

❖逐字念出「四不」內容

　　陳水扁說出他要「催生新憲法」，立刻引起了美國人的不悅。9 月 29 日，美國國務院發言人包潤石在記者會上，對陳水扁總統所提的「催生新憲法」發表談話，表示不願回應「個別的選舉聲明」。包潤石說：美國注意到，在公元兩千年，陳總統宣示：不會宣布獨立，不會更改國號，不會讓兩國論入憲，也不會推動改變現狀的統獨公投。美國在公元兩千年已經對陳總統的四不宣示，以及後來的保證，表達了支持與感謝，「我們會

繼續嚴肅看待」。

即使在日前公投議題正熱時，華府在回應時也從未如此詳細唸出「四不」內容。對於這一點，民進黨政府十分緊張，總統府秘書長邱義仁連夜與相關人員聯繫，統一對外口徑。第二天早上，民進黨中央黨部、立院黨團的發言，將「催生台灣新憲法」定位為「政黨發展的願景，同時作為推動公投立法的動力，與建立台灣國有所區隔」。

❖「沒辦法對中國人民交待」

11 月 17 日，中共國台辦首次以「國台辦負責人」名義，發表措詞強硬的新聞稿，點名抨擊陳水扁：「必須懸崖勒馬，立即停止利用公投立法進行分裂國家的罪惡活動。」、「這是一個非常危險的分裂行徑，是對台海局勢和亞太地區和平穩定的威脅，也是對全體中國人民的嚴重挑釁」、「任何人試圖把台灣分割出去，必將遭到『迎頭痛擊』。」

對於國台辦抨擊陳水扁總統借公投搞國家分裂的舉措，國民黨發言人蔡正元以強烈的語氣回應：「中共非民主國家，沒資格和台灣討論公投的事。」、「中共的主權不及於台灣，台灣內部事務也不干中共的事，少來對台灣比手劃腳！」

陸委會新聞稿則表示：「中共不斷污衊獲致台灣多數民眾支持的民主憲政發展，甚至將此與所謂的『台獨』掛鉤，這種穿鑿附會的手法除了顯現中共對於民主化的畏懼外，也展露出中共干擾台灣民主發展的一貫企圖。」

　　翌日，中共具有解放軍少將軍銜的國務院台辦副主任王在希指出：「如果台灣公開搞台獨，則『武力恐怕就難以避免』」、「如果他們認為真的搞台獨也不會打，台獨勢力『將會付出很大的代價』。」當前的關鍵爭議已不是北京對個別候選人的好惡，而是涉及到「沒辦法對十三億人民交代」的重大原則問題，「威脅到『胡溫體制』的領導地位與威信」、「更直接牽動大陸領導體系的權力矛盾。」

❖ 鳥籠式公投法

　　針對公投立法的爭議，國民黨立院黨團決定「反守為攻」，於九月底十月初提出黨版的「公投法草案」，主動爭取公投立法。藍綠陣營在立法院經過長時間的辯論協商，11 月 27 日下午五時許，開始對「公民投票法」爭議條文逐條表決，結果在泛藍多數優勢下，國親兩黨提出的版本幾乎悉數通過。含有「統獨公投」內容的蔡同榮版本，以及民進黨版有關「公投制憲」條文皆被否決。民進黨只有「防禦性公投」的條文在國親開放投票的情形下過關。

　　國親版公投法的立法重點是將公投提案權限縮於人民，只有透過民眾連署才能提出公投議案，政府須執行人民公投的結果，但卻沒有提案權，行政部門也無法舉辦「諮詢性公投」。更嚴重的是：「公民投票審議委員會」審議「認定」公民投票事項，成為人民行使直接民權的太上機關，違反了直接民主監督國會的精神以及一般民主國家的通例，泛綠因此批評它是「鳥籠式

公投法」。

可是，陳水扁很快的在公投法中找到了一個「巧門」，那就是利用公投法第十七條來發動「防禦性公投」：「當國家遭受外力威脅，致國家主權有改變之虞，總統得經行政院之會之決議，就攸關國家安全事項，交付公民投票。」

❖布溫會談

12月8日，美國總統布希和中共國務院總理溫家寶在白宮舉行會談。在布溫會舉行前約六個小時，陳水扁總統在台北表示，三二〇舉行公投「怎麼嚇、怎麼擋都沒有用」，明年三二〇不只選總統，也要爭取第一次公民投票的基本人權。

9日上午，布希在白宮橢圓形辦公室與溫家寶再度進行四十分鐘的小規模核心會談。會談後兩人分別針對台灣問題回答媒體提問。布希很清楚地說：美國的政策是基於三公報、台灣關係法的一個中國政策。不論是中國或是台灣，「我們反對（oppose）任何片面改變現狀的決定」，而台灣領導人最近的言論及行動，顯示他「可能已經決定要片面改變現狀，這也是美國所反對的」。這是民進黨政府決定在三二〇舉辦公投以來，美國總統第一次公開表示看法，也是近來美國對於台灣舉行公投提出最明確而強烈的立場宣示。

相對布希嚴峻的說法，溫家寶的回應相對平和，他說：「中國解決台灣問題的基本方針，是和平統一、一國兩制；我們盡最大的誠意和努力，爭取用和平的方法，最終實現台灣的統一。」

此外，溫家寶還說，對台灣新出現的、旨在台獨的各種名義的公投，布希所表示的立場，「我非常讚賞」。

❖「侮辱華府的智慧」

在美國部分非主流人士支持下，陳水扁幾乎完全不理會白宮警示，與美國的政策背道而馳，讓布希十分惱火。布溫會時，美國國務院會前原本照例準備一份有關台灣政策的說帖，讓布希在面對記者時參考。結果布希將這份措辭較溫和的說帖棄之不顧，完全按他本人的感受對「台灣領導人」說重話。

這一舉措顯示：布希政府已表明不接受陳水扁政府一再以「不會改變台海現狀」來解釋所謂公投。在華府，支持或接受扁政府說法的人寥寥可數；有些美方人士認爲，陳水扁試圖要華府相信，這個公投「只是要深化台灣的民主」，「不致改變台海現狀」，「簡直是在侮辱華府的智慧」。

一位布希政府高層官員則表示：「美國反對台灣預計明春舉行的公民投票。」、「我現在就可以告訴你，百分之九十九點六的台灣民衆都會高興看到中國撤除飛彈」、「透過公投來確認這個問題，顯然是爲了選舉。而其損失，卻很可能是台灣的安全。」

12 月 28 日，日本前首相森喜朗即銜命來台，力勸扁政府慎重考慮放棄舉行防衛性公投。隨後，日本交流協會台北事務所長內田勝久拜訪總統府秘書長邱義仁，再度轉達日本政府因台灣堅持舉行公投而使台海情勢趨向緊張的關切與憂慮。

❖「看台灣的構想」

元月 8 日，美國國務卿鮑爾在國務院舉行 2004 年首次記者
會上，美國記者問道：「布希總統當著溫家寶總理發表非常明確
的聲明後，行政當局沒有後續動作。是否關切陳水扁沒有聽見
訊息？」

鮑爾回答時，表示「（布希）總統說得十分明確而有力，我
們將維持一個中國政策，基於我們的三個公報以及我們在《台
灣關係法》下的責任」。鮑爾說，布希表示的十分清楚，這些訊
息，台灣聽見了，也收到了，接下來，「我們要看台灣自己如何
處理這個公投的構想。」

選舉靠的是一股勢，如果勢如破竹，就能以小搏大。反之，
如氣勢中挫，可能會兵敗如山倒。陳水扁在立法院通過公投法
後，立即反手拋出「防禦性公投」，就是為了不能讓民進黨正在
上升的氣勢頓挫。既然深知選舉之中「勢」的重要性，陳水扁
當然不會停辦公投，在選舉的重要時刻，投下重大挫敗變數。

❖「嚴重錯誤」

元月 6 日中午，國安會召開「2004 年台灣公投與大選訪問
團」行前說明會，政府將於十日派團前往美國、歐洲及亞太，
向當地媒體、智庫及學界人士，就台灣防衛性公投及總統大選
進行意見交流。

儘管台北已表明將兵分四路，在十日派公投宣達團分赴美
國、歐洲、日本及東南亞。但因為台北在組織赴美公投宣達團

的過程中，未能充分徵詢美方意見，華府對此相當感冒，加上有些宣達團成員對外大談在華府將與行政部門官員舉行「秘密早餐會」，美方認為：這是台北將根本還未確定的行程「硬要美國吞下去」，因而向我方轉達不樂見此團到華府的訊息。

美國團臨時喊停，原本要赴日的宣達團也併入東南亞團，取消日本行程。

赴歐公投宣達團抵達法國巴黎後，一位參與對歐盟溝通的外交官員表示，歐盟知道美國在台海地區有主要利益，因此相當尊重美國在公投問題上的立場，「歐盟在這個事情上是跟著美國的」，溝通的重點還是應該放在美國。

中共國家主席胡錦濤原訂在元月底訪問法國。在胡錦濤訪法前，中共當局即明白表示，希望法國也對公投表態。2月16日，法國總統席哈克在歡迎中共國家主席胡錦濤的國宴上說：「採取包括公投在內的任何單方面措施都是破壞現狀，導致分裂。」「這是項嚴重錯誤，要對破壞區域的穩定承擔重責。」胡錦濤隨後對席哈克表示感謝，並再度重申「堅決反對台獨，絕不允許任何人以任何方式把台灣從中國分割出去。」

❖「寄希望於台灣人民」

中共國家主席江澤民在 1995 年元月 30 日，就發展兩岸關係、推進和平統一進程的若干重大問題，提出八項主張和看法（簡稱江八點）。從 1996 年起，北京每年都舉行江八點座談會，並在這個場合拋出重要對台政策。

元月 19 日，中共提早舉行「江八點九周年」座談會，同時首度開放台灣媒體採訪。談話中，唐家璇再度提出「一個中國三段論」，稱「世界上只有一個中國、大陸和台灣同屬一個中國，中國的主權和領土完整不容分割。」並宣布將貫徹「寄希望於台灣人民」的方針，對於居住在台灣的本省籍、外省籍人士「一視同仁」，只要不是堅持台獨立場的人，中共都會與他們「交換意見，深入溝通，加深互信」。

中共國務委員唐家璇在會上嚴厲批評台灣領導人以防止中共武力犯台為由，要推動三二〇公投；這種挑釁行為只會挑起兩岸間的對立和仇視，把兩岸關係一步步推向危險邊緣。唐家璇說，無論是叫「和平公投」抑或「防衛性公投」，都是對兩岸和平的挑釁。他強調，台灣分裂勢力所推動的公投，根本不是台灣「民主的深化」，而是對台灣人民的「誤導」與「分化」。

針對唐家璇的批評，陳水扁總統在台北市拜票時，回應指出，在東歐有些平均國民所得比台灣低，只有三、四百美元、過去還是共產主義的國家，都可以進行公投了，為何台灣不能公投？公投是永遠的，是民主的核心價值，比他個人連任還重要，為何中共要反對？

副總統呂秀蓮與媒體記者茶敘時，回應說，「唐氏語言」沒什麼新意，對岸反對台灣公投，顯示其心虛和恐懼，其實各國已經接受台灣進行公投，她以一句詩句形容目前公投的情勢為「兩岸猿聲啼不住，輕舟漸過萬重山」。

❖缺乏中心理念的在野黨

國親政黨聯盟邀請中外媒體記者舉行新春茶會，連戰在答覆記者詢問時，呼籲中共「要以冷靜的態度來面對台灣選舉」。連戰強調，中共領導人說這些話，「影響的是台灣人民感情」，得到利益的是陳水扁。

連戰指出，公投是由人民行使的直接民權，應該是一個由下而上的機制，唯獨公投法第十七條授權總統發動防禦性公投，其要件是在國家遭受外力威脅、有主權變更之虞時，總統才有權力推動。連戰認為陳水扁提出的兩個題目，基本上是違法的，他希望陳水扁正式回應這一點看法。

親民黨主席宋楚瑜也表示，公投是台灣人的權利，「不容任何國家、外來勢力干預」，對於陳水扁提出的兩項防禦性公投題目，引起國際不安，他認為是不合法、不必要、在時機上也不適當。

從本章的論述裡，我們可以看出：陳水扁是個很會操作選舉的人物，而藍軍領袖在兩岸關係方面卻提不出任何旗幟鮮明的理念。當陳水扁以翻雲覆雨的手法挑激兩岸關係，讓中共和美國聯手打壓他時，他把自己塑造成英雄人物，藍軍領袖不但只能跟著他的論調起舞，「拿香對拜」，甚至還要故示「民主」，陪著他一起反批中共。一場選戰打下來，缺乏中心理念的藍軍領袖支持率也跟著一路往下滑。

第四節 「三二〇和平公投」

　　陳水扁在競選前炒作公投議題，不僅是要製造兩岸關係的緊張，更要藉公投題目的內容，一方面打擊競選對手，一方面凝聚支持者的向心力。2004 年 2 月 3 日上午，陳水扁舉行中外記者會，公佈他的兩道「公投議題」。

❖反飛彈公投

　　他說，由於中共片面否定我國主權，企圖迫使我國接受所謂「一個中國」、「一國兩制」，近年來並持續對台灣增加飛彈部署，一再揚言不放棄武力犯台，且在國際社會嚴重擠壓我國生存空間，已符合公民投票法第十七條第一項所規定「國家遭受外力威脅，致國家主權有改變之虞」的要件。為了防止中共武力侵犯台灣，片面改變兩岸的現狀，所以決定推動「三二〇和平公投」，希望藉由公民投票，展現台灣人民維護國家主權及追求和平的意志與決心。

　　阿扁所提出「三二〇和平公投」的第一案是「強化國防公投」，主文為：「台灣人民堅持台海問題應該和平解決。如果中共不撤除瞄準台灣的飛彈、不放棄對台灣使用武力，你是不是同意政府增加購置反飛彈裝備，強化台灣自我防衛能力？」

　　根據陳水扁的說法，台灣是「全世界面對飛彈威脅最嚴重的國家」，預期到 2005 年中共將有六百枚彈導飛彈對準台灣，由於中共瞄準台灣的飛彈正以六天一枚的速度快速增加，我們必須儘快建立「強化反飛彈能力的共識」，才能避免兩岸軍力失

衡，確保國人生命財產的安全。

❖兩岸和談公投

三二〇和平公投的第二案是「對等談判公投」，主文為：「你是不是同意政府與中共展開協商談判，推動建立兩岸和平穩定的互動架構，謀求兩岸的共識與人民的福祉？」

陳水扁表示，歷史上著名的和平架構有關協議，都具有以下的共同特色：簽署雙方互不隸屬；雙方均承諾以和平方式解決一切爭議；雙方均彼此尊重相互主權、政治獨立及享有和平生存環境的權利；均有不同程度的客觀力量參與、協助及監督。

他說，三二〇之後，我們願意主動邀請中共指派代表一起依循「一個原則、四大議題」進行正式談判。所謂「一個原則」是「確立和平原則」：「雙方承諾不以武力或其他非和平的方式，威脅或妨礙台海之安全。」所謂「四大議題」：是建立協商機制；對等互惠交往；建構政治關係；防止軍事衝突。

❖公投方案的合法性和正當性

陳水扁提出「防禦性公投」的兩個方案公布之後，其適法性、正當性及必要性立即受到各方的質疑。根據公投法十七條，舉行「防禦性公投」的法律要件有二，一為受外力威脅，二為主權有變更之虞。行政院長游錫堃在立法院答詢時表示，他認為類似八二三砲戰、中共佔領烏坵、在臺海試射飛彈等事例，都不符合上述兩要件，都不能啟動「防禦性公投」機制。目前

臺海現狀顯然不如上述情況嚴重，當然不符上述兩個法律要件。至於將「防禦性公投」改名為「和平公投」，根本就違反了公投法第十七條的規定，其適法性當然有問題。

即使不談其適法性，既然陳總統認為台灣「有外力威脅，主權有變更之虞」，則「防禦性公投」就有其急迫性，應立即舉行，怎麼可以一拖再拖，一定要和三二○大選綁在一起？

也有許多人從政治的角度，質疑三二○公投的正當性與必要性。他們認為「增購反飛彈」及「展開兩岸協商」這兩個議題都是政府可以自主決定的政策，根本不須要勞民傷財大費周章來辦公投。2月20日，國防部長湯耀明在立法院答覆質詢時表示，即使公投不過，還是要執行購買反飛彈的既定政策。而陳水扁在回答中台記者訪問時，居然還為湯耀明背書，認為他「沒有說錯」，購買反飛彈設備不受「公投」過不過的影響。果真如此，豈不是否定了「增購反飛彈」公投的必要性？

第五節 選後兩岸的新情勢

面對一個已經崛起的中國，美國內部有兩種不同的主張。有一派政治人物主張：透過「交往政策」，將西方民主生活的價值傳遞給中國大陸人民，進而促成中國大陸的和平演變，這種「鴿派」人物，可以美國前總統柯林頓作為代表。另一派新保守主義的政治人物，則主張在東亞地區對中共進行「圍堵政策」，以防止中共的崛起。企圖以「反恐」為名，建立美國超級霸權地位的小布希總統，就是這種「鷹派」的代表。

對於美國的「鷹派」而言，他們固然不喜歡看到台灣獨立，可是他們也不願意看到中國統一。他們認為，台灣保持「不統、不獨」的現狀，最符合他們的利益。因此，在台灣總統大選期間，當扁政府政策偏獨時，他們要將之「扳回」；選完之後，他們又要刻意挑激兩岸的緊張關係，好讓他們從中取利。從陳水扁發表五二〇就職演說前後，美國態度的轉變，我們可以非常清楚的看出這一點。

2004 年 3 月中華民國總統選舉，選前所有民調均一面倒，預測連宋會當選，不料選前一日，竟然發生兩顆子彈槍擊陳、呂正副總統候選人的疑案，民進黨順勢炒作，發動全國競選機構進行「為阿扁祈福」的活動，宣傳車四處奔跑，告訴大家「阿扁為台灣人民擋子彈」，並透過地下電台，散佈謠言，說「國親與中共聯手槍傷陳水扁、呂秀蓮」！

當晚的國親聯盟內部民調已經顯示：「連宋配」的選情急轉直下。第二天，選舉投票照常進行，開票的結果，陳水扁、呂秀蓮最後以二萬九千餘票、只有百分之零點二二八的微幅差距獲勝！

結果宣布後，群情譁然，台灣社會形成明顯的藍、綠對立，政治局勢也呈現出長達數個月的動盪不安。

❖ 凱利的證詞

在台灣大選結束後一個星期內，美國一直存觀望態度。到了 3 月 26 日，才由白宮一位秘書發表了一個措辭極為謹慎的聲

明，首先稱：「我們與美國人民，恭賀台灣人民成功完成三二○總統選舉」。然後又說：「台灣中選會在 3 月 26 日正式公告陳水扁先生贏得勝利，我們恭賀陳水扁先生贏得連任」。這份聲明沒有提布希總統，沒有用當選字眼，也沒有稱呼陳水扁爲「陳總統」，而是稱之爲「陳先生」。主要原因是自 3 月 20 日之後，有五十萬群眾在總統府外廣場，抗議阿扁當選的合法性。

4 月 21 日，美國白宮、國務院、國防部三大部門負責亞太事務的主管，在華府聚集一堂，深入討論台灣問題。在這次集會中，主管亞太事務的助理國務卿凱利對國會提出一篇長達二十二頁書面證詞，並刻意將證詞的主要內容透露給媒體披露，顯然是要提供給台灣的「陳先生」參考。

凱利強調：台灣不能把美國的支持「解讀成一張與中國大陸政治互動與對話的『空白支票』」。他除了警告台北，在兩岸問題上要謹言慎行外，還明白表示，如果台北真的讓北京覺得台灣獨立是一個不可挽回的趨勢，北京一旦動武，「那我們阻遏中國的努力可能失敗。」

美國從小布希政府成立以來，在凱利的這份證詞中，首度承認有「九二共識」的存在。證詞中說：「1990 年代展開了兩岸漸進式建立共識的十年。雙方於 1992 年同意一個中國，但對一中的詮釋採各自表述。此種模糊及決定保留雙方歧見，順利促成了台灣海基會和中國海協會兩個民間組織領導人，1993 年於新加坡舉行第一次高層會談。」

❖「美國不支持台灣獨立」

　　凱利的這段證詞，對於執意否定「九二共識」的陳水扁政府，不啻是一記重擊。在凱利的講話之後，亞太副助卿戴利也在新加坡發出重話，再度警告台灣當局在兩岸政策上要極為謹言慎行。他明白表示，「美國唯一準備看到現狀的改變」，就是要看到「各方同意的和平的解決」。這個說法的一個前提，「美國不支持台灣獨立」。

　　記者問他：這是否代表美國的政策，戴利說，他「準備的講稿都是在華府經過國務院、甚至是上級單位協調，所以我說的話，不只列入紀錄，並且代表正式美國的政策」。他還語帶調侃地說，「如果我的記憶不錯的話，你們在一年前完全看不到這樣的表述」。

　　三年多前，布希政府剛上台時，對台北的支持，完全推翻了柯林頓政府的中國政策，讓台北的氣焰不可一世。曾幾何時，不僅小布希本人在公開場合中，對台北的領導人點名表示不屑；而連他政府中的助卿，都公開在國會中指明，要陳水扁更負責任些。

❖五一七聲明

　　在五二〇的前夕，中共國台辦以接受中共中央授權的方式，發表了一篇針對性極強的「五一七聲明」，其中清楚揭示了反對台獨的「五個決不」，以及推動兩岸互動的「七項主張」。

　　在兩岸關係方面，「五一七聲明」首度納入錢其琛提出的「中

國大陸和台灣同屬一個中國」，取代了「世界只有一個中國，台灣是中國不可分割一部分」。同時，也不再提過去中共官方聲明中常見的如「一國兩制」、「台灣自古即中國的一部分」、「不排除對台灣使用武力」等令台灣人反感的老套。

在「兩岸同屬一個中國」的前提下，中共推出的新對台政策，顯得比以往任何時代都要寬鬆和更富有彈性，具體內容包括：（1）恢復兩岸對話與談判，平等協商，正式結束敵對狀態，建立軍事互信機制，共同構造兩岸關係和平穩定發展的框架；（2）以適當方式保持兩岸密切聯繫，及時磋商解決兩岸關係中衍生的問題；（3）建立緊密的兩岸經濟合作安排，互利互惠。台灣農產品也可以在大陸獲得廣闊的銷售市場；（4）透過協商，妥善解決台灣地區在國際上與其身份相適應的活動空間問題，共享中華民族的尊嚴。

軟硬兼施

中共在釋盡善意之後，「五一七聲明」又用罕見的強烈措辭警告「兩岸關係形勢嚴峻」，中國人民「不怕鬼、不信邪」，如果出現台獨重大事變，將不惜代價，徹底粉碎台獨分裂圖謀，堅決制止旨在分裂中國的台灣獨立活動，「台灣當權者必須做出選擇，是懸崖勒馬還是一意孤行」。

依照「五一七聲明」，陳總統面前只有兩條路可以選擇，一條是「懸崖勒馬，停止台獨分裂活動」以「促進兩岸關係發展」；另一條是「一意孤行」，「最終玩火自焚」。「如果台灣當權者鋌

而走險」則「中國人民將不惜一切代價，堅決徹底地粉碎」！

　　研究中共政治文化的人，大多知道：在中共黨史裡，「不怕鬼、不信邪」並非普通口語，而有其特殊含義。在毛澤東、鄧小平軍事思想上，常以此形容中共在重大挑戰前決不低頭，譬如，六四事件後，鄧小平和李鵬、錢其琛談話，用「不怕鬼、不信邪」談中美軍事對抗及西方制裁。鄧小平表示，「不要說西方七國制裁，七十國也沒用」。中國人有中國人的氣概和志氣，解放後，我們同美國打一仗，那時中共處於絕對劣勢，制空權一點沒有，但沒有怕過，我們就是「不怕鬼、不信邪」。

　　中共戰爭史上使用「懸崖勒馬」，最著名一次是在韓戰時，警告揮軍北上的美軍不要逼人太甚，但美軍繼續前進，不到兩個月，數十萬解放軍便越過鴨綠江，和美軍正面交鋒。

❖五二〇就職演說

　　對於北京國台辦和中台辦「硬中帶軟」的「五一七聲明」，陳水扁在「五二〇」就職演說中，卻是以「軟中帶硬」的方式，作出太極式的回應。

　　美國人所盼他重申「四不一沒有」的政策，陳水扁很技巧的輕輕一語帶過，說：「公元 2000 年五二〇就職演說所揭諸的原則和承諾，過去四年沒有變，未來四年也不會變」。緊接著，他就提出要成立「兩岸和平發展委員會」，擬定「兩岸和平發展綱領」，不著痕跡的以「和平發展綱領」、「和平發展委員會」取代了「國統綱領」、「國統會」。至於「四不一沒有」中的「沒有

廢國統會與國統綱領問題」，「國統會與國統綱領」到底還「有沒有」，就「沒有」交代了。

由於面對中共與美國的強大壓力，陳水扁在就職演說中不敢公然主張「一邊一國」或「一中一台」，但卻將他的核心主張改頭換面，易裝出現。陳水扁說：「如果兩岸之間能夠本於善意，共同營造一個『和平發展、自由選擇』的環境，未來中華民國與中華人民共和國或者台灣與中國之間，將發展任何形式的關係，只要2300萬台灣人民同意，我們都不排除」。

更清楚地說，在陳水扁的心目中，現在兩岸間的關係，就是「中華民國與中華人民共和國」或者「台灣與中國」之間的關係；至於將來兩岸之間，要「發展任何形式的關係，只要2300萬台灣人民同意，我們都不排除。」「五一七聲明」建議「以適當方式保持兩岸密切聯繫」，將決定今後兩岸關係的責任推給陳水扁，而陳水扁則用四兩撥千斤的手法，將責任再推給「全體台灣人民」。

同樣的，對於各界所關切的「憲政改造工程」，陳水扁表示，將「邀請朝野政黨、法界、學界及各領域階層的代表」，共同籌組「憲政改造委員會」。

至於「涉及國家主權、領土及統獨的議題」，由於十分敏感，同時也是美國和大陸最為關切的議題，因此，陳水扁以「目前在台灣社會尚未形成絕大多數的共識」為由，「個人明確地建議這些議題不宜在此次憲改的範圍之內」，希望「在2008年阿扁卸任總統之前，能夠交給台灣人民及我們的國家一部合時、合

身、合用的新憲法」。至於什麼才是「合時、合身、合用的新憲法」？當然又要交由「全體台灣人民」來共同決定。

❖截然不同的反應

研究東、西文化差異的社會心理學者大多瞭解：西方人講究直接溝通，從對方的敘述的「字面意義」來推知對方的意圖。中國政治領域中的溝通則是講究「話中有話」，閱聽人必須仔細推敲說話者心中真正的意圖到底是什麼。因此，對於陳水扁的五二〇演說，美國與中共便有截然不同的反應。

陳水扁發表五二〇就職演說後，美國政務院發言人包潤石立刻在新聞發布會上祝賀陳水扁開始另一個四年的任期，並且對陳水扁就職演說所傳達的建設性訊息表示歡迎。他說：「陳水扁保證修憲不會觸及到主權、領土和國號問題，我們對此表示肯定。我們敦促台灣和中國共同利用這次機會重返對話，和平解決雙方的分歧。」

針對陳總統今年的演說，中共全國台灣研究會副會長許世銓接受媒體訪問時說，陳水扁不再講四年前的「四不一沒有」的具體內容，「不是不敢講，而是不願意打從內心講，因為四不一沒有早就不存在了」。

❖兩岸關係形勢嚴峻

有關陳總統提出未來修憲的範圍將不涉及國家主權、領土、統獨的議題，許世銓表示，這個部分基本上北京方面都不

會相信，因爲他「一面講不會涉及統獨議題，一面都是在做分裂的事情。」許世銓進一步指出，陳水扁就職演說的內容有硬也有軟，在硬的方面，主要還是堅持分裂的路線，至於屬於軟的方面，則是針對輿論，特別是「講給美國聽的」。

中共官方的回應也與美國截然不同。5月24日，中共國務院台灣事務辦公室主任助理兼新聞局長張銘清在記者會上表示，五二〇演說「充滿台灣是一個獨立國家的意涵」，陳水扁並未放棄台獨立場，也沒有表現出改善兩岸關係的善意與誠意。

張銘清重申了中台辦、國台辦授權發表的「五一七聲明」。他宣稱，當前兩岸關係形勢的嚴峻，主要是陳水扁「在台獨路上還未懸崖勒馬」，這是一條非常危險的道路，陳水扁已站在懸崖上，如不勒馬，「下面就是萬丈深淵」。

❖雙方歧見攤牌

七月初，美國國家安全顧問賴斯訪問北京，雙方的歧見終於攤牌。國家安全顧問是決定美國外交方向的重要人物，除非外交面臨重大局面，很少單獨出訪。賴斯帶來美國總統的信件，預示兩國關係可能發生重要變化。

在中共外交部精心安排下，賴斯與中共領導人會晤，除兩國關係和共同關心的國際問題外，重點都是兩岸問題。中共領導人集中談論美國對台軍售問題，態度相當強硬，大出賴斯的意外。

中共外長李肇星與賴斯會談時，強烈要求美方充分認識台

灣問題的敏感性和目前事態的嚴重性，認真對待「中」方的嚴
正立場。李肇星措辭直接，向賴斯提出三個「停止」，即：美方
停止售台先進武器和美台軍事聯繫，停止與台官方往來，停止
支持台灣參與只有主權國家才能參加的國際組織，維護「中」
美關係穩定發展和台海的和平與穩定。

　　賴斯的回應是：美國總統布希多次重申奉行一個中國政
策，堅持三個聯合公報，不支持「任何」走向台獨的活動；美
方不希望台海局勢發生動盪，也「不會容忍」台灣方面給「中」
美關係製造困難。

　　賴斯數度對中共領導人強調，美國「反對台灣獨立」，也已
經採取行動，緩和陳水扁的台獨論調。陳水扁總統在五二〇就
職演說中已有所節制，「這代表兩岸對話的一個機會」。中方領
導人承認陳水扁已調整他的用詞，但「他們確信陳水扁是在裝
模作樣，他們打從心裡不相信陳水扁」。

❖結論：美國天平翹向台灣

　　對於軍售台灣問題，賴斯向北京解釋，這是舊事重提。早
在三年前，美國就已經決定要向台灣出售武器，現在是在兌現
承諾，沒有給台灣新的武器。美國還表示，要完全兌現單子上
的東西，還需要十五年時間。中共認為，美國此種說法是在搪
塞，根本站不住腳。

　　中共軍委會主席江澤民對賴斯表示，美方經常發出一些自
相矛盾的信號，給台灣分裂勢力可乘之機。照此發展下去，不

排除陳水扁當局鋌而走險，製造台獨重大事變。「如果出現這種情況，中國政府將別無選擇，不惜任何代價，堅定維護國家政權和領土完整」。

北京權威人士認為，總的來看，美中台三邊關係的天平，美國已經翹向靠近台灣的一邊。對於美國的「鷹派」而言，要抑制或控制中共的崛起，台灣是一張最「好用」的籌碼。要讓台灣為美國的「全球戰略」效力，台灣必須對大陸保持敵對，大陸要對台灣保持武力威脅，而且台海要時常保持緊張。

為了要塑造出這樣的情境，台灣人民必須在心理上依賴美國，台灣的政客更必須對美國馬首是瞻。唯有如此，美國鷹派才能操控台灣的政情，讓台灣社會上下甘願做美國鷹派的馬前卒，成為軍備競賽的犧牲品，甚至成為美國代理戰爭的砲灰。自以為聰明絕頂的阿扁，在肆意操縱台灣民眾的同時，不知不覺地成為美國鷹派操控的對象，而將台灣帶向戰爭的邊緣。

第六章
從凱子軍購到軍備競賽

　　美國共和黨一向以政策保守著稱，小布希外交班子的領導人物大多是冷戰時期的政府官員，「冷戰思維」根深蒂固。他們認爲，俄羅斯國勢江河日下，只有綜合國力不斷提升的中國，才是美國獨霸全球的最大障礙。雷根時代用軍備競賽拖垮了前蘇聯，小布希政府中的鷹派人物也企圖重施故技，通過提高對台軍售，加速美台軍事一體化，增強台灣當局「以武求獨」的信心，使海峽兩岸「不統、不獨、不戰」的局面長期化，一方面牢牢地控制台灣，使台灣成爲美國對付中國的「馬前卒」，不敢不爲美國效命；一方面挑起兩岸軍備競賽，最後拖垮中國，確保美國唯一超強的世界霸權地位。

　　由於經濟不景氣，美國政府急於替軍火商找出路，他們看準了台灣當局「以武求獨」的心態，對美國不敢不百依百順，而拿台灣當「冤大頭」，猛賺一把。結果連續幾年下來，台灣都是世界上數一數二的軍火買主，更成爲美國軍火商的大主顧。

第一節　凱子軍購

　　2004 年 6 月 2 日上午，行政院通過「中央政府重大軍事採購特別預算」以及「重大軍事採購條例草案」。根據特別預算內容，國防部由陸軍編列 1449 億餘元，購買愛國者三型飛彈，海軍編列 4121 億元，購置柴電潛艦，和 530 億元買長程定翼反潛機。若包括土地處理作業費 7 億元，全案預算需求數爲 6108 億178 萬元。至於重大預算的收入來源，行政院發言人陳其邁表示，包括釋股收入 940 億元，出售國有土地 1000 億元，另外不

足額部分將由舉債支應 4200 億元。

❖「任人宰割」

此案通過後，舉國嘩然。軍方以特別預算採購武器，只有兩次，上一次，是花三千餘億，採購 F16 與幻象戰機。兩次都很「緊急」，所以才編特別預算，但兩次軍購案的背景卻大不相同。

上次戰機軍購案，是因為我空軍飛機老舊，而且經常摔，想買好飛機，美國硬是不賣，總共拒絕了十二次，最後我們只好自己做 IDF。當法國突然決定賣最好的幻象戰機給台灣，美國非常不高興，在老布希總統競選連任的前幾個月，也同意售我 F16。由於「機不可失」，加上當時政府財政寬裕，隨即編列三千餘億特別預算下單，不到二個月時間，便與美法簽約，公文走得超快，至於軍購案所需的一切手續，都是形式。

這次軍購案，嚴格說來，只有潛艦一項，是台灣真正想要的裝備。至於反潛機與愛國者飛彈，倒不成問題。反潛機是美方已列為「除役」的二手貨，可以說是「一要就有」，只是我方根本不想買。愛國者飛彈美方已經售我三個連的裝備，是以陸軍的軍事投資預算編列，並不是用特別預算買的。依照以往的軍售運作模式，現在要買的愛國者三型，只能算是「持續案」，並無任何「特別」可言。

美方是三年前同意軍售潛艦。按常理，軍方應以最快速度與美國簽約，以免時機「稍縱即逝」。問題是台灣沒錢，美國也

得找尋貨源，雙方始終談不攏。三年前美方同意售我潛艦後，曾有數次報價，軍方最早規畫的預算是 1500 億元，以後一再調高，去年的最新開價，約 110 億美元，如果讓中船參與建造，還要加兩成，總計超過 4000 億元新台幣，剛好是這次核定的預算價格，與最初報價相較，暴漲兩倍還多，國防部竟然點頭同意，頗有「任人宰割」的味道。

❖特別預算的惡例

特別預算是國家遇有特殊情況，按照特定條件而在年度總預算之外所編列的預算。我國預算法第八十三條明文規定：「有左列情事之一時，行政院得於年度總預算外，提出特別預算：一、國防緊急設施或戰爭。二、國家經濟重大變故。三、重大災變。四、不定期或數年一次之重大政事。」目前國家並未發生預算法第八十三條中所列之情況，爲什麼要編列特別預算買武器呢？

前國防部長湯曜明說過，如果國防預算每年可以給 3000 億元，連續給十年，潛艦等軍購案，就不必編特別預算。民進黨執政這四年，國防預算平均值每年約 2600 餘億元，等於每年得增加 400 億元，十年能多 4000 億元，才有辦法納入國防一般預算編列。既然預算的餅無法做大，人員維持費又不能降低，想買潛艦，除了編列特別預算，別無途徑可走。

軍購案以特別預算方式編列，不會佔用國防預算的軍事投資額度，軍方自然樂於支持。但是，軍方經常強調，建軍是長

期而且有規畫的，國軍的建軍工作，有所謂的軍事投資預算。以「特別預算建軍」，惡例一開，將來軍方一旦養成以「特別預算」購買武器的習慣，豈非後患無窮？

去年下半年，國防部官員初聞八艘潛艦價格 4000 多億，直呼太貴。政府希望國防部能於今年三月，完成三項軍購案的建案程序，但前國防部長湯曜明在立法院多次宣示，在總統大選前，三項軍購案「絕對不可能完成」建案程序，因為「時間上來不及」。直到五二〇離職前，湯曜明始終未在軍購案簽字。新任國防部長李傑在上班首日，5 月 21 日，即刻簽核，決定接受美方的「最高報價」，並送行政院。

❖ 當事人的算盤

李傑出身海軍潛部隊，潛艦與反潛機是海軍所要採購的裝備，也是李傑於海軍總司令、參謀總長任內主導的建軍案。潛艦等三項重大軍購案，不僅由李傑簽署完成所有建案程序，而且放話：軍購特別預算不通過，他就辭職！

去年下半年，陳水扁總統不顧一切，辦防禦性公投，並與總統大選一起投票，美國深表疑慮，連布希總統也說了重話，扁政府為尋求美國「諒解」，能用的主要籌碼，就是採購美國武器。之後，便不斷傳出：扁政府已向美方承諾，選前或連任後，將編列特別預算買武器。

今年元月 16 日，陳總統宣布公投題目，第一題便是「增置反飛彈戰力」，用意就是希望人民一起為他背書，讓美國人相

信，台灣一定會買武器。大選結果，陳總統連任，公投卻沒有超過半數。

　　軍購案送交立法院後，陳水扁總統隨即表示，希望朝野政黨支持軍購案，否則，一旦小布希總統不能連任，相關軍購案也恐怕生變。陳總統的「憂心」，反映政府編列這筆六千餘億的軍購「特別預算」，並不完全是出自軍事考量。

　　整體而言，行政院提出這筆軍購特別預算案，滿足了許多人的需求。陳總統當然是最大贏家，不僅連任，而且又能夠對美國人有所交待。軍方也沒吃虧，李傑一上任，立刻買了三項重要武器，其中二項大幅度擴充潛艦部隊的實力，「功在海軍」。美方更是大贏家，賣了許多即將淘汰的二手武器，潛艦還可以「賣在最高點」。唯一倒楣的就是台灣老百姓。

第二節　防守第一島鏈

　　台灣唯有和對岸維持一種和平穩定的關係，我們才能視自身的需要，建立自主的國防。如果台灣和大陸的關係長期處於緊張狀態，美國人看準台灣「以武求獨」的心態，就可以拿台灣當做是美國防衛體系的一環，把即將淘汰的武器賣給台灣，佈置美國的「亞太防線」。

❖長程預警雷達

　　在這三項軍購案之前，美國國防部已經宣佈，將提供預警偵測雷達給台灣，美國空軍這項總價高達 7 億 5200 萬美元（約

台幣 235 億元）的合約，已經由美國國防部工業承包商雷神公司取得，預計 2009 年九月前可交貨。

這種雷達是雷神公司根據老式的鋪爪（Pave Paws）雷達所發展出來的，美國現在已經不再製造。它是屬於超大型的相列雷達系統，主體建築高 32 公尺，約莫為十層樓高，最大偵測範圍 5500 公里，有效偵測範圍 3000 公里。依據彈道飛彈的射程，這兩種雷達系統可以提供台灣 4-7 分鐘的預警時間。

由於這套雷達系統體積十分龐大，目標過於明顯，加以其為固定式的設計，無法機動性隨時移動，因此有防護上的極大困難。軍方在內部討論時，曾有人戲稱，這套長程雷達系統很可能只有一次的使用率，因為一旦運作後，只要雷達位置被對岸所鎖定，極可能立即被摧毀，失去第二次再使用的機會。

長程預警雷達係屬於 TMD 飛彈防禦系統中之一環，在 TMD 計畫中，設置這種長程預警雷達的目的，是取代 DPS 預警衛星的功能，將發現的飛彈目標，交由愛國者飛彈系統進行攔截。但截至目前為止，我國尚未加入美國的 TMD 區域飛彈防禦系統。在一個攔截系統的主體系統尚未決定建案前，就先行購置配套性裝備，其目的不過提供目標情報與爭取 4-7 分鐘的預警時間。如果不能配合武器系統，到底能產生什麼效能呢？

依據國軍的建軍理念，購買武器裝備，必須根據其作戰需求及使用目的決定。可是，美國柯林頓政府同意售我長程預警雷達，完全是基於其國家利益考量。美國為了建立戰區飛彈防禦系統，必須在海外部署早期預警雷達，而台灣正是美國在亞

太地區最佳的布建地點，只要在台灣南北各部署一座，即可完全涵蓋中國大陸華中、華南，其縱深甚至可達新疆地區。平時可以完全掌控中共飛彈的測試活動，更重要的是，一旦戰事發生，可以為美國提供足夠的預警時間。

❖美國人的看門狗

同樣的，P-3C 反潛機是為太平洋與大西洋的洋面反潛而設計的。P-3C 反潛機必須依靠長跑道與固定基地的補給。機場通常距離海岸線甚遠，一般陸基短程飛彈很難接近。台灣海峽寬度不過百餘公里，海峽一旦開戰，各機場的跑道一定是遭受攻擊的重點，中共陸基長程防空飛彈可以輕而易舉地將 P-3C 反潛機擊落。這時候到底還有多少架反潛機可以發揮功能？

更清楚地說，美方要求台灣購買長程預警雷達，部署愛國者三型反飛彈系統，及包括購買因應大洋長程反潛作戰需要的P-3C 反潛機，並不是出自台灣的防衛需要，而是把台灣當做是美國亞太防線的一環。他們把台灣定位成亞太地區情報、資訊來源，拿台灣的錢，買美國的裝備，來替美國在西太平洋看守第一島鏈，出錢出力出基地，當美國人的「看門狗」。問題是，當美國人的看門狗，為什麼還要自己花錢買武器呢？

第三節 美國的壓力

台灣政客基於自身利益的考量，不惜違法編列天文數字的特別預算，向美國人購買一些即將淘汰的過時武器，幫助美國

人看守西太平洋的第一島鏈，對美國人來講，自然是求之不得的事。爲了要迫使台灣通過龐大的軍購預算，美國已經改變其作風，由過去僅與軍方打交道，轉變爲積極遊說我方國會議員。

❖ 向國會遊說

2003 年六月間，王金平院長曾首度獲邀，率團赴美訪問，由美國國防部及國務院官員接待。王金平回國後，出面與國親立委溝通，紀德艦預算解凍，長程預警雷達預算也順利通過。

2004 年 5 月 21 日，美國官方透過 AIT，以正式邀請函邀請立法院長王金平率領朝野立委到華府與夏威夷，進行「專業與私人性質的訪問」，參訪愛國者三型飛彈與 P-3C 潛機，並與美方高層官員進行溝通。

在華府時間 6 月 21 日下午，立委訪美團抵達美國華盛頓，到國防部聽取「中共軍力威脅報告」，並和國防部副部長伍夫維茲及副助理國務卿薛瑞福晤談，長達五十分鐘。

國務院官員一再表示，軍購的目的是維持兩岸和平，甚至是兩岸促談的有力籌碼。近年來，兩岸政治、經濟情勢跟過去已有不同。當初台灣擁有強大經濟實力，1992 年美國賣給台灣一百五十架 F16 戰機後，促成了辜汪會談。最近幾年，中國軍購預算持續增加，台灣國防支出卻沒有增加，對台灣相當不利，因此，他們「強烈」要求台灣儘速通過軍購預算。

❖實問虛答，語帶恫嚇

　　由於國人普遍認為六千多億的軍購預算是在向美國交「保護費」，當天上午與薛瑞福面談時，立委詢問美國是否願意協防台灣，薛瑞福表示，台灣應建立自信心，美國不會捲入兩岸戰爭。他強調，就算美國要幫忙，兩岸也得先有非常明確的議題與方向。薛瑞福甚至反問立委：「如果美國答應，你們相信嗎？」

　　立法院軍購考察團到處問「潛艦為什麼這麼貴？愛國者三型飛彈賣給台灣的價錢為何是南韓的兩倍？」但就是得不到答案。21 日上午國民黨立委盧秀燕向美方開砲，她告訴薛瑞福：「我們大老遠從台灣來，美軍太平洋司令部副司令要我們到華府找答案。結果我們到華府，你們還是實問虛答，要我們通過這筆預算很困難。」薛瑞福的回答是：「你們是人民選出來的，必須對選民負責，」他很同情立委受到的選民壓力，「但預算過不過，不是美國應負擔的責任」。

　　伍夫維茲下午與立委會面時表示，美國對維護國家安全非常重視，本身有強大軍事預算支持。基於台海區域安全，「台灣也應有此遠見」。對台灣而言，通過軍購特別預算非常重要。台灣的立法院、軍方以及行政當局對台灣的安全防禦都有責任。伍夫維茲說，台灣最需要的是防衛自己決心，嚴肅看待軍事特別預算，對自身防禦展現認真態度。「若台灣人民不嚴肅看待自己的安全，美國人民當然也不會嚴肅對待」。

❖沒有義務替台灣殺價

伍夫維茲反對台灣潛艦國造計畫，他很清楚地表示，「柴電潛艦自製是浪費的，因為自製的造價可能更高！」他強調，目前潛艦採購預算在四千多億，如果台灣放棄國造，可省下約七、八百億台幣，台灣應將自製省下的經費預算用在其他事情上。

但親民黨立委林郁方則不認同伍夫維茲的看法。林郁方說，潛艦國造是世界主流，無論是德法荷西各國，甚至巴基斯坦都是國造，台灣國造只要技術移轉，應當是有能力的。

問到潛艦國造的問題時，美方刻意避重就輕，卻撂下了狠話：美國無意協助台灣成為潛艦製造中心，包括設計圖到技術都不可能轉移給台灣。「美國的政策是替台灣買潛艦，不是製造潛艦」。

立委輪番質問有關問題後，美方在答覆立委時表示，美國五十年來都在製造核子動力潛艦，不再生產柴電動力潛艦，這方面的技術人才也凋零。他們替台灣在現貨市場訪價，製造廠商報價多少他們就報多少。儘管美國表示，未來開標後的價格應會比報價低，他們卻也強調：「沒有義務替台灣殺價」。

❖「能買就趕快買」

美方向王院長和立委訪問團一再保證，「軍售案」由美國軍方辦理，不會從中賺取利益。這種說法很明顯的是「此地無銀三百兩」，企圖唬弄見多識廣的王院長和立委。

美方在潛艦軍購案中灌水，這並不是第一次。自從布希總

統 2001 年同意出售八艘潛艦以來，美國海軍每年要求我軍方付「作業費」，其數字之高，已經令我軍方瞠目咋舌，「影子都還沒見到，辦公費已可以造一條潛艦」。雙方為此爭議了兩三年，討價還價許久，我方還是不得不付錢。連扁政府的國安高層都忍不住罵：華盛頓郊區 Belt Way 一帶，有多少家顧問諮詢公司，是在靠美國海軍「委託」軍售的商機賺錢？

美國「軍工複合體」大名鼎鼎，「軍售案」的報價數字來自廠商和顧問公司，其作業有多少公正性，有誰能過問？美國軍方官員退伍後轉職到軍火集團，我們能追查嗎？美國政府不賺錢，若是說軍火集團和軍火掮客也不賺錢，有誰會相信？

美東時間 6 月 22 日，台灣軍購考察團與「台灣連線」的成員美國國會議員羅拉巴赫等三人會面。「台灣連線」是眾議員發起的友我團體，立委與該團體的羅拉巴赫等三位眾議院晤面時，收到他們提供的一份對台軍售研究報告，報告中除詳列自 1990 年以來對台軍售清單外，也列出台灣曾表達興趣，且未來有可能售台的五項武器清單。

羅拉巴赫等人向立委強力推銷聯合打擊戰機、信號情報偵察機、F16 戰機引擎性能提升計畫、輪型裝甲車與中型運輸機等五項軍事裝備。他們轉達布希總統的口訊：「現在是台灣購買軍備的最佳時機，能買就趕快買」。立法院長王金平強烈要求考察團成員，不要對外透露美國會議員轉達布希總統的資訊。

❖公開、嚴正的聲明

6 月 28 日，陳水扁總統接見美國聯邦眾議員麥金尼斯時主動表示，他非常感謝布希政府批准同意軍購案，軍購案並「不是美國政府所施壓的結果，這是台灣政府強力的要求」。

陳總統進一步指出，2001 年四月當布希總統決定批准對台軍售案時，曾要求我方提出需求及優先順序，我國國防部經評估後所提出優先需求中的第一項即是柴電潛艦。購買柴電潛艦、愛國者三型飛彈及定翼反潛機等，都是為了強化台灣自我防衛能力。

陳總統強調，軍購案是美方應我國政府強力的要求，而非美國政府施壓的結果，「我必須做公開、嚴正的聲明。」

這是短短一個月之內，陳水扁作類似聲明的第二次。端午節前 AIT 理事主席夏馨訪台，6 月 20 日，阿扁特地在贈勳給夏馨前一天，特地提前請 AIT 台北辦事處長包道格吃粽子，席間在談到軍購案時，包道格特別感謝陳總統日前宴請立委時，向立委說明軍購案是「台灣爭取，美方同意出售，並非美方施壓」。

以包道格身份，刻意講這番話，其實也是在突顯，美國不想讓外界認為他們在強迫台灣買武器。美國在軍售過程中，要台灣「給裡子，又要給面子」的強勢風格，可見一斑。

第四節　潛艦報價與潛艦國造

立法院訪美團返國後，在記者會上，王金平表示，經徵詢委員意見，達成兩項共識，一、力促國防部要求美方對八艘柴

電潛艦重新報價。報價內容應包括兩部分：一是部分美方廠商
建造，部分潛艦國造的報價，另一部分是完全由美方出售我潛
艦，但包括中船維修的報價。二、縮短交艦期程，由十五年減
至十年。

在6108億元特別預算中，八艘柴電潛艇佔百分之六十八，
總金額4121億元；十二架P-3C定翼反潛機及愛國者三型導彈
佔百分之三十二，共1988億元。潛艦因為價格超高、交貨期長
及貨源未定等問題備受質疑，將來立法院審查預算時，如果這
些細目與報告還未送來，立院可望將軍購特別預算採切割處
理，先行通過較無爭議的反潛機和愛國者導彈的預算，潛艇預
算則等到第二階段再做處理。

❖ 沒錢免談

針對立法院長王金平的要求，國防部立即發佈新聞稿表
示，國防部將全力積極研處立法院的要求。目前已去電美方要
求提供最新報價，並在兼顧國防安全與達成戰備需求的考量
下，全力爭取降價空間。但是，國防部表示，「考量美方相關法
律的規範，依照程序必須由我方先行匡列預算數額，以便進行
進一步的軍購談判」，使目前的軍購作業能依期程進行，不致中
斷。

其實最後這段話才是爭取降價最困難的關鍵。美軍在採購
新研發的武器時，都是採用「獨立價格估算書」（ICE）的估價
方式。因為根據美國聯邦法相關規定，採購這種「還不存在」

的武器，就連美軍都一樣，必須先獲得預算保證，才能選商、
發價，屆時才能談判殺價。

由於美國海軍有顧慮，台灣進行採購若無預算支應，須由
美國海軍負擔風險，甚至得負起違約等責任。所以，美國軍方
送到國會的「最終意向書」中，才會明確要求台灣須先編列並
通過預算，美國海軍才願意進行採購的程序。

現在王金平說美方何時報價，立法院就何時審特別預算。
但根據美國法律，沒有預算保證，國防部根本沒有立場可以爭
取具體的降價空間。由於立委的要求符合國家利益和民意，國
防部又怕得罪立委，負責軍購談判的人明明知成功機會很小，
最後也只得硬著頭皮幹。

❖ 潛艦國造的困難

美國國防部副部長伍夫維茲向訪美立委表示，台灣要潛艦
國造是「錯誤的事」，其實，軍方早就在期盼老美向立委講這句
話了。

國防部長李傑已經暗示過許多次，「國軍買潛艦不是要搞研
發」、「關鍵技術不給，後面還是造不出來」。可是，因為潛艦國
造是立法院通過的決議，也是行政院通過的政策，對於既定政
策，國防部「不能也不敢」再說些什麼。

但如果要軍方講真心話，潛艦要國造還是美造？海軍要的
潛艦，當然是美國造的。因為軍方對潛艦國造實在是「信心不
足」。潛艦國造的政策通過之後，政府原本一副贊成模樣，依立

法院決議成立跨部會小組，開過了幾次會，但卻毫無實質進展，用意明顯是敷衍交代。

「潛艦國造」不是天天唸就能實現。許多技術需要原廠移轉、設計圖要花錢買權利、機具要投資購置，某些俗稱「紅色項目」的次系統還是輸出管制品，如魚雷發射管、潛望鏡、鉛酸電池，或甚至艦內廚餘、人員排泄等廢棄物的壓縮處理和排出裝置，都把持在少數歐美國家手裡。關鍵技術不賣給你，要如何潛艦國造？

造艦技術的成熟，代表的是使用者的安全。高層官員挑明說，潛艦國造理論很好，「但是行不通」。一般的水面艦，出點問題還有得救，潛艦只要發生一點小麻煩，都可能變成「鐵棺材」，前國防部長湯曜明曾公開說「下的去，擔心上不來。」而且，並不是任何水域都可以測試潛艦，以美國為例，全美也只有兩處海域可以測試潛艦，一在佛羅里達，另一處在聖地牙哥附近。台灣根本沒有水域可以試潛艦，怎麼造艦？

❖ 嚇退潛艦國造的主意

國防部的潛艦購案報價指出，完全美造是三千九百多億台幣，國造則是四千七百多億台幣，兩者相差八百億。當初國防部懾於國會壓力，不得不提出國造成本計算。不過，軍方提出的這八百億外加預算，計算基礎何在，一直交代不清。其中的詭詐在於海軍當初請美方報價，美國人不願台灣自造潛艦，浮報一個天文數字，目的是要嚇退「潛艦國造」的主意。國防部

心中暗喜，就利用它來塞住主張「國造」的悠悠之口。

如果朝野立委還有人堅持潛艦國造，最後一定是選擇「美建台組」的合造方案，也就是如同把美國做好的潛艦零件拿到台灣組裝，留個「國造」的形式，雖沒有「原裝」的好，最後還是可以省下五百多億預算。

在美國國防部副部長伍夫維茲嗆聲「潛艦國造是錯誤政策」後，原本支持的民進黨國防立委立刻跳出來反對，說潛艦國造「不切實際，缺乏效益」，美國的關鍵技術專利不會給台灣。未來二、三十年內國內外沒有市場，也不可能創造工作機會和商業利益；連代表立法院一百三十餘位委員連署「潛艦國造」決議的院長王金平都講「潛艦國造不能昧於現實」。

立委訪問團回國後，民進黨立委估計，未來整個軍購預算至少可以刪減一千億元以上。其實國防部將「潛艦國造」的數字虛灌在可刪預算中，刪等於沒刪。正確的預算數應該先刪除虛灌在「潛艦國造」的八百億，再參考國際市場行情後，最少要砍二千億以上，才能告慰國人。

第五節　民粹式軍購

為了抗拒美國人的壓力，民主行動聯盟和許多社運團體聯合組成「反 6108 億軍購大聯盟」，發表萬言書，並在 2004 年 9 月 25 日在台北發起「反軍購，愛台灣」大遊行，號召數萬人上街頭。在遊行前後，針對「反軍購聯盟」的主張，扁政府高層發表了許多「奇談怪論」，從這些民粹式的「奇談怪論」中，我

們可以看出扁政府如何挖空心思，千方百計的要讓這筆軍購預算過關。

❖兩岸和平 VS.軍備競賽

6108 億軍購和台灣的未來有密切的關聯。未來台灣的唯一出路，就是吸收歐洲人締造歐盟的歷史經驗，和對岸進行溝通，找出兩岸都能接受的和平共處之道。而不是以遊走於「台獨邊緣」的政策，和對岸進行軍備競賽。

台灣是根本沒有能力和大陸進行軍備競賽的。中共以十三億人口，在每年百分之九的經濟成長規模下，其國防預算每年以兩位數字成長；其隱藏性預算更難以估計。依照美國官方的估計，那是中共公布預算的二至三倍；國際間各種不同評估的平均，則是中共公布數據的六倍。中共 2003 年公布的國防預算是人民幣 1853 億，若是乘以三倍，其實際數額約爲我國同年國防預算的八倍（見圖 2）。台灣的經濟實力如何能跟大陸進行這樣的軍備競賽？

在「反 6108 億軍購大遊行」之後，9 月 26 日，陳水扁在板橋市民進黨的立委提名人造勢晚會上，強力替軍購案辯護。他說，要避戰就要「以戰止戰」，軍購案是爲了「顧台灣，拼中國，讓大家晚上好睡覺」。有人說打不贏，何必買武器？這是「投降主義」、「失敗主義」，就像參加奧運，不見得能拿金牌，但也要參加比賽。

這是最可怕的「軍備競賽」思想。買武器怎麼可以拿來跟

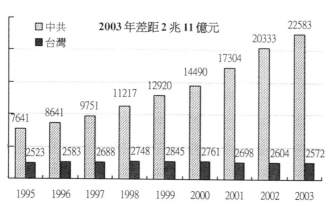

圖2 中共與台灣軍事預算比較圖

「參加奧運」比？兩岸和平必須靠政府領導人的政略和智慧，政府領導人沒有維護和平的智慧，硬要和對岸搞軍備競賽，台灣到底有幾分勝算？

　　就以單項武器來看，中共目前在對岸佈置有超過五百枚以上的 M 族彈導飛彈。根據美軍在伊拉克戰爭的經驗，至少需要發射三枚愛國者三型飛彈，才能攔截住一枚來襲飛彈。根據國防部的估計，目前我們準備購買的 384 枚愛國者三型飛彈，只夠抵擋共軍導彈對台首波飽和攻擊，接下來就無計可施！換言之，兩岸間絕不可以發生戰爭，一旦發生戰爭，後果不問可知。

　　從攻擊與防禦的成本來看，384 枚愛國者三型飛彈，需 1449 億 2 千萬元，平均一枚約 3 億 7 千萬新台幣，中共 M 族飛彈平

均一枚約 50 萬美元。攻擊與防守成本的比率為 1 比 24。這種懸殊的金額落差，台灣的財力根本怎麼可能跟大陸進行軍備競賽？

9 月 25 日游錫堃在國家發展研究班與女性領導研究班的結業典禮致詞時，為 6108 億元的軍購特別預算案辯護。他說，以色列就是因為有發展武力，因此現在反而是軍事輸出的國家，以色列現在軍事支出占 GDP（國內生產毛額）的 8.7%，美國也占了 3.6%，而台灣，就算加上這次特別預算，每年增加四百億元，也只占 GDP 的 2.8%，還不到以色列的一半。

這完全是「取樣偏頗」的不通之論。美國國富兵強，以「世界警察」自居，以色列則是處在阿拉伯國家的環伺之下，國家生存遭到極大的威脅，所以其軍事支出佔國家生產毛額的比例也特別高。游院長為什麼不拿台灣和鄰近的亞洲國家互相比較呢？這項數字在韓國是 2.01%，日本是 1.21%，而中共更只有 0.43%！游院長是希望台灣有能力像美國那樣，扮演「世界警察」的角色嗎？還是希望台灣像以色列一樣，人民長年生活在戰爭恐怖的威脅之中？

二次大戰後，有兩個國家因為不自量力，和對手進行軍備競賽而導致亡國。在東西對峙的冷戰時期，美國發展「星戰計劃」，前蘇聯在不顧自身財務狀況之下，和美國展開軍備競賽，最後軍事支出造成的財政危機，導致經濟瓦解，整個國家也隨著四分五裂。1990 年代的東德，擁有東歐最佳的軍備，又有華沙公約的支持，但是，在經濟發展比不過西德的情況下，最後

仍然是被西德「統一」掉。我們敢於斷言：如果台灣不能持續
地發展經濟，反倒不顧一切和對岸進行軍備競賽，即使不亡於
兩岸戰爭，也可能亡於經濟崩潰！

❖適用武器 VS.軍備古董

　　我們說過，此次軍購項目並不是台灣所需要的適用武器，
而是美國把他們許多即將淘汰的軍備「佈置」在台灣。目前國
防部準備購買的八艘潛艦，是美國在 1950 年設計的「青花魚級」
潛艦。現在已經沒有人在製造這種「古典級」的潛艦，為了重
開生產線，所有設廠、籌購機具等所需費用都必須由台灣負擔。
更誇張的是，這八艘柴油潛艦從設廠生產到真正可以服役，需
要十五年的時間，八艘潛艦做完後，即關閉工廠，不再生產此
種類型的潛艦。

　　美國準備賣給台灣的 P-3C 長程反潛機，目前也不再生產。
美國現役的 P-3C 反潛機計有二百架，已規劃陸續除役五十架。
目前美國批准售台的 P-3C 反潛機，屬於陸續除役中的十二架。
P-3C 反潛機須要那些配套裝備？機齡已逾十五年的反潛機翻
修後可再使用幾年？這種「古董級」的軍備要如何維修？需要
多少後續維修成本？

　　9 月 22 日，國防部長李傑在立法院宣稱：如果通過這筆軍
購預算，可使兩岸的軍力平衡三十年。如果不買這些重大軍購，
中國大陸兩、三年內，就有能力攻打台灣。這種說法，根本是
胡扯。中共會不會攻打台灣，跟政府要不要踐行「台獨」政策

有關，跟我們買多少武器有什麼關聯？試問：即將除役的十二架反潛機，第一批七架要 2009 年後才開始交貨，第二批五架要2011 年才交貨；八艘艦艇也要十五年之後才能交貨，即使這些武器真的有非常神奇的威力，在交貨之前的這段空窗期，如何保障「三十年的軍事平衡」？

9 月 25 日上午，行政院長游錫堃高分貝向反軍購人士喊話，要維持台灣安全，就要像過去冷戰時期的恐怖平衡一樣，「你有能力毀滅我，台灣也有能力毀滅你，這樣就不會打仗；你打我一百顆飛彈，我至少也要打你五十顆反擊，你打我台北和高雄，我打你上海，只要有反制能力，台灣就安全了。」

這種論調會不會讓扁政府被人冠上「台獨恐怖主義」的帽子，而列入「全球反恐」的對象，已經值得深思。撇開其政治意涵不談，光從軍事的角度來看，這次我們所要購買的愛國者三型飛彈，是一種防禦型飛彈，根本打不到上海。游院長為了遂行其「恐怖平衡」的主張，是不是要編更多的預算，買攻擊型的飛彈，保障台灣的安全？在目前的國際情勢下，又有誰肯賣這樣的武器給台灣？

❖ 合理價格 VS.軍火凱子

由於美國看準了台灣的「罩門」，賣給台灣的武器特別貴，而且毫無商量的餘地。譬如：在國際軍火市場上，和美國準備賣給台灣的同級潛艦，每艘價格三億到四億美元。而美國賣給台灣的價格是每艘十五億美元！這樣的價錢，已經可以買到俄

亥俄級核能動力潛艦！美國因為不敢得罪中共，有攻擊力的核子動力潛艦不願賣給台灣，卻要台灣付核能潛艦的價格去購買已經停止生產的柴油潛艦！

2002 年八月，行政院長游錫堃訪問巴拿馬期間曾指出：未來十年，國軍將花 7000 億台幣採購十項武器。當年五月國防部向立法院國防委員會提報的「十年兵力整建計劃」，其中明載潛艦預算是 1500 百億元，反潛機 400 億元，愛國者飛彈部份約900 億元。兩年之後，美扁關係經過台灣總統大選的波折，美方針對這三項武器報價已分別暴增為 4100 億、530 億、1500 億。

面對美國這種形同勒索的做法，扁政府不僅不敢表達絲毫不滿，反倒一再強調：「我們沒有什麼討價還價的空間」，是「我們對不起美國」，這不是很奇怪的事嗎？難怪有人說：這軍購預算不是台灣付給美國的「保護費」，而是「遮羞費」！

❖常態預算 VS.特別預算

正因為美國把拿台灣做可以「予取予求」的「待宰肥羊」，政府也不敢不編「特別預算」來購買武器。1993 年，我國向美國採購 F16 戰機，當時包括現任總統陳水扁在內的許多位民進黨立委都曾經提案反對政府編列「特別預算」採購高性能戰機，認為這種作法「不符預算體制」，「將引發財政危機，導致政府破產」，並聲請大法官釋憲。如今陳水扁居然「換了屁股就換了腦袋」，出爾反爾，口口聲聲說「為了國防安全」，「特別預算不會排擠其他預算」！

目前，中央政府未償債務餘額已逼近 3.9 兆元，加上地方
債務及隱藏性債務，包括向金融機構的借款，政府債務總額已
超過 12 兆元。台灣人民包括新生嬰兒在內，平均每個人要負擔
52 萬的債務。這筆非法的「軍購特別預算」如果通過，平均每
個人要增加將近兩萬元的債務！

9 月 25 日，行政院長游錫堃說，這次軍購案是 1995 年連
戰當行政院長時所決定，現在連戰只因為總統落選，就主張不
要軍購。真的是「屁股決定腦袋」，換了位置就改變想法。

這種說法有沒有道理呢？在 1991 年度至 1999 年度間，我
國中央政府債務餘額由 2169 億元增至 1 兆 2149 億元，平均每
年債務餘額增加 1248 億元。截至 2004 年度為止，中央政府債
務餘額將達 3 兆 4290 億元，較 2000 年度擴增 1 兆 715 億元，
民進黨執政四年來，平均每年增加 2678 億元。2004 年八月，
財政部長林全指出，今年各級政府未償餘額逼近 3.9 兆元，比
去年增加 3000 億元，更較四年前增加近 1.2 兆。林全表示，早
期還可以賣地、賣股票，近期則因發行公債，「債上加債」使得
累積債務快速增加。過去四年的政府整體負債增加 1.2 兆元，
其中，光是利息部分，就支出高達 6000 億元。

在我看來，政府領導人本來就應當正視國內外客觀環境，
審時度勢，作出最理性的決策。在 1995 年，政府債務餘額是
9709 億元，不如今日之嚴重，當時的行政院長決定軍購，或許
有其道理。在政府財政急速惡化的今日，當然要改變想法，更
換「位置」，就要更換「腦袋」。如果行政院長還是不顧一切，

堅持軍購，那他豈不是「只有屁股，沒有腦袋」，只管自己的權位，不作理性的思考？

第六節　走向軍備競賽

在「反 6108 億軍購聯盟」的嚴厲批評之下，在 2004 年底的立委選舉中，藍軍以 114 對 101 的多數勝過綠軍，在立法院掌控多數。軍購案遲遲無法過關，美國布希政府眼見煮熟的鴨子不知何時可以上桌，因此頻頻向扁政府施壓。

馬英九當選中國國民黨主席之後，2005 年 8 月 1 日，美國眾議院三位「台灣連線」聯合主席立刻共同署名，致函給他，促請他協助台灣軍購預算案在立法院儘快通過。「台灣連線」是台灣長久以來的支持者，他們希望馬英九能夠在台北領銜，確保立法院快速通過特別軍售案，或是增加年度國防預算。他們並邀請馬英九在九月訪問華府，增進雙方溝通，希望瞭解台灣在野黨反對台灣軍購預算的理由。

這是「台灣連線」議員第二度寫信給國民黨主席。2005 年 5 月，三十三位眾議員聯名也曾經致函國民黨主席連戰，促請在野黨儘快結束對台灣軍購案的杯葛。

2005 年 8 月 29 日，國防部長李傑拜會親民黨團時指出，軍事採購特別預算未過，讓國防部承受美方許多壓力，美方日前甚至傳真到國防部，關切軍購案進度，希望在野黨支持軍購案。

❖提高國防預算規模

當初在野黨杯葛潛艦、反潛機和愛國者飛彈三大軍購特別預算，主要反對意見之一，是要求國防部全數改列年度國防預算。軍方的回應是，以目前國防預算占 GDP 比例低於 3%，無法容納；如果能調高到 3%以上，就可以將特別預算消化到年度預算裡。

在今年 5 月及 7 月，參謀總長李天羽兩次訪問美國時，美方即強烈提出建議，要求台灣提高國防預算到 GDP3%規模，以年度預算逐年分項購買潛艦、P-3C 反潛機及愛國者三型飛彈。

2005 年 8 月 4 日，行政院長謝長廷就任後，首度向總統提出新年度的中央政府總預算時，陳總統裁示：「為強化國防提升自我防衛能力，國防預算應逐年增加，並儘可能在 3 年內達到 GDP 的 3%」。

消息傳出後，軍方高層指出，目前國防預算佔 GDP 的 2.4%，如果提高到 3%，國防預算每年約增加 700 億元，若依建軍五年計劃編列採購重大武器案的時程，三項軍購案中的愛國者飛彈和反潛機應可以順利用正常預算編列，這也符合在野黨的要求，可是 8 艘潛艦購案，金額高達 2800 億元，還是需要以特別預算採購。

國防部表示，由於行政院核定國防預算有限，未來 5 年，募兵要增加支出，日常維持費用保守估計短缺近 300 億元，採購的軍事投資更不足 2774 億元，兩項合計 3000 多億，希望國防預算能夠提升到國內生產毛額 3%至 3.5%。

　　軍方這種說法，可以說是標準的「得寸進尺」。康德說過，當一個國家以舉債方式購買武器時，它已經走上了軍備競賽的道路。當我們不想以「特別預算」的舉債方式購買武器時，扁政府就想一步提高國防預算佔國內生產毛額的百分比。這樣做難到不會排擠其他的政府預算嗎？民進黨政府如此的窮兵黷武，到底是所為何來？

❖ 走向軍備競賽

　　扁政府一面以政治傾獨，一面以軍購自保的政策走向，已經使兩岸走上軍備競賽之路。這次三項裝備的 6108 億軍購預算只是另一波軍購的開端。依照國防部的規畫，未來十年的軍購項目分成四類十項，包括「資電先導、制空、制海、地面防衛」四類，十項分別為已經編列預算的博勝案、長程預警雷達、紀德艦、兩棲登陸車和掃雷直升機五項，以及還未通過預算的潛艦、定翼反潛機、愛國者三型飛彈、阿帕契攻擊直升機和 M109A6 自走砲五項。

　　這十項軍購中，潛艦、定翼反潛機、愛國者三型飛彈軍方列為優先採購項目，阿帕契攻擊直升機和自走砲則列為待執行優先項目，要採購攻擊直升機還需 900 億台幣，一百三十輛 M109A6 自走砲則需 280 億台幣。這還不包括美國已同意出售的掃雷運兵直升機 220 億；除了購買武器，一般維修補給、彈藥零件通常是採購價格的二至三倍。最保守估計，未來五年之間，我們還要增加逾 2000 億的軍購預算。

本來是 7000 億買十項武器，現在 6108 億特別預算只能買
三項武器。如果依照十年建軍計畫，採購十項重要武器，未來
十年的軍購投資，將從原本的 7000 億增加到 1 兆 3000 億，這
還不包括後續美方可能售給台灣四艘神盾艦的 1200 億。換句話
說，在台灣「以武求獨」的政策下，美國已經把台灣當做是美
國軍火商的「凱子」。

❖結論：軍備競賽的下場

台灣並不像一些先進國家，可以依靠生產武器賺取外匯，
也不像以色列等國，可以透過購得武器的研發，再轉賣到國際
軍火市場。我們購得的高科技武器，純粹是一種消耗品，無法
發揮再生財的功能。如果台灣不顧自己的客觀條件，貿然走上
軍備競賽的道路，長期而言，台灣只有兩種可能的發展：

第一，是在軍事能力達到某一種程度後，藉由新的政治立
場宣布而引發兩岸間的戰爭，在這種狀況下，不論我們擁有多
少武器，這些武器均不足以保障台灣的安全。

第二，是兩岸僵局持久不下，我們的軍購費用愈來愈高，
當武器的時效過去，或者中共研發出更高級科技的產品，我們
所擁有的武器如果不報廢，恐怕也要成為博物館中的展示品。
最後，我們的國家財政必然被昂貴的軍事費用拖垮。更清楚地
說，如果台灣不能持續地發展經濟，而和對岸搞軍備競賽，結
果不亡於兩岸戰爭，也可能亡於經濟崩潰！

第七章
台灣的經貿鎖國

2005 年 3 月 14 日，中共全國人民代表大會通過《反國家分裂法》，其中第八條明言：不放棄以武力對付台獨，「『台獨』分裂勢力以任何名義、任何方式造成台灣從中國分裂出去的事實，或者發生將會導致台灣從中國分裂出去的重大事變，或者和平統一的可能性完全喪失，國家得採取非和平方式及其他必要措施，捍衛國家主權和領土完整」。

第一節 「退休感言」

《反國家分裂法》公佈之後，引起了台灣地區民眾的強烈反彈。3 月 26 日，民進黨政府和台聯黨發動群眾上街遊行，以實際行動對中國「嗆聲」，大聲反對《反國家分裂法》。當天，奇美企業前董事長許文龍適時接受《聯合報》專訪，發表「退休感言」，並鄭重其事地親筆簽名，公開表達不搞「台獨」。這篇文章開宗明義地贊成「三通」，認為台灣大陸同屬一個中國，以及肯定《反國家分裂法》。

❖許文龍的轉向

許文龍說：「我是一個生意人，出生在台灣，祖籍在福建海澄。1991 年我到大陸福建尋根，我認為台灣、大陸同屬一個中國，兩岸人民都是同胞姐妹。」

「2000 年台灣大選，我支持民進黨支持陳水扁，緣於我對國民黨黑金政治的不滿。但我支持陳水扁，並不是支持台獨。我認為台灣的經濟發展離不開大陸，搞台獨只會把台灣引向戰

爭，把人民拖向災難。我不希望兩岸人民再受到戰爭的創傷，也不希望奇美同仁因此而流離失所。」

「最近胡錦濤主席的講話和《反國家分裂法》的出台，我們都很關注。我覺得有了這個講話和法律，我們心裡踏實了許多，因爲敢到大陸投資，就是我們不搞『台獨』，因爲不搞『台獨』，所以奇美在大陸的發展就一定會更加興旺。」

許文龍過去在台灣最出名形象就是「親日企業家」和「台獨支持者」。他愛用日語，妻女常住日本。他肯定日本對台灣的殖民統治，小林善紀的漫畫《台灣論》出版後，許文龍替他辯護，說台灣從軍慰安婦並不是出於強迫，而是爲了「出人頭地」。他是台灣許多獨派民意代表幕後的大金主；2000 年三月總統大選前夕，許文龍跟許多社會名流出面組織「國政顧問團」，挺身支持陳水扁，並以日文寫了一封長信，問李登輝：「何時要把中華民國變成台灣共和國」？

長期以來，許文龍支持台獨政治理念，堪稱本土企業表率。如今許氏一反常態，表態支持《反國家分裂法》，對台灣政壇，無疑投下一顆超級震撼彈，讓獨派政治陣營大爲震驚。對於這件事，李登輝說，他同情許文龍的立場，認爲許是爲了「奇美在中國幾十萬員工的生計」，才會說出這樣的話。呂副總統認爲，許文龍的「退休感言」是「他白書」，不是「自白書」。台獨大老辜寬敏表示失望。民進黨台南縣立委李俊毅罵他，爲了企業成長，「短視近利」。

❖「生存下去最要緊」

　　5 月 9 日，陳水扁在接受電視專訪時表示，許文龍在發表
「一個中國」的退休聲明後，曾私下像他當面解釋，表示很後
悔，一再地說「非常對不起政府、對不起阿扁」，也說會繼續投
資台灣。

　　半年後，8 月 3 日出版的商業週刊，刊登出他接受專訪的
紀錄。記者問他：現在奇美要去寧波設廠，有人罵你；今年初
您發表「退休感言」，也有很多人在罵您，說您是叛徒，是去對
岸輸誠，說您在台灣很有錢，如果真愛台灣，為何要去賺那個
錢？你如何看待這些評論？

　　許文龍說：「這些人說的都沒錯」。不過要了解，我們內部
有兩萬人，後面有十萬個家庭，有幾十萬人靠我們吃飯，對他
們最好的方法和事情，我就要做，不是我個人的問題。」

　　他坦承，為了決定去不去大陸設廠，想了很久，很痛苦。「不
過不出去的結果就是，我賠錢別人賺錢啊。所以變成我要跟公
司的人道歉，」「其他人是不管政治立場是怎樣，生存下去最要
緊，對不對？買我的股票的人，不會管我是統的還是獨的」。「政
治立場是我私人的事。不能因為我私人的感情來影響公司。」

第二節　台灣外貿對大陸依賴

　　許文龍的論點反映出台灣經濟發展的困境。自從 2000 年民
進黨執政以來，陳水扁沿用李登輝時代的「戒急用忍」政策，
用政治手段干預兩岸間的經貿活動，一方面限制台商到大陸投

資，一方面又限制大陸產品進口；拿台商企盼的「三通」作爲他競選擺弄的籌碼，又對陸資來台設下層層關卡；久而久之，不僅台商被「整」得苦不堪言，甚至連兩岸間的經貿往來，都產生了結構性的扭曲，台灣的經濟更是依賴在大陸之上。爲了要說明這一點，我們必須先說明當前兩貿經貿關係的特色：

❖兩岸產業分工的格局

　由於兩岸經濟發展水平的不同，兩岸經濟結構、產業結構及生產技術水平有一定程度的差別。上世紀 80 年代，台灣產業結構由勞動密集型轉型成爲資金及技術密集型；90 年代中期，台灣又基本完成向高科技產業的轉型，形成以服務業和高科技產業作爲主導的經濟結構，進而進入新經濟發展的階段。

　兩岸產業分工與合作格局的形成與發展，帶動了兩岸貿易強勁增長，同時也使大陸對台貿易逆差的持續增加。台灣產業結構的調整，是在台資大規模地向海外轉移，尤其是向大陸轉移的過程中，逐步實現的。台灣傳統產業及部分高科技產業移至大陸生產，使兩岸逐漸形成垂直分工與水平分工並存的產業分工合作格局。在兩岸產業分工與合作中，台灣基本上是處於大部分產業鏈的中上游環節，其比較優勢側重於產品與技術研發、中高端產品製造及上游原料與零元件生產。由於大陸承接了台灣及其他發達國家和地區轉移的傳統產業和高科技產業中的低端生產環節，在國際分工體系中，大陸已經成爲勞動密集型產品的重要生產基地。

❖台商投資的熱土

造成兩岸這種產業分工合作格局的主要動力，在於台商必須持續地對大陸投資，以維繫他們在大陸企業的競爭力。從上世紀 80 年代以來，中國大陸經濟保持快速發展，加上實施了吸引外商投資的一系列優惠政策，大陸逐漸成為台商投資的熱土。目前台商投資大陸的規模至少在 340 億美元以上，占台灣對外投資總額的 70%以上。2003 年，台灣公司對大陸投資總額達到 46 億美元，而台灣對全球其他國家的投資總和也才 40 億美元。

根據大陸商務部的統計，截至 2003 年底，台商實際投資金額累計 367 億美元，台商在大陸投資總數為 6 萬 624 家。台商在大陸累計投資額，從 1987 年至 2003 年間激增近 700 倍，達679.82 億美元。截止到 2002 年底，台灣已經成為大陸吸收外資的第五大來源地。2003 年，由於台灣經濟不景氣及大選前島內政治前景不明朗，台商投資在中國大陸吸引外資的名次才跌至第六位。

由台商在大陸投資的發展與對台貿易逆差的變動曲線可以看出：大陸對台灣貿易逆差的增長，與台商在大陸的投資發展呈現出正比例的變動關係。隨著台商投資的快速增長，大陸對台貿易逆差也在迅速增加。例如，1993 年台商在大陸投資金額增長 199%，同期，大陸對台貿易逆差的增幅也達到 122%，顯示出投資增長對貿易發展的帶動力量。

❖ 台灣貿易順差的最大來源

　　從兩岸貿易發展總體進程來看，大陸對台貿易逆差主要經歷了四個形成與發展階段：由 1970 年至 1979 年，大陸對台貿易呈現順差；1980 年至 1986 年，大陸對台貿易逆差數額小，然波動幅度較大；1987 年至 1993 年，大陸對台貿易逆差快速增長。1994 年至今，大陸對台貿易逆差增幅趨於減緩時期。

　　長期以來，中國大陸對台灣貿易存在高額逆差，已成為兩岸貿易發展中最顯著的特徵。2003 年，兩岸貿易總額一舉突破 500 億美元，並使大陸首次取代美國，成為台灣最大貿易夥伴。根據大陸商務部統計，該年兩岸貿易額達 584 億美元，比上年增加 31%。其中，大陸自台灣進口 494 億美元，增加 30%；大陸對台灣出口 90 億美元，增加 37%。台灣對大陸貿易順差 404 億美元，比上年增加了 89 億美元。台灣是大陸第五大貿易夥伴，大陸是台灣商品出口的最大目的地（見圖 3），也是最大貿易順差的來源。

　　兩岸貿易對台灣外貿的重要性日漸提升。2003 年，台灣出口總值 1442 億美元，進口總值 1273 億美元，順差總額 169 億美元。如扣除兩岸貿易帶來的 404 億美元順差，台灣對外貿易將出現 235 億美元的逆差（見圖 4）。

　　當然，由於貿易轉移效應，沒有兩岸貿易，台灣的逆差可能不會這麼大，但大陸市場對台灣經濟的重要性卻無庸置疑。根據台灣方面統計，2003 年，台灣與大陸及香港進出口對台 GDP 成長的貢獻為 3.05%，占台灣全年 GDP 成長率的 96.68%，

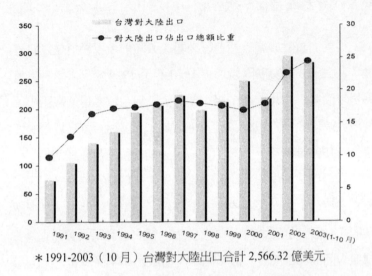

＊1991-2003（10月）台灣對大陸出口合計 2,566.32 億美元

圖 3　台灣對大陸出口及其佔出口總額比重

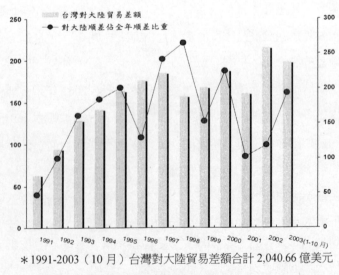

＊1991-2003（10月）台灣對大陸貿易差額合計 2,040.66 億美元

圖 4　台灣對大陸貿易差額及其佔全年順差比重

換言之，該年台灣經濟成長率，幾乎百分之百都是來自於對大陸與香港的貿易。

❖促進大陸高科技產業發展

綜上所述，從政策層面上看，大陸單方面對台灣積極開放市場，增加台灣產品進口，以及對自台灣進口產品實施稅收優惠等經貿政策，推動了兩岸貿易的發展，促使台灣對大陸貿易順差不斷增加。在這一前提下，台灣當局對大陸產品進口的種種限制性政策，則加劇了兩岸貿易的嚴重失衡。這種產業分工合作的格局，對於大陸的經濟發展有什麼影響呢？

大陸對台灣進口貿易發展所形成的逆差，主要是因為台商所投資的三資企業進口增加速度不斷加快，規模不斷擴大。由於進口產品經過加工後，又大部分外銷，大量進口台灣產品，其實並未對大陸市場造成衝擊，也未增加大陸的外匯負擔。台商在大陸的進口中有很大一部分是作為投資進口的機器設備、來料加工及無償贈送的產品，這些都是由台商自行平衡，並不需要以大陸的外匯來支付。扣除掉這些因素後，估計大陸對台灣貿易逆差約為海關統計的 70%左右；若再減去台商對大陸的投資額及台資企業的對外出口額，則大陸從台灣獲得的可用外匯資本應該是順差。

由於對台貿易逆差在對外貿易發展的總過程中，已轉化為貿易順差，因此對大陸的外貿發展並未造成太大的不利影響，同時，對外匯收支平衡也無不良影響。

目前，大陸正在加快產業結構及進出口產品結構的調整，台商所投資的資金、技術及營銷網路為大陸發展高科技產業的生產及出口提供了良好的條件。因此，對大陸而言，保持適度的對台貿易逆差，一方面可以加大台灣經濟貿易對大陸的依存度，一方面可以將兩岸產業分工合作形式由梯度遞進型逐步轉向水平發展型。繼續吸引台灣的高科技產業在產業鏈往上研發、中高端產品製造及銷售等方向作整體轉移，不僅可以促進大陸高科技產業的發展，而且可以逐步減少大陸對台貿易逆差。

❖增加大陸對外貿易摩擦

這種產業分工合作的格局，一方面促進了大陸國際貿易的發展，一方面也將台灣的對外貿易摩擦移轉給大陸。隨著經濟全球化的發展，國際貿易保護主義日益盛行，為應對貿易保護主義，台灣也不斷地在調整其出口市場的結構。美國曾經是台灣最大的出口市場，80年代中期，台灣對美國的出口依存度曾經一度高達40%以上。由於生產成本和匯率的優勢，長期以來，台灣的對美貿易有著較大的貿易順差。

隨著「新保護主義」在美國興起，台灣與美國間的貿易摩擦也日趨白熱化。美方不斷要求台灣降低關稅、開放市場和提升台幣幣值，以縮減美國對台貿易逆差。在美國的重重壓力下，台灣為了經濟和政治的雙重目的，不得不採取開放市場的措施，緩解與美國的貿易矛盾；同時調整其產業結構，使勞動密集型產業向大陸轉移，進而使台灣原本對美國的直接貿易，變

爲將輸往美國的商品在大陸加工後，轉由大陸對美歐等國際市場的出口。

隨著台灣產品對大陸出口增多，台灣將對美國的部分貿易順差也轉移到大陸，因而減少了台灣與美國的貿易摩擦。可是，大陸與美國等其他國家和地區的貿易的摩擦卻逐漸增多。從 1993 年起，大陸對美國的貿易順差每有大幅度的增長。截至 2002 年底，中國大陸被提起反傾銷和保障措施調查高達 557 起，中國大陸已成爲世界上出口產品受反傾銷調查最多的國家。

❖ 兩岸產品在國際市場的競爭

隨著大陸出口產品結構的調整及提昇，兩地出口產品的主要類別與結構及商品技術水準也在逐漸接近，兩岸出口產品在國際市場的重疊度愈來愈高，雙方在國際市場上的競爭也愈來愈激烈。

美國是兩岸最主要的出口地，從 2000 年兩岸各自對美國出口的前 20 大商品來看，兩岸各自對美出口的前 20 類產品中，發生重疊的類別就達 12 項之多，占 60%，而且大多屬電子輕工產品。這些產品與台商從台灣進口的半成品結構大致一致，由此可見，兩岸產品在國際市場重疊度的增高，有很大一部分是由於台商從台灣進口後再在大陸加工出口所致。

圖 5 及圖 6 顯示：從 1990 年代開始，大陸產品在日本、美國、及歐盟等主要市場佔有率是逐年提升，台灣產品在每無及歐盟市場佔有率則是逐年下降，其主要理由便是因爲「台灣製

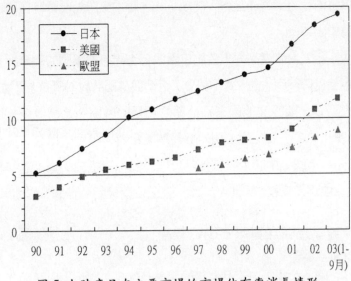

圖 5 大陸產品在主要市場的市場佔有率消長情形

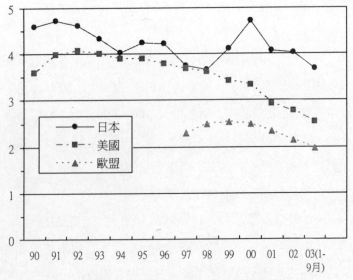

圖 6 台灣產品在主要市場的市場佔有率消長情形

造」的產品已經逐步被「中國製造」的產品所吸納或取代掉。

第三節　大陸外貿對世界開放

❖世界第三大貿易國

　　大陸外貿快速發展是兩岸貿易不斷升高的主要動力。2003年，大陸對外貿易總額達 8512 億美元，較上年增加 37.1%，增長率居全球之冠，一舉超過法國、日本，僅次於美國與德國，成為世界第三大貿易國。大陸進出口貿易的迅猛增長，使它成為對全球經濟貢獻最大的增長引擎。

　　從增長速度來看，2003 年大陸進口增加 40%，是全球進口增加率 13%的三倍；從占全球進口增加額的比例看，大陸占13.8%，高於德國的 12.9%與美國的 7.1%，居世界第一，亦即去年全球出口增加額中，有近七分之一的市場由大陸提供。

　　大陸經濟增長對世界經濟發展的貢獻，日益引起世人關注。去年國際貨幣基金組織（IMF）銀行信用分析家以購買力平均值（PPP）為基礎，計算 1995 至 2002 年的八年間，各國經濟增長對全球經濟成長貢獻的百分比，結果中國大陸的貢獻為 25%，超過美國的 20%與歐盟的 15%，日本因為這八年間經濟一直低迷不振，只貢獻 2%；中國大陸也因此而與美國被並稱為世界經濟成長的雙引擎。

❖對台貿易對大陸重要性漸減

　　台灣交通部運輸研究所最近完成「台灣海峽兩岸船隊規劃經濟效益研究」，分析兩岸對外貿易的依存度消長趨勢。根據運研所的分析，當台灣對大陸外貿比重快速增加時，相對世界其他國家外貿活動減少。在 1990 年，台灣對大陸進出口貿易，占台灣對外貿易比重約 4.23%，但 2002 年，台灣對大陸進出口依存度已達 15.39%，出口比重更高達 22.56%。

　　可是，大陸對台灣的貿易比重雖然逐年增長，當大陸逐漸打開世界貿易市場，對台灣的依存度卻漸趨不明顯。在 1990 年，大陸對台灣貿易占大陸外貿比重 4.47%，在 1996 年曾達到最高峰 8.21%；近年開始下降，至 2002 年，重要性降為 6.03%，也就是台灣貿易對中國大陸的重要程度日趨減緩。

　　事實上，兩岸關係停滯不前已經對台灣的經濟發展造成明顯不利的影響。舉例來說，台灣在 1995 年指定開放高雄港，自 1997 年起實施境外航運中心，兩岸權宜船可直接往來高雄與福州、廈門港，主要目的是為了讓大陸貨物運到高雄後轉運。2002 年，境外航運中心集裝箱量增長 3.51 倍，尤其以空集裝箱增長最迅速，因為大陸對外貿易快速發展，貨物需裝箱出口，但大陸缺乏空集裝箱，航商就以高雄港為調度，轉運空集裝箱。

　　近年來，大陸幾個主要港口不斷擴大、浚深，經由高雄境外航運中心運往歐美的大陸貨物已經開始減少，去年全年只有 62 萬個標準貨櫃（TEU）。目前大陸再開發藍田港，台灣全年進出口約 400 萬 TEU 的數量，遠比不上大陸藍田港，單月就有

百萬標準貨櫃的進出口的實力。全世界前三十名貨櫃排名中，高雄港曾是世界第三大貨櫃港，自 1990 年被韓國釜山追上，1992 年後再被大陸上海超越，到了 2003 年，台灣高雄港在全球港口排名中再往下掉到第六名，而大陸新開放的藍田港，則一下子就擠進了全球前五名。

第四節　台灣和韓國產品競逐大陸市場

我們可知再從台灣和韓國產品在大陸市場上的消長，來檢視台灣對大陸貿易自我設限所造成的影響。自從 1979 年兩岸經貿啟動以來，台灣對大陸出口就以每年平均超過 25%的速度快速成長，使得台灣對大陸出口依存度快速提高，由 1990 年的 12.7%，上升到 2004 年的 36.7%，見圖 7。

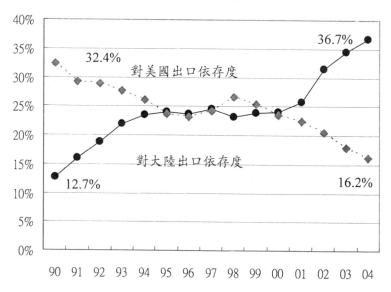

圖 7 台灣對大陸與美國出口依存度

❖韓國產品的強力競爭

　　雖然台灣對大陸出口金額不斷上升，到 2004 年時已達到
638.4 億美元的歷史新高，但是，事實上台灣產品在大陸的進口
市佔率在 1997 年達到 20.6%的最高比例之後，就呈現逐年下滑
的趨勢，到 2004 年時只剩下 11.3%，見圖 8。

　　台灣對大陸出口成長快速，在大陸進口市場的市佔率卻不
升反降，主要原因是大陸經濟快速成長，每年從全球進口的成
長率超過自台灣進口的成長率，結果就造成台灣產品在大陸市
場的重要性日漸下滑。

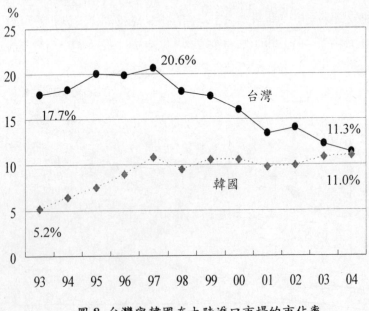

圖 8 台灣與韓國在大陸進口市場的市佔率

　　韓國產品有八成與台灣類似，一直是台灣在大陸市場上最主要的競爭者。在 1993 年時，韓國產品在大陸的進口市佔率只有 5.2%，其後逐漸上升到去年的 11.0%。韓國 2003 年與 2004 年對大陸出口成長率分別高達 51.0%與 44.0%，遠高於台灣的 22.0%與 28.3%，到了 2005 年韓國對大陸出口總金額很可能會超過台灣。在韓國產品進入大陸與台灣產品強力競爭下，未來台灣產品在大陸市場上還能佔有一席之地嗎？

❖「戒急用忍」的自我束縛

　　為什麼韓國對大陸出口會超過台灣？大體而言，台灣對大陸出口成長的主要因素包括語言相通、鄰近大陸、技術領先、及大量台商赴大陸投資。在上述的因素中，除了語言之外，韓國也有類似條件，有些條件甚至比台灣更好。比方說，韓國在電子、汽車、與鋼鐵等產業的技術與品牌都遙遙領先台灣。隨著大陸經濟成長，大陸人民對於產品的品質要求愈來愈高，他們對韓國產品的需求就會逐漸超越台灣。不僅如此，台灣出口產品中，有許多是由台商投資所帶動的原物料與半成品的出口，此種效果也同樣出現在韓國對大陸出口。

　　更重要的是，由於韓國企業的規模遠超過台灣，他們一啓動對大陸投資，其金額就可能領先台灣，而台商卻在「戒急用忍」、「積極開放、有效管理」等政策的限制下，受到諸多束縛，在兩岸經貿關係上無法放手一搏。

　　圖 9 顯示，在 2002 年以前，台商大陸投資的金額都領先韓

億美元

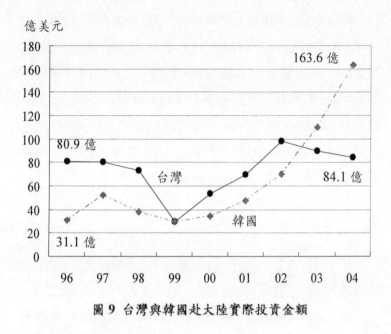

圖9 台灣與韓國赴大陸實際投資金額

國。但是韓國在 2000 年以後，赴大陸投資金額就快速上升，2003
年時已超過台灣，2004 年韓國赴大陸投資金額更高達 163.6 億
美元，遠遠領先台灣的 84.1 億美元。在大量赴大陸投資的帶動
下，未來韓國對大陸出口成長的速度，自然也會超過台灣。

第五節 台灣產業升級的困境

　　台灣在產業發展的過程中，台灣的廠商曾經有一度致力於
為外國廠商做「原裝設備加工」（OEM，original equipment
manufacturing），製造業的基礎是如何「生產相同的東西」。廠
商必須設法生產得與原設計圖分毫不差，還必須通過標準化產

生經濟規模，來降低成本，才有競爭力。

　　自從中國大陸這座「世界工廠」崛起之後，OEM 的產業在台灣其實已經沒有生存空間。1980 年代，成衣、鞋類、雨傘、自行車等製造業的產值，台灣都曾經一度是「世界第一」，然而，從 1990 年代開始，這些勞力密集的製造業已經全都轉移到大陸。時至今日，甚至連資本密集或技術密集的 OEM 產業，也已經完成移轉的過程。舉例言之，2005 年 9 月 18 日，《聯合報》頭版的頭條新聞是〈筆記電腦，台灣吹熄燈號〉，因為台灣最後一條筆記型電腦的生產線，大眾電腦已經宣布要移往大陸。

❖台灣筆記型電腦吹熄燈號

　　筆記型電腦製造是台灣過去十年來最重要的電子產業之一。全世界每十台筆記型電腦，就約有八台是台灣業者代工製造。若以今年全球筆記型電腦出貨量 5800 萬台的預估值推算，台灣廠商出貨量將超過 4500 萬台，全球市占率約略八成。電子業外銷，一度是造就台灣奇蹟的高出超來源。

　　台灣廠商因為無法掌握高階零組件如處理器等產品的價格，加上客戶不斷砍價，台灣業者的優勢，僅有嚴格控制生產成本，提高運送效率，以及彈性的生產速度。大陸人力比台灣便宜五倍，土地又相對低廉，架設筆記型電腦生產線只要斥資十億元，就可蓋好一座年產能 250 萬台的廠房，隨便增加工人輪班，產能馬上倍數放大。在此情況下，向具備低成本條件的大陸西進，是必然趨勢。

因為筆記型電腦大廠在對岸的基地已達到經濟規模，不少業者今年起加強裁員，在台生產線的直接員工人數急速下降。根據統計，廣達、仁寶在台生產線上的直接員工，2001、2003年時分別逼近三千人大關，隨著政府開放筆記型電腦組裝外移大陸，去年都快速降至數百人；更早外移的英業達，早於2003年時，就將在台生產線員工數降至五百人以下。

台灣業者有全球八成的製造產能，全數用來競爭國際品牌大廠的訂單。根據今年上市公司第一次公布的合併財務報表，「電腦代工五哥」裡，鴻海、華碩、仁寶、明基等業者合併毛利率都高於非合併財報，顯示海外的毛利率已經超越台灣。

❖熱愛本土，受害最深

大眾電腦董事長簡明仁向來「熱愛本土」，過去他對前往中國大陸的態度相當謹慎，二、三年前，國內幾家主要筆記型電腦大廠老闆在客戶的砍價壓力下，曾經私下協議，認為憑藉台商掌握全球七、八成產能，只要「大家說好，一起不去大陸投資」，就可抵抗殺價壓力。

簽訂協議後，相關大廠一家家「偷跑」，大眾苦撐到最後，反而受害最深。大眾電腦股票在1991年上市，曾是國內績效最好的電子公司，1992年躍居全球最大主機板生產廠商，股價上飆百元以上，近年股價卻曾滑落至三、四元之譜，和當年的風光不可同日而語。簡明仁說，如果二、三年前大家都不去，所有供應鍊都還會留在台灣，現在供應鍊全部外移，客戶要求台

灣業者去大陸設廠,「說不去都沒辦法了」。

　　大眾生產線的轉移,正式宣告中國大陸已取代台灣,成為全球筆記型電腦最大的生產基地。過去數千萬台筆記型電腦底部打印「Made in Taiwan」,輸往全球市場的時代已經過去,台商都說,現在應該強調「Made by Taiwan」,然而,產品上打的是「Made in China」卻是不爭的事實。

❖發展「創意產業」

　　過去有許多台商已經發展出若干「代客設計」的能力,變成了 ODM(original design manufacturing)。由於設計本身必須有獨特性,它所生產的產品與別人產品必然有「不同」。如果 ODM 生產的產品每件比 OEM 的產品貴兩塊美金,這兩塊美金的產值就是來自於「生產不同的東西」。每一樣產業裡,靠產生差異而來的產值,代表的就是你的設計、知識、專利、形象等等,這就是廣義的「創意產業」。

　　創新應用要面對市場,方能創造價值,打品牌要以現有的產品做後盾,不斷的推陳出新,持久的塑造形象,以全球性品牌與 ODM 之產品維持互補關係,才能讓台灣取得世界上未來數位產品的主導權。

　　現在台灣企業已經逐漸形成發展品牌的風氣,譬如 Acer、Asus、BenQ,都已經成為世界知名品牌;經過個別企業、外貿協會與台灣創意設計中心多年的努力,台灣的工業設計能力也在國際上受到肯定。最近三年,台灣有創意的工業設計產品拿

下了四大國際工業設計獎共一百二十七座，就是很好的說明。

❖意識型態的政策阻撓

目前大廠中，除了鴻海、廣達將研發基地設在台灣以外，華碩也將新興產品如手機研發中心留在台灣。不過，將高技術產品留在台灣，卻要面對人力不足的問題。我們說過：要發展產業創意化，必須仰賴具有豐富經驗的專業菁英。如果自己培養不出這樣的人才，就必須向世界各地重金禮聘。多年來，台灣科技廠商積極爭取政府開放大陸人才來台，並且積極引進其他國家工程師，但效果並不顯著。

台灣想升級為研發中心，本來是非走不可的路。但是，在主政者意識形態的政策阻撓之下，卻使得這條路坎坷難行。到現在，台灣對大陸人入境申請，仍然管制甚嚴，讓企業不願申請大陸人才來台；就算是其他國家的外籍技術人力，在台灣工作也受到各種工作證、居留證等的限制，甚至連在台灣辦信用卡，也有一些限制。

最麻煩的是，台灣到現在未開放直航，許多廠商的生產線西進之後，研發人員勢必也要常跑大陸，但光去一趟上海就要花大半天，許多廠商已經讓外聘的研發人力直接從國外飛到大陸，省卻在台灣「換機」的時間。

在發展廣義的文化創意產業時，政府最重要的職責就是塑造一個有利的環境，來吸引有創造能力的知識菁英，當資金、技術和生產都無國界時，台灣政府除了責備台商「不愛台灣」

之外，台灣和大陸之間的直接交流還要靠一年三節的幾班包機，相較於大陸的積極招商，修改各種政策來吸金、吸才，台灣的研發中心怎麼可能吸引人才進駐？

❖三大「空轉園區」

主政者缺乏自省的能力，看不出自己意識型態所造成的社會後果，反倒東施效顰，想學已開發國家發展文化創意產業，結果是虛耗公帑，花費大筆國家預算，建設硬體設備，卻沒有什麼吸引力。舉例言之，行政院長謝長廷在高雄市長任內大力推動建設的高雄軟體園區、成功物流園區，以及緊鄰小港機場的「小港空運園區」，總投資加起來近兩百億元，希望打造高雄經貿新風貌。

陳總統在 2000 年主持高雄軟體園區開工時宣示，園區 2002 年四月完工後，將可帶動高雄一百四十億元的軟體產值。但由於前景欠佳，在投入廿六億元經費後，開發商半途而廢，所有工程停頓近三年，許多廠商不耐久候，已經放棄。如今高雄市前鎮區的「高雄軟體科技園區」內已經是雜草叢生，遍地積水，工程鐵架早已鏽蝕敗毀，不知何時可以恢復生機？

「成功物流園區」建在台糖土地上，2002 年由陳總統主持開幕，誇口說物流園區可發展為「亞太物流中心」，但是因為進駐廠商不足，第二年就吹熄燈號。造價逾廿億的自動存取倉儲，只能閒置不用。負責營運的新系統公司，收入還不夠繳給地主台糖的地租。

　　同樣的，三年前，在推動台灣成爲「亞太運籌中心」的口號下，再加上「平衡南北」的考量，政府決定在小港成立航空貨運園區。當時經濟部還誇下海口，小港空運園區在 2004 年營運後，將成爲兩岸通航重要轉運站，貨運量將可大幅成長到一百八十萬噸，每年創造五百五十億元的產值。

　　可是，交通部的評估認爲：中正、高雄兩機場現有吞吐量，已可滿足全台民國一百一十年前的需求。而且高雄機場規模不足，沒有成立空運園區的條件。民間業者也認爲，高雄地區多屬傳統產業，貨運多半交海運，空運沒有太多生存空間。而且「三通」遲遲不通，近年來，多家國內外航空公司都已撤出小港機場，搞空運園區的下場可想而知。

　　然而，南台灣是執政黨的票倉，民進黨爲了展現自己的「執政能力」，不惜押著經建會，協調各部會硬幹到底，結果是造就了高雄市和中央都無法善後的三大「空轉園區」。

　　除此之外，爲了要發展「亞太營運中心」，民進黨政府在桃園徵收了近兩百公頃用地，建「航空客運園區」；在高雄港砸下 1258 億，建「洲際貨櫃中心」；同時還在全省各地興建了許多軟體科技園區、生醫科技園區、環保科技園區，一副決心「拼經濟」、發展「創意產業」的模樣。然而，由於「三通」不通，大多數建設都沒有廠商願意進駐，派不上用場，而淪爲「閒置空間」。充分顯現出「政治干預經濟」的後果！

第六節　承襲「戒急用忍」政策

　　國內早就有許多經濟學者及產業界人士一再指出：對於大陸經貿的自我設限，將對台灣的經濟發展造成極其不利的後果，可是民進黨政府卻把這些建言當作耳邊風，不惜以政治干預經濟，把兩岸關係的開放與否，當做是選舉操作的籌碼。

✤「生存問題」

　　2000 年，陳水扁執政後，新政府依舊襲用前總統李登輝的理念，要求對大陸的投資採取「戒急用忍」，對大陸投資採總量管制。當年九月經濟部舉辦「大陸經濟發展研討會」，政治大學經濟研究所教授黃仁德表示，全球貿易分析計畫預測：大陸加入世界貿易組織後，其在世界 GDP 中的比重，在 1992 至 2002 年，將由 4% 上升至 8% ，成為僅次於美國的世界第二大經濟體；貿易額也擴大，成為第二大貿易國。台商若不能在大陸的投資上「卡位」，我方的優勢會漸漸消失。

　　中華經濟研究院大陸所所長高長指出，大陸加入世貿組織後，市場將更開放，著名的跨國企業紛紛進駐，對台灣的高科技業者造成很大的壓力。業者所擔心的不止是發展的問題，「更重要的是生存問題」。

　　台商如不能像其他外商充分利用大陸資源，業者目前的優勢將逐漸喪失，領先地位也可能被取代。政府應考慮適度放寬目前對大陸投資的限制，尤其對成熟型、量產的產品，應協助業者排除障礙，運用大陸資源，如勞動力、技術、市場等，提

昇國價競爭力，以與國際大廠相抗衡。

❖「綁死自己」

　　然而，言者諄之，聽者藐藐，幾年下來，對於諸如此類的建言，扁政府是依然故我，少有改變。台塑集團董事長王永慶是最反對扁政府「三通政策」的企業家，在多次強烈呼籲三通後，和陳水扁政府的關係變得僵硬。可是，王永慶還是一再呼籲政府，「不要有意識型態之爭」，要趕緊三通，否則只會「綁死自己」，讓台灣失去全球競爭力。

　　王永慶認為以台灣的經驗和資金優勢，是全球最有利的，三通是「綁住自己人」，而非限制中國，台灣要有前途，就不要涉及意識型態。談到台商在中國的情勢，王永慶表示，目前都是個案申請，上中下游台商無法整合，最後只會被個個擊破，無功而返，到時候台灣已經失去競爭力。

　　到 2004 年，總統大選決戰前，王永慶對於政府遲遲不開放三通，再度表示不滿。他毫不留情地說：「三通通了兩通半，等於沒通」，他認為，「應該攏打通」！

　　長榮集團的張榮發一向挺綠，2000 年總統大選之前，他還和李遠哲一起出面組織「國政顧問團」挺扁。到了 2004 年總統大選前，他也公開批評：李登輝和陳水扁不重視海運、「憨憨的」，每天祇想明天的選舉可以拿多少票。

❖「自我邊緣化」

　　對企業界力促三通，陳水扁在選前曾經給予回應，他說：三通問題非常複雜、嚴肅，不可能一次到位。

　　在競選前，他也作出了許多承諾：兩岸政策終將有四項擴大，其中關於經貿者，包括擴大小三通範圍、擴大兩岸貨運雙向包機。在改善兩岸經貿關係的政策中，最重要的是，鼓勵大陸台商回台上市櫃籌資。

　　在競選期間，扁政府雖然開出了一大堆支票，選舉過後，在台獨基本教義派的拉扯下，扁政府仍然是舉棋不定，兩岸關係依舊是「進兩步，退三步」，停滯不前，讓企業界更加失望。

　　2004 年 11 月 15 日，美國商會發表「2004 年白皮書」。報告中警告台灣政府，以選舉為導向的政治考量，已經使台灣經濟事務擱置兩年。由於三通遲遲未行，多數跨國企業已經將地區總部遷往香港、新加坡或上海。在遷離台灣後，台灣將被定位成隸屬於大中華區的一個「本地市場」，無法參與地區性業務決策。

　　美國商會警告，如果總統陳水扁在連任后，無法在兩岸關係上邁開大步，盡速推動三通直航及兩岸經濟統合，則台灣不但無法成為亞太營運中心，過去幾年白皮書中曾警告過的「（台灣）自我邊緣化」將很快成為事實。

第七節　發展「文化創意產業」

　　中國大陸「世界工廠」的興起，以及全球化的衝擊，讓已

開發國家不得不思考自身經濟發展的因應策略。他們不約而同地以發展高附加價值的文化創意產業作爲經濟發展的重點方向。

❖文化創意產業的願景

英國是第一個以國家政策推動文化創意產業的國家。1997年，可以說是英國發展文化創意產業的元年。這一年，新上任的工黨政府將文化創意產業列爲國家重要政策，特別成立了文化媒體體育部。對於廣告、建築、設計、電影、遊戲互動軟體等 13 種產業，以群聚的方式加以輔導，並提供創業基金，以及創意工作者之間的交流平台。

根據文化媒體體育部 2001 年發表的「創意產業專題報告」，英國創意產業的產值，當年約爲 1,125 億英磅（超過 6 兆新台幣），佔 GDP 的 5%，已超過任何製造業對 GDP 的貢獻度。根據文化媒體體育部的統計資料，英國從事創意產業的人口，從 1995 年的 160 萬人，成長到 2002 年的 190 萬人，累計總共有 12 萬 2,000 家創意產業的公司。2001 年，英國的創意產業的出口值，高達 103 億英磅（約新台幣 5,700 億）；在 1997 至 2001年間，每年約有 15% 的高成長；而在同一時期，英國所有產業的出口成長，平均只有 4%。

台灣位於中國大陸這座「世界工廠」之旁，中國的崛起，對於台灣發展「知識經濟」或「文化創意產業」所造成的壓力，和英國相較之下，應當是有過之而無不及。在 2002 年 5 月 8 日，

行政院長游錫堃提出的「挑戰 2008：國家重點發展計畫」中，文化創意產業是重點發展項目。根據文建會的估計，台灣的文化創意產業，2001 年的產值為 4,400 億元台幣；2008 年，將達 1 兆 1,600 億元。

政府所提出的「兩兆雙星」計畫中，包含動畫、電玩等項目的「數位內容」（digital content），正是其中一「星」，另外一「星」為生技產業。根據經濟部工業局的估計，全球數位內容市場的規模，每年以 33.8%的速度成長；台灣數位內容產值，可望在 2006 年，達到 3,700 億台幣。

❖文化創意產業的意義

政府所訂的目標，看起來確實是相當「美好」。然而，從民進黨執政後在兩岸關係所採取的「鎖國政策」來看，台灣的「文化創意產業」能不能像政府所預期那樣的蓬勃發展呢？

根據「國家文化藝術基金會」的定義，所謂「文化創意產業」是指：「源自創意或文化積累，透過智慧財產的形成與運用，具有創造財富與就業機會潛力，並促進整體生活環境提升的行業」。

在這個廣義的定義下，「國家文化藝術基金會」又選出政府列為重點輔導對象的十三項「文化創意產業」，包括：視覺藝術產業、音樂與表演藝術產業、文化展演設施產業、工藝產業、電影產業、廣播電視產業、出版產業、廣告產業、設計產業、數位休閒娛樂產業、設計品牌時尚產業、建築設計產業、創意

生活產業等。

從社會心理學的角度來看，文化創意產業主要是由社會中各行各業的知識菁英所推動的。他們在一個不受拘束的自由環境裡，藉由自身豐富的專業工作經驗，能夠發揮自己的創意，創造出他們心目中自認為最卓越的作品。這種卓越的標準源自於自己的專業素養，沒有既定的成規可循，但卻可以反映出一個社會的「生活形態」。

❖《哈利波特》和「蘿拉旋風」

除了工業產品的設計、製造、和行銷之外，文化創意產業的主要重點是「數位內容」（digital content）。在這一方面，最為人所津津樂道的成功先例，是《哈利波特》和「蘿拉旋風」。自從 1997 年 6 月第一集問世以來，《哈利波特》的旋風就襲捲全球，光是書本身，全系列銷售至今已經超過 2 億冊，堪稱是《聖經》與《毛語錄》以來，全世界最暢銷的作品；跟《哈利波特》有關的一系列電玩遊戲軟體，銷售也破數百萬套。作者羅琳（J.K. Rowling），曾經是靠領失業救濟金生活的單親媽媽，當年躲在蘇格蘭愛丁堡的小咖啡館裡創作，如今卻因為這本書，創造出一個產值驚人的「哈利波特」品牌企業，財富總額高達 2 億 8,000 萬英鎊（約合新台幣 154 億），在 2004 年正式超越英國女王！

當文化創意遇上數位科技，讓哈利波特這位小魔法師，從平面變成 3D 立體，引爆出無數的商機。從好萊塢電影到電玩

遊戲，攻佔了全球大人和小孩的心。

在哈利波特出現的前一年，另一個由數位科技引爆的創意，也締造出驚人的商業成績。電玩「古墓奇兵」的女主角蘿拉‧卡芙特（Lara Croft），出身貴族世家，卻因為一次墜機意外，從此愛上冒險犯難的生活，並以盜墓作為人生志業，展開了一系列精彩的冒險故事。這位身材火辣、愛好冒險的虛擬寶貝，在真實世界中根本不存在，如今卻成為好萊塢大明星，還有專屬的經紀公司。

❖創意產業的文化背景

「蘿拉」真正的出生地，其實是英國小鎮達比（Derby），由核心設計遊戲製作公司（Core Design）所精心創作，於 1996 年 11 月發行後，就擄獲了全球玩家的心。時至今日，「古墓奇兵」前 5 集系列遊戲，已經創下 2,800 萬套的銷售成績。除此之外，加上已經推出 2 集的電影，以及眾多周邊商品、代言廣告費用等，讓「蘿拉旋風」帶來的滾滾財源。

哈利波特與蘿拉，前者以英國傳統寄宿學校為背景，後者則反映出英國特殊的貴族文化，如今卻變成兩個全球家喻戶曉的角色，演出兩部說不完的故事。他們到底有什麼魅力，為什麼能夠讓全世界的消費者為之瘋狂著迷？

像「哈利波特和蘿拉這樣的創意，可能只會在英國誕生，」英國文化協會創意產業部長辛尼，自傲地說出這些熱賣商品背後，反映出來的英國文化背景。辛尼認為，小至一人公司，大

至像集合遊戲、電影、書籍、玩具等商品、紅遍全球的哈利波特「集團」，創意產業一定要能「走出去」，靠外銷市場，才能獲得成功。但是，他同時也強調：「如果不會『說故事』（story telling），不知道其它文化背景的人喜歡什麼，也很難賣出去」。

辛尼說得一點也不錯，「數位內容」賣的是「文化」，也是作者所說的「故事」，用後期維根斯坦的哲學來看，所謂「文化」，可以看做是某一特定群體的「生活形態」（forms of life）。

❖美好的生活型態

先進國家市場推廣的經驗說明：一個社會先販賣「美好的生活型態」，才能將「美好的產品」賣給別人。美國生活與好萊塢電影就是這樣的例子，通過文化產品的流通，它創造的不只是文化產品的產值，而是「印象所塑造的通路」；消費者在看美國好萊塢的電影時，相信美國代表的是更美好的生活，就不知不覺地相信：來自美國社會的是較好的產品。同樣的例子發生在最近的韓國，當亞洲鄰近國家開始觀賞韓國偶像劇、聽韓國流行歌的時候，就自然而然地相信：韓國能製造一流的產品。

發展文化創意產業，不能只看這些產業的產值，而是要看它帶來的「集體行銷」效果。在 1990 年代，台灣往大陸、東南亞、或其他第三世界推銷文化產品，當時的台灣確實有一個「相對美好」的生活，社會自由，生活富裕，國家民主，台灣的文化產品，像音樂、影像、出版與時尚工業等也因此而可以風行這些地區，而塑造出所謂的「港台文化」。在更早之前，鄧麗君

已經把她的歌透過錄音帶，帶向大陸各地，甚至讓大陸人民普遍流傳「不愛老鄧愛小鄧」的說法，都是一些膾炙人口的例子。

❖扼殺自由創作空間

　　如果主政者不瞭解文化創意產業迫切需要的自由創作空間，反倒想用自己的政治意識型態「指導」藝術工作者如何創作，在這種情況下，自由創作的空間必然大為萎縮，「數位內容」的「文化創意產業」也將受到難以估計的戕害。舉例言之，在2004年總統大選期間，出面全力挺扁的台語電視明星江霞，在陳水扁發生「兩顆子彈槍擊事件」，並以些微差距當選總統之後，盛傳即將接掌華視總經理。她在接受媒體訪問時對於未來華視新聞走向，她很清楚地說：「我和一般人一樣堅持新聞中立。只是我的新聞中立，是必須在去除中國化的前題下，維持新聞中立。在這個理念下，我會多花些時間和同仁溝通，達成雙方共同認可的新聞中立原則。」

　　江霞接任華視總經理前夕，接受東森聯播網主持人鄭弘儀的專訪時表示，上任後第一件事就是要「禁播中國劇」，以後，華視將不買大陸節目；江霞批華視新聞不公正，她將「整頓新聞部」，主播李四端應退居幕後，訓練新人。

　　鄭弘儀問她：「你會不會讓孫翠鳳、羅大佑這些挺藍的藝人來華視？」，江霞回答：「若要找歌仔戲演員，會找楊麗花、葉青，不會找孫翠鳳，因為她的只是劍光戲」。「羅大佑，已經是過氣的人，如果他還是要用過去那一套，當然是沒有辦法」。

　　孫翠鳳是國內最受肯定的歌仔戲團「明華園」當家小生，羅大佑也是家喻戶曉的著名異議歌手，江霞未上任先放話，因為他們在總統大選時挺藍，便將兩位重量級藝人名列華視「黑名單」，這對孫翠鳳、羅大佑或對喜愛他們的觀眾，難道不是實質的「政治迫害」嗎？

❖「整肅」張惠妹

　　原住民歌手張惠妹因為四年前在陳水扁就職典禮上唱國歌，被大陸歌迷指為「綠色藝人」，一度無法演出，後來再度在北京公開演唱，並接受大陸媒體訪問。2004 年 8 月 5 日，行政院長游錫堃表示，張惠妹因為四年前的「唱國歌事件」，被大陸「禁足」。在總統府前唱國歌，竟然還要「向中國懺悔」，大陸對台灣的打壓還不夠嗎？

　　翌日，呂秀蓮接受媒體專訪時指出，現在是超限戰爭時代，中共兵力不一定要打來，才叫戰爭。中共已經在外交上打壓台灣，在經濟上掏空台灣，目前兩岸已經進入「準戰爭」狀態。阿妹因唱國歌而被中國大陸打壓五年，更應該驕傲地大聲說，「我是中華民國的人，唱中華民國國歌是我的天職」、「你們可以唱你們的國歌，為什麼我不可以唱？」

　　呂秀蓮說，她一直很欣賞阿妹，但日前她看到阿妹含著淚說「我沒有政治意識」，「人怎麼可能沒有政治意識？」她說，她能夠體諒阿妹還年輕，為了到北京演出，所以講不出這些話。但她質疑，「如果兩岸交火時，北京唱歌重要？還是捍衛兩千三

百萬台灣人民重要？」

　　針對呂秀蓮的批評，阿妹隨即回應，「政治是大人的事情，大人們的事情就由大人去做」，「我愛和平，我只是一個藝人，沒能耐參與大人的世界，兩岸關係怎麼會輪到我來說話呢？」

　　江霞到華視當總經理之後，立即請汪笨湖到華視主持「台灣起動」的政論性節目，對台灣社會展開「整肅」。看到呂秀蓮批評張惠妹，「政治正確」的汪笨湖即在電視上「大義凜然」地教訓阿妹：「藝人可以沒有政治立場，但絕對要有國家。面對台灣和中國，只有一個選擇，你假如選擇中國也不要緊，你要選擇台灣也可以，但是不能腳踏兩條船」。阿妹不能因爲看上「人民幣」，就忘了「新台幣」。

　　汪笨湖認爲，所有公眾人物都該「對國家認同，絕對要有一個清楚的表態」，他並舉陳由豪、羅大佑、成龍爲例，要想清楚「是錢賺少一點，但在家鄉可挺起胸來，有尊嚴的生活；還是在大陸賺很多錢，卻搞到最後家鄉回不來」。

❖「圍剿」成龍

　　2004 年總統大選過後，港星成龍公開表示：台灣這次 320 總統大選是「天大的笑話」，4 月 22 日，民進黨籍僑選立委張旭成立即在立法院召開記者會指出：成龍以香港旅遊大使身分到上海宣傳，卻批評台灣選舉是「天大的笑話」，已經嚴重污辱台灣，若台灣人民不抵制，國家尊嚴如何維護？

　　張旭成強調，台灣平均每月有 20 萬人次到香港旅遊、購

物，如果對於成龍的發言不予處理，也難怪「成龍吃定台灣」。台灣人應該要有骨氣，拒看成龍電影，抵制到香港旅遊。

他還呼籲全民一人一信、一通電話、或一封 e-mail，請有線電視業者抽掉成龍電影；他也將在立法院提案，請新聞局禁播成龍新片六個月，並將成龍列爲不受歡迎人士。

民進黨黨團書記長李俊毅說，成龍過去有句名言，他「犯了天下男人都會犯的錯」，如今，成龍將台灣主權爭議僵硬限縮在一個中國原則下，又是「犯了天下統派男人都會犯的錯」。

新聞局電影處長周蓓姬表示，這次的總統大選雖然有爭議，但也是「全民意志的展現」，爭議最後將循司法或其他管道解決。現在整件事還未落幕，成龍怎能就爲這件事下定論？過去大家都很尊重成龍，希望身爲香港人的成龍也能「尊重台灣人民意志的展現」。

❖ 尊重言論自由

在政治人物的帶頭圍剿之下，台灣數大熱門網站也掀起一股「反成龍潮」，還有網友表明要封殺他，他一來就去機場遊行。

成龍批評台灣選舉的一句話，引發台灣連日的爭議，身爲成龍父執輩的資深藝人張沖，終於打破沉默，公開表示：成龍是道地的「台灣女婿」，連生病都來台北的台大醫院看病，每次台灣有公益活動，成龍只要有空，不計酬勞也飛來參加，成龍沒有在大陸置產，卻在台灣房地產最不景氣的時候，在台灣買房子，因爲他確信台灣是安定的、有希望的。

　　成龍對台灣的愛，有目共睹。如今因為對台灣「愛之深、責之切」，一句無心之言，竟然招致誤會與攻擊，張沖覺得不只為成龍難過，而且對他不公平，希望在強調「族群融合」的當下，有包容與信任，才是真正的團結。

　　4 月 26 日，成龍首次針對綠營的抨擊回應：他尊重民進黨立委張旭成的言論自由，也捍衛對方有批評他的言論自由，但同樣「希望大家能尊重他的言論自由」。他自認「所做所為無愧於心。」

　　對於成龍的回應，張旭成表示：「不夠，他還未道歉」，「如果真誠道歉可放他一馬，不再抵制他的電影作品。」

❖「封殺」羅大佑

　　2005 年 3 月 27 日晚間 11 點半，公視播出「UBU 硬地音樂展」節目，於凌晨 1 點左右由羅大佑演唱「阿輝仔飼著一隻狗」、「綠色恐怖份子」兩首歌曲，

　　29 日早上，台聯黨團召開「公視以國家預算攻擊國家元首」記者會，指公共電視每週日播出的「公視音樂廳」節目，製作宗旨說是要「幫創作型音樂打造舞台」，卻讓「有特定政治意識」的歌手羅大佑演唱詆毀國家前、現任元首的歌曲，違反了「製播優質節目、深植本國文化內涵」的成立使命。

　　台聯立委何敏豪表示，羅大佑唱的歌詞充滿污衊及詆毀李前總統的赤裸裸字眼，公視拿著政府編列的預算，卻做出對國家前元首相當不敬的舉動，真是不折不扣「飼老鼠、咬布袋」。

公視播出羅大佑「沒有事實根據」的歌曲，批判國家元首，已涉嫌觸犯廣電法第 21 條相關規定，新聞局應該進行處理。

台聯黨團副幹事長尹伶瑛也指出，他們要求新聞局、文建會深入檢討公視的預算補助並說明，否則不排除刪除公視的預算。何敏豪同時向政府表示嚴重抗議。他強調：如果新聞局置之不理，那麼就乾脆廢掉新聞局算了。

公視播出羅大佑遭到台聯黨的嚴厲批評，新聞局表示：「公視違反製播原則，深表遺憾」，公視總經理胡元輝立即公開表示：公視是全民的電視，原本應容納各方多元的內容，但公視法規定公視節目應尊重個人名譽，播出羅大佑前述兩首歌曲後，公視檢討，認為有違公視法之意旨，除「向相關當事人表示歉意」，並要求節目部檢討，將進一步建立「節目審查」及受理申訴機制。

過去台聯的造勢場合，最愛播放的就是羅大佑的歌曲。記者會後，台聯秘書長陳建銘表示：「在 85 年，他唱出台灣海峽的危機，他當初是跟台灣人民站在一起，現在他為什麼變化那麼大？難道他變得跟許文龍先生一樣了嗎？」台聯因此決定，未來造勢場合，禁止播放羅大佑的任何歌曲！

❖尋找台灣新聲音

雖然作品引起政黨抗議，人在香港的羅大佑表示，他不必回應。「自己的立場全寫在『阿輝仔飼著一隻狗』」歌裡。『狗』指的是誰？歌裡面寫得很清楚。現在狗出來，咬了你一口，難

道你要反咬回去嗎？」

2005 年 5 月 30 日，羅大佑「美麗島」專輯入圍最佳專輯製作人等四項大獎，並獲得「最佳編曲人獎」，在金曲典禮上接受記者專訪時，表示：「音樂的好壞，源自政府的文化扎根。過去十年，政府對音樂文化沒有任何幫忙。若談到十年前的舊政府為音樂人做些什麼？至少比較沒有挑撥人民之間的感情。」

羅大佑說：「真正的音樂是來自認同感」。「文化是人類生活的累積，音樂是文化的一部分。現在的政府竭盡所能挑撥人民感情，在生活經驗沉澱前，所有的想法都被攪亂，連自己是誰、台灣認同、統獨問題都找不到答案，又如何創造出有價值的音樂？」

他又問：「目前有沒有一張專輯、一首歌可以流傳無數個十年？這主因是政府只做表面功夫，忘了扎根，導致整個音樂市場的膚淺化。」「若政府不再挑撥，整個流行音樂市場，就會沉澱出文化，音樂人自然會在其中尋找台灣新聲音。」

❖「去中國化」的標準論調

我們可以再舉一個例子，來說明民進黨「去中國化」運動對文化人創作活動所造成的陰影。耗時三年、投資五百萬美元，第一部由台灣自製的三Ｄ動畫片「紅孩兒：決戰火燄山」日前正式與國人見面。導演王童表示，這部三Ｄ動畫就像是卡通版的「臥虎藏龍」，其將要以東方的色彩來博得世界的好感。

消息傳出後，立刻就有人在媒體上公開批評：

「說故事的能力涉及一個國家、人民、地域、歷史、文化、認同等複雜因素。」「故事內容係為特定時空與人文關懷之反射」，「故事除肩負文化歷史傳承的意義外，更有著開創文化與傳統的現代性意義，而這個現代性意義，將會以新的符碼傳承下來，甚至形成新的認同基礎。」

日本的卡通人物，例如「哆啦Ａ夢」，不僅成為日本國民的共同記憶，更是跨世代的共通語言。對日本人而言，這些虛擬人物有著和他們一樣的日文名字、關心的議題，甚至享有共同的價值與傳統。這樣的內容不僅有助於國民主體意識的凝聚，更能激發國民對鄉土的關懷。

仔細檢視台灣的動畫產業，不論是二Ｄ還是三Ｄ，我們似乎總是脫離不了「孫悟空」、「紅孩兒」、「神鵰俠侶」之類非本土的故事劇情，彷彿我們的生活周遭是如此的貧乏與可憎。如果自己都不尊重自己、喜歡自己，又如何說出一個專屬於自己文化的好故事呢？我們又如何教育我們的下一代要愛惜他們所生長的土地呢？

自從執政黨發起「去中國化」運動之後，這種說法可以說是「綠色文化人」對「去中國化」的「標準論調」。這篇文章並且曾由新聞局出版的《光華》雜誌加以轉載，可見其觀點是十分的「政治正確」。從這篇文章的內容，我們一方面可以看到「去中國化」的主流意識型態，一方面又可以看出：努力要建構「台灣主體意識」者內心的徬徨。「泰山不辭細沙故能成其大」，文

化本身具有一種累積和加乘的效果。如果《孫悟空》、《紅孩兒》、《神鵰俠侶》都是屬於「非本土的故事劇情」，必欲去之而快，請問什麼是「本土」的判準？日本的《哆啦A夢》反映他們共同的價值與傳統，難道《孫悟空》、《紅孩兒》就沒有反映「我們」共同的價值與傳統？文化人在從事「數位內容」的創造時，如果總有一票「政治正確」的「各方神聖」，拿意識型態的尺在檢驗他，他在動輒得咎的情況下，還能說出什麼好故事？

❖ 文物館運動

為了要營造「台灣主體意識」，除了「去中國化」之外，扁政府還拼命提倡「台灣意識」。民進黨執政後，在「本土化」及「社區總體營造」的口號下，台灣許多鄉鎮掀起興建原住民文物館的熱潮，短短六年多即興建了四、五十座各色館舍。然而，由於缺乏完整的規畫，不少文物館根本沒有典藏可供展出，有些甚至連基本的開張營運費用都籌不到，變成關門養蚊子的「蚊物館」。

因為宜蘭近年「朝中有人」，爭取經費比其他縣市還方便，這樣的例子，在宜蘭特別多。在「一鄉一館」及「城市行銷」的概念下，近年宜蘭縣已經發展出一支龐大的「博物館家族」，各類展館已多達卅多所，但該縣的「博物館運動」還在擴張。

宜蘭縣大同鄉的泰雅生活館，佔地一點五公頃，建築外牆飾滿泰雅圖騰，還花費四千萬元，配置有廣場、瞭望台和穀倉。完工近四年，內部依然空空如也，偌大的館舍中，只擺了一張

乒乓球桌，沒有文物，連水電都沒接。

不遠處的宜蘭南澳鄉也同時興建了泰雅文化館，約莫同時完工但也同樣沒有開館的經費。蘭陽博物館工程總經費近九億元，文建會大手筆補助，縣府卻吞不下這麼豐厚的資源，從規畫到發包至今五年半，竟然還保留三億多的經費，工程一再延宕，目前估計要延遲一年半完工。

彰化縣原住民人口才三千多人，居然也斥資四千多萬元興建了座彰化原住民文物館；2004 年十月完成後，即因軟體及經費不足，至今尚未啓用。苗栗南庄的賽夏文物館在 2002 年由陳總統熱鬧剪綵開張後，也閒置了兩年多，至今仍然在爲營運經費不足感到困擾。

興建博物館或文物館當然可以說是在推動「文化創意產業」。然而，在台灣推動「文物館」運動的政治人物，顯然是搞不清楚「精緻文化」（high culture）和「俗民文化」（popular culture）的差別，他們以爲花下大筆預算，隨便找來一些「文物」，就可以當作博物館的展示品，就可以吸引大批觀眾。這未免太過低估觀眾的品味吧？

即使代表純正「台灣文化」的原住民文物館能夠吸引外來觀光客，依照觀光局所提出的「觀光客倍增計畫」，我們也應當提供各種必要的條件，吸引觀光客來台。從地緣關係的角度來看，台灣觀光業的最大潛在客源，應當是大陸遊客。可是，扁政府對大陸觀光客來台卻加上重重限制，把大陸來台人士看做是預備顛覆台灣的「國際第五縱隊」，這種疑神疑鬼的心態，還

想發展什麼「文化創意產業」？

第八節　國際整合與經貿鎖國

從一個比較宏觀的角度來看，當代世界的主要發展趨勢是發展「國際整合」，而不是走「國家主義」的道路。整合的方向，或者是由「經濟整合」到「政治統合」；或者是純粹的「經濟整合」，但卻不斷的加深加廣；很少有一個以經貿為生的國家會不斷地提倡「國家主義」，自我邊緣化，甚至走上「鎖國主義」的道路。

❖台灣的歧視性政策

1995 年「關稅暨貿易總協定」（GATT），更名為「世界貿易組織」（WTO, World Trade Organization）之後，國際間的自由貿易整合又往前跨進了一大步。2003 年底，台灣與中共先後加入 WTO，分別成為第 143 與 144 個會員國，使兩岸地區同時進入國際經貿舞台。

兩岸加入 WTO 後，作為世貿組織成員，雙方均應履行加入 WTO 承諾，遵守多邊貿易組織的基本原則，即非歧視原則、透明度原則、自由貿易原則和公平貿易原則，擴大相互之間的市場開放。在大陸認真履行世貿規則，繼續擴大對台灣市場開放的前提下，台灣當局仍對大陸採取歧視性政策，嚴重地違反了世貿規則。因此，大陸相關單位不斷呼籲：應通過加強民間組織溝通及協調的方式，促使台灣當局調整其限制性的大陸經

貿政策，擴大對大陸的市場開放。如不能奏效，則應在適當時機，選擇利用 WTO 的有關機制，對台灣違背世貿規則的做法採取制約措施，以迫使其逐步取消對大陸的歧視性政策。

❖ 國際整合的趨勢

WTO 號稱經貿聯合國，主管各國之間的貿易談判與紛爭。然而，由於組織龐大，會員國數目太多，會員國之間對許多國際經濟問題很難達成共識，更難成為具體政策。世界各國為了加強自身與鄰近國家之間的經貿關係，又紛紛組成各種區域性經貿組織（RTA），其中以歐盟（EU）的整合層次最高，不僅已經達到「經濟同盟」的地步，更在 2004 年完成東擴計劃，由 15 個成員國增加到 25 國。

其次為美洲，北美貿易自由區（NAFTA）與南美洲共同市場（MERCOSUR），其性質為關稅同盟，呈現出南北雙元的整合局面。北美自由貿易區由美國、加拿大與墨西哥於 1994 年成立，為全球最大之自由貿易區，區域內貿易額高達六千億美元。北美自由貿易區成立之後，三國經濟走向即趨向一致，尤其對墨西哥之出口及經濟成長助益特別明顯。

近年來，在美國的強力主導之下，在 2003 年十二月，美國已分別與尼加拉瓜、宏都拉斯、薩爾瓦多、瓜地馬拉，以及哥斯大黎加等國完成「中美洲自由貿易區」（CAFTA）的貿易談判，美洲國家並於 1994 年決議，將在 2005 年成立美洲自由貿易區（Free Trade Area of the Americas, FTAA），涵蓋範圍包括古

巴以外所有北美、中美及南美等 34 個國家。2003 年 11 月，美洲部長會議達成「美洲自由貿易區」的彈性協議，也就是在「最低限度」協議下，各國可以依據自身條件選舉參與或退出不同程度的條款。這種區域性的經貿組織由於成員國可依自己的需要加入，彼此利益衝突較少，其經貿成效也較爲顯著。

❖ 東協加三

歐美的區域整合，固然是成效卓著，亞洲的情況又是如何呢？東協自由貿易區（AFTA）是在東南亞國家協會（ASEAN）下所產生之組織，由泰國於 1992 年提倡組成，共有馬來西亞、泰國、菲律賓、印尼、越南、新加坡、汝萊、緬甸、寮國、柬埔寨等 10 會員。中國大陸自從開始走上「改革開放」的道路之後，經濟的快速成長與龐大的國內市場，每年都吸引了大量的外資流入，使得原先吸引許多外資的東協十國受到很大的影響。尤其中國大量的廉價商品出口，更使東協國家的對外貿易受到重創。1997 年亞洲金融風暴，跟中國大陸的積極出口與人民幣貶值有十分密切的關係。

在中國巨大財經壓力的威脅之下，東協國家原本想要採取孤立的方式，抵制中國大陸的壓力與競爭。經過幾年的努力之後，東協國家發現：他們根本無法抵抗中國的競爭。最後，東協國家終於決定改變策略，他們認爲：要爭取流失的外資，要爭取更多的出口，應該是要加強他們與中國的經貿關係，而不是與之孤立。因此，東協在 1999 年底宣佈：要與中國建立東協

加三（中國大陸、日、韓）的自由貿易區。因為與中國建立自由貿易區，不但可以擴大東協對大陸的出口，也可藉此一優勢再爭取外資到東協投資，然後再出口到大陸。

2001 年 11 月，中國總理朱鎔基與「東南亞國家協會」十國簽署「中國—東協全面經濟合作架構協定」，預計在 2010 年以前建立自由貿易區。中國大陸目前已與東協展開實質內容的諮商，雙方並已同意提前實施「早期收穫計劃」（Early Harvest Plan, EHP），在 2004 年展開自由化的工作。

❖博鰲亞洲論壇

在亞洲，中共目前已經是僅次於日本的第二大經濟體；同時也是世界上成長最快的經濟體，成為 WTO 之正式會員後，在世界上之角色日益重要。在日本提出「東亞自由貿易區」的構想之後，中共立即在 2001 年 2 月 27 日成立「博鰲亞洲論壇」（Boao Asia Forum），其目標是協助亞洲國家拓展其經濟利益，標榜「亞洲人談亞洲事」，並在 2002 年四月舉行會員大會，與會代表包括以亞洲為主的世界四十餘國。此一論壇目前雖然仍相當鬆散，但中共一直以開發中國家龍頭自居，希望在亞洲經濟整合的過程中，藉由博鰲論壇扮演一個舉足輕重主導的角色，進一步鞏固其在亞洲之領導地位。

近年來中共積極推展區域合作，除了本身經貿利益的考量之外；另一個重要的動機，是要藉由區域經濟結盟的方式來孤立台灣，並降低台灣在亞洲區域之影響力。台灣在東亞的經濟

活動力雖然很強，但在政治現實的限制下，時常遭到排擠。中共籌組之博鰲論壇，台灣幾乎完全沒有參與之空間。

❖ 東亞共同體

2002 年，在金邊舉辦的第六屆「東協加三」的高峰會議上發表的共同聲明，揭示「東亞共同體」之合作內容，除了包含經濟與金融合作之外，尚且擴及政治、安全、環境、能源、文化教育。嘗試將「東協加三」高峰會議「對話機制」邁向「建制化」階段，使其成為「東亞高峰會議」之政策意涵。

由於感受中國在東南亞的影響力日益增加，於 2003 年 12 月 11 日在東京舉行的「日本與東協建立夥伴關係 30 週紀念高峰會」上，日本與東協共同發表「東京宣言」，揭示雙方將共同致力推動「東亞共同體」（East Asian community），以提升彼此經貿、政治與安全等領域的合作關係，並謀求在 2012 年底前完成日本與東協的 FTA。

不論是「東協加三」或日本所提出的「東協加一」，都把台灣排除在外。2003 年，在印尼峇里島舉行的「東協加三」領袖高峰會上，共同簽署「巴里島協定 II」（Bali Concord II），期望在 2020 年前將 AFTA 進一步整合成「東協經濟共同體」（ASEAN Economic Community）。中國總理溫家寶更進一步呼應日本倡組「東亞自由貿易區」的構想，並且主張：「東亞自由貿易區」不應該是個「排他性」（exclusive）的組織，但其真意究竟所指為何，尚有待進一步考察。

　　在東協十國與中國及日本、韓國即將形成「東協加一」或「東協加三」的自由貿易來看，台灣若無法加入其中，則可能會被孤立。屆時韓國產品能免稅進入大陸，依照大陸加入 WTO 時所承諾的平均進口稅率，台灣產品還要繳納大約 9.4% 的進口關稅，才能進入大陸市場。台灣的產品不僅無法與韓國競爭，而且無法跟其他國家的產品競爭，台灣可能很快就會被邊緣化，變成真正的「亞細亞的孤兒」。

第三部分
兩岸和平的起點

※ 歐盟經驗

※ 論「一中兩憲」

第八章
歐盟經驗

從本書的析論中，我們可以看出：今天台灣的歷史處境，跟美國企圖維持它在太平洋上的霸權地位，有十分密切的關係。第二次世界大戰結束之後，美國一度對中共和蘇聯等共產國家採取「圍堵政策」，行成東、西對峙的冷戰格局。到了1970年代，美國開始改弦易轍，對中共採取「交往政策」，希望藉此改變中共政權。及至1990年代，東歐共產國家崩解，中國快速崛起，又讓美國備感威脅。1996年，李登輝趁著台灣舉行第一次總統直選的時機，拋出「兩國論」，引發中共對台灣南北兩端發射四顆導彈，美國立刻派出包括「尼米茲」和「獨立號」兩艘航空母艦在內的特遣艦隊巡弋台灣海峽，事後又跟日本簽訂「日美安保共同宣言」，將「周邊有事」的範圍涵蓋台灣海峽。

第一節　台灣的處境

在當前台灣政壇上，陳水扁是個聰明絕頂的人。他在第一任總統任內，政績乏善可陳，在2004年競選總統連任期內，看準了台灣有「美日同盟」的保障，因此師法李登輝的故技，一面提出「一邊一國論」，挑激兩岸關係，一面不斷挑撥台灣內部的族群對立，當美國和中共試圖制止他的台獨作為時，他不但成功地把自己塑造成「反抗中共打壓」的英雄，對台灣前途缺乏中心理念的藍軍領袖也跟著他「拿香對拜」，結果是雙方的支持率不斷拉近，等到大選前一天，發生「兩顆子彈」的槍擊案件，民進黨趁機到處散播謠言，說「中共和國親聯手槍傷陳水扁、呂秀蓮！」結果是在漫天疑雲中，陳、呂以些微差距再度

當選總統。

❖台灣的危機

　　陳水扁連任總統之後，在兩岸關係上，承襲李登輝「戒急用忍」的政策，堅持所謂的「有效管理」；在對美國關係方面，不惜違反預算法，編列 6108 億的特別預算，準備向美國買八艘 1950 年代的柴電潛艦，十二艘即將除役的 P-3C 反潛機，以及 384 枚愛國者 3 型飛彈，幫助美國看守住西太平洋「第一島鏈」，當美國人的「看門狗」；在對日關係方面，則是卑躬屈膝，加緊勾結日本右翼勢力，希望將「台灣問題國際化」；能夠得倒「美日同盟」的保護。美國和日本看準了陳水扁的罩門，對扁政府是予取予求，能吃則吃，該打即打，毫不客氣，絕不手軟。幾年下來，台灣不僅經濟衰退，政府無能，官員貪污，社會動蕩，貧富懸殊日益加劇，而且對外經貿嚴重依賴中國大陸，正常的國際外交則快速萎縮，真正變成了「亞細亞的孤兒」。

　　儘管台灣已經面臨「全面邊緣化」的危機，民進黨政府最關注的問題，仍然是如何在即將到來的各項選舉中贏取選票，繼續掌握政權。對於「選舉有術，治國無方」的民進黨而言，賺取選票的上上之策，莫過於炒作統獨議題，對內挑撥族群對立，對外挑激兩岸關係。目前，陳水扁已經組成了「修憲委員會」，準備在台灣各鄉鎮辦一萬場「修憲座談會」，緊鑼密鼓地再玩一場「中華民國是台灣」的「新戲碼」。

❖和平與戰爭的抉擇

　　然而，陳水扁要想重施故技，卻必須正視一項嚴肅的課題。
今天所謂的「台灣獨立」，並不只是台灣人想要「出頭天」而已，
還牽涉到中共生死存亡的根本利益。本書第二章指出：中國崛
起之後所面臨的最大危機，是能源短缺的問題。目前中國所需
的石油三分之一靠進口，而進口石油的五分之四必須運經麻六
甲海峽。台灣海峽是中國東南海運的必經要道，如果台灣存在
一個對中國充滿敵意的「獨立政權」，動不動就要卡住中共的咽
喉命脈，請問：這對中國是可忍，孰不可忍？

　　2005 年七月，中共國防大學防務學院院長朱成虎少將已經
對美國發出警告：如果中美兩國因台灣問題發生軍事衝突，中
國別無選擇，只能動用核子武器。軍事觀察家普遍認為：朱成
虎的警告，意味著中國正在努力將其「有限核威懾」戰略，調
整成「有效核威懾」。目前中共大約有 400 枚核彈頭，只能對敵
對勢力作有限的威脅。然而，只要將戰略核彈頭數量擴充一倍，
接近 800 枚到 1000 枚，中共便能和美國形成基本的戰略平衡。
其間差別只是在於：美國能毀滅中國 N 次，而中共能毀滅美國
1 次。在這種「保證相互毀滅」的戰略平衡之下，美國是不過
還願意插手台海事務？

　　自從中共通過《反國家分裂法》之後，台灣要不要繼續走
「獨立」的道路，其實已經變成「和平」和「戰爭」的抉擇。
在這樣的態勢之下，台灣的政治領導人該選擇什麼樣的道路來
謀求台灣的最大利益？

第二節 歐盟的發展

　　本書主張：「一中兩憲，歐盟經驗」。認為以「一中兩憲」的原則作為基礎，藉助歐洲聯盟的發展經驗，我們就能夠打破兩岸對立的僵局，建構出兩岸間和平穩定的關係。然而，什麼叫做「歐盟經驗」呢？首先我要指出的是：一般人常說「歐盟模式」，其實「歐盟」並不是一個固定的「模式」，它是歐洲人發揮前所未有的想像力和創造力，打破傳統「國家主義」的概念，經過半個世紀的努力，才建構出來的一種「超國家體制」。今天的「歐洲聯盟」（簡稱「歐盟」，European Union）是由歐洲共同體（簡稱「歐體」European Communities）發展出來的，是一個集政治實體和經濟實體於一身，具有重要的影響的區域組織。

　　「歐洲煤鋼共同體」的構想是法國外交部顧問莫內（Jean Monnet）最先提出來的。第二次世界大戰結束後，他認為：如果歐洲能創造一個共同體，分享煤鋼生產、貿易與原子能的主權，則歐洲將不可能再發生戰爭。這是戰後西歐重建經濟與預防戰爭的最佳方式。法國外交部部長舒曼（Robert Schuman）接受了他的建議，兩人合作，開創了歐盟的歷史。

❖歐洲煤鋼共同體

　　1950 年 5 月 9 日，蘇曼在部長會議中，發表莫內所構思的計畫，建議將德、法兩國的煤鋼生產置於一共同的管理機構之下，奠定歐洲共同體之基石。舒曼宣言（Schuman Declaration）

的歷史性倡議，是邁向歐洲整合的第一步，對建立有組織而且
強大之歐洲，以維護人類文明和世界合作，有非常大的貢獻。

　　1951 年 4 月 18 日，荷、比、盧、法、德、義六國在巴黎
簽署設立「歐洲煤鋼共同體公約」（European Coal and Steel
Community, ECSC）。根據該一公約，建立了四個主要機構：高
級公署機構（High Authority）、部長特別理事會、共同議會
（Common Assembly）與法院（Court of Justice）。這是一個類
似煤鋼卡特爾之組織，爲了有效執行其工作，會員國政府必須
轉移其部份主權給歐洲煤鋼共同體，煤鋼共同體具有干預會員
國經濟的有限權力，在特別情況下，對有關煤鋼業投資和產量，
可採取直接影響生產和市場之措施。歐洲煤鋼共同體運作非常
成功，在最初五年，六國之間的煤鋼交易增加了 129%。

　　在 1955 年六月初舉行的麥星那會議（Messina Conference）
上，煤鋼共同體六個會員國的外長認爲：要建立一個強大統合
的歐洲，必須以發展原子能和平用途及建立歐洲共同市場作爲
目標，進一步建立經濟領域之合作。他們決定由比利時外長史
巴克（Paul-Henri Spark）擔任召集人，展開研議工作。1956 年
四月，史巴克報告出爐，建議建立共同農業政策，共同競爭政
策，調合各國法制，成立關稅聯盟（Customs Union），讓商品、
人員、勞務、資本得以自由流通，並設置部長理事會（Council
of ministers）、歐洲執行委員會（European Commission）等機構，
以執行上述任務。

❖歐洲經濟共同體

　　1957 年 3 月 25 日，荷蘭、比利時、盧森堡、法國、德國、義大利六國在羅馬簽署「羅馬條約」（Treaty of Rome），「歐洲原子能共同體」（European Atomic Energy Community），將原子能進一步轉移到和平的用途上，並成立「歐洲經濟共同體」（European Economic Community, EEC），將個別的國家市場合併成一個單一市場。在共同的經濟政策之下，確保貨物、人員、資金與服務的自由流動。

　　1973 年，丹麥、愛爾蘭、英國加入歐洲經濟共同體，1976 年，希臘、葡萄牙、西班牙亦申請加入。1981 年一月，希臘成為正式會員國，1986 年西、葡正式成為會員國，土耳其、奧地利、瑞典、瑞士、挪威、塞普露斯、馬耳它也陸續申請加入，1995 年 1 月 1 日奧地利、瑞典、芬蘭正式加入。

　　「歐洲經濟共同體」與「歐洲原子能共同體」共同設置一個歐洲議會、歐洲法庭及歐洲執行委員會。聯同煤鋼共同體，各自具備不同之法源基礎。各共同體會員國於 1967 年簽署公約，將三個共同體的「部長理事會」與「執行委員會」合而為一。1978 年二月，歐洲議會決議：上述三個共同體代表整體的「歐洲共同體」（the European Communities），但是上述三項條約依然分別存在，且單一機構管轄之事務與權限，仍依各共同體條約之規定。

　　1985 年六月，歐洲執行委員會向會員國首長高峰會議，提出完成內部市場白皮書，計劃於 1992 年底以前完成三百多項法

案，排除所有共同體內部障礙，以實施單一市場計畫。

　　1987 年 7 月 1 日「單一歐洲法案」（the Single European Act）生效，將歐洲理事會定期化，以確保共同體能採取任何必要措施，俾於 1992 年十二月卅一日前，完成內部市場，並消除貨物流通之邊境管制，以及貨物加值稅之管制。

　　1990 年 6 月 19 日，簽訂申根和約（Convention de Shengen），旨在漸次消除國境關卡的管制。

❖ 歐 洲 聯 盟

　　1992 年二月，馬斯垂克「歐洲高峰會」通過「歐洲聯盟條約」（the Treaty on European Union）即馬斯垂克條約（Maastricht Treaty），修改歐洲經濟共同體、煤鋼共同體及原子能共同體等條約，並將「歐洲經濟共同體」由經濟結合之團體，轉變成爲一個更具政治性的歐洲聯盟（European Union），於 1993 年 11 月 1 日生效。

　　2002 年 11 月 18 日，歐盟十五國外長在布魯塞爾舉行會議，決定邀請塞浦路斯、匈牙利、捷克、愛沙尼亞、拉脫維亞、立陶宛、馬耳他、波蘭、斯洛伐克和斯洛文尼亞十個中東歐國家入盟。上述十國的入盟談判是從 1998 年三月開始，2002 年十月結束。2003 年 4 月 16 日，在希臘首都雅典舉行的歐盟首腦會議上，上述十國正式簽署加入歐盟協議。2004 年 5 月 1 日，這十個會議簽署國正式成爲歐盟的成員國。

　　這是歐盟歷史上的第五次擴大，也是規模最大的一次擴

大。歐盟以往的擴大，都是向西方國家開放，而這次入盟的十
國，大多為中東歐和波羅的海沿岸國家。此次擴大後的歐盟成
員國從十五個增加到二十五個，總體面積擴大近 74 萬平方公
里，人口從約 3.8 億增至約 4.5 億，整體國內生產總值增加 5%，
從現在的 9 萬多億美元增加到 10 萬多億美元，經濟總量與美國
不相上下，使歐盟的整體實力更為增強。

第三節　歐盟的支柱

「羅馬不是一天造成的」。從上述簡短的回顧中，我們也可
以看出：歐盟也不是一天造成的。從本書第一章的國際整合模
式來看，今天的歐盟是從最低層次的經濟整合開始，在 1950 年
建立「歐洲煤鋼共同體」，然後逐漸加深、加廣，發展到一定程
度後，再進行政治整合。經過半個世紀的努力，才有今天的格
局。在 1992 年簽訂的「馬斯垂克條約」（Treaty of Maastricht），
很清楚地標示：歐盟是「歐洲人民間不斷建立更緊密關係之過
程的一個新階段」（a new stage in the process of creating an ever
closer union among the peoples of Europe）。

❖ 經濟的整合

今天的歐盟是以「馬斯垂克條約」建立各種合作形式，組
織各會員國及其人民間之關係，同時也建構出支撐歐盟屋簷三
個支柱：第一支柱是以經濟暨貨幣聯盟為基礎，繼續擴大和深
化共同體的組織功能，完成共和體經濟整合暨貨幣整合，並由

經濟整合朝向政治非經濟整合，以期達到聯盟目標。第二支柱是建立聯盟的共同外交和安全政策；第三支柱則是促進聯盟的司法與內政的合作。

第一支柱：經濟暨貨幣的整合

為了以市場經濟自由競爭的法則，整合會員國間之經濟政策，繼「羅馬條約」之後，「歐洲單一法」全力消除聯盟內部市場的實質性、技術性、以及財政性障礙，促成聯盟內部市場人員、貨物、資本、服務的自由流通，完成單一市場，也締造出貨幣整合的條件。

為了開創單一貨幣，穩定價格，以維護共同體的經濟政策，馬斯垂克條約確立歐洲貨幣聯盟（Europe Monetary Union, EMU）的三個執行階段：1999 年元月 4 日，創立歐元（Euro），使其成為聯盟的單一貨幣。2002 年元月 1 日至 6 月 30 日，歐元紙鈔與硬幣正式在市場流通，官方與民間所有交易均以歐元計算。從 2002 年七月 1 日起，歐元成為歐元區唯一法定貨幣，各國貨幣停止流通。

❖政治的統合

在「羅馬條約」中，歐洲議會僅有程序上被諮詢的地位，沒有任何決策權力。「歐洲單一法」（1986）、「馬斯垂克條約」（1992）、「阿姆斯特丹條約」（1997）相繼改革「羅馬條約」，強化歐洲議會民主制度之正當性，其決策程序才有明顯的轉變。「歐洲單一法」建立理事會與歐洲議會間之共同合作程序

（co-operation procedure），以及歐洲議會共同同意程序（assent procedure），馬斯垂克條約再導入共同決定程序（co-decision procedure），使歐洲議會成為具有立法權之機構。「阿姆斯特丹條約」則擴大共同決定程序和同意程序之適用範圍，加強歐洲議會之民主性。

第二支柱：共同的外交和安全政策

「馬斯垂克條約」指出：「歐洲防衛共同體」是歐盟發展的整體部分，聯盟必須透過「歐洲防衛共同體」，實現聯盟有關防衛方面所採取之共同立場和共同行動。但聯盟必須以一致的程序，形成適時的共同防衛政策，歐洲聯盟理事會，才能動用「歐洲防衛共同體」之軍隊。

第三支柱：司法與內政的合作

為了使共同體內人員自由流通，司法與內政的合作是必須具備的配套措施。為了保障會員國共同的利益，針對政治庇護、移民、掃毒、掃黑，國際詐騙，海關和警察必須進行民、刑事司法合作，會員國必須以共同立場及共同行動，採取締結條約的形式，來進行這些政府間的合作。

隨著聯盟的進程，歐洲公民資格的權利義務概念，也不斷地在演變。馬斯垂克條約生效以來，除了在共同體內自由通行，居住之外，具有歐洲公民資格者又有了一些新的權利：任何一位歐洲公民，即使他不是居住地會員國之屬民，亦具有與該會員國公民相等的選舉、被選舉權，以及歐洲級選舉權。在與本國無外交關係之第三國居住的公民，亦與該第三國有外交關係

之其他會員國民，享有相同的外交及領事保護權。

❖主權讓與

歐盟並不是一般的國際組織。對其會員國而言，歐盟有獨立的制度、機構、以及自主性的法律和管轄範圍。國際組織在本質是「合作的組織」（organizations of cooperation），而不是「整合的組織」（organizations of integration）；合作的國際組織，只有單純的功能性質，並不影響組成國家內部的管轄權，也不影響主權國家的基本架構。整合的國際組織，其目的在於統整組成國家一部分的領土和人民，它擁有國家形式的立法或管轄權，在國家領域內，代替國家機關，對人民行使權力，因而打破了主權國家領土管轄堅強的排他性。這種「超國家組織」（supranational organization）遷動了國與國間的聯盟架構，導致「主權的重新整理」，而拋棄了「主權不可分」之傳統觀念。

今天的歐盟常跟美國有一些相似之處，但其歷史發展過程卻完全不同。歐盟會員國為了達成整合的目的，如同美國各州那樣，同意讓出部份主權以建立聯邦共和國。在讓出國家主權的範圍內（例如，農業與貿易），會員國直接與聯盟交涉。可是，會員國在安全與國防方面則保有主權。在馬斯垂克條約之後，在會員國一致同意的某些對外與安全政策領域上，也可以採取聯合行動。美國的聯邦模式鼓舞了歐洲人尋求政治上的整合，可是，歐洲人卻建構出自己的整合模式，以確保歐洲國家在歷史、文化與語言上的多元性。

第四節　歐洲理念的提倡

❖歐洲的理念

　　到歐盟國家旅行過的人，不需要簽證，也不需要經過任何檢查，便能夠自由穿越國境，大多會感到十分驚奇：歐盟國家怎麼能夠做到這點？瞭解支撐起今日歐盟的三根支柱之後，大家可能更覺得好奇：歐洲人怎麼會想到要建立如此宏偉的「超國家體系」？他們建構歐盟的精神和經驗，對於解決當前台灣的問題，又有什麼樣的啓示？

　　爲了回答這幾個問題，我們必須對歐洲的歷史作幾點考察。由於繼承了羅馬帝國的文化遺產，早在十六世紀，就有人提出：以歐洲理念來統一歐洲。法國大革命時期的浪漫主義詩人雨果（Victor Hugo，1802-1885），在他的詩作裡便曾經寫道：

> 「總有一天，到那時，所有的歐洲國家，都將整合在一個
> 更高的層級裡，無須丟掉你們各自的特點和閃亮的個性；
> 到那時，你們將構築歐洲的友愛關係…」

　　第一次世界大戰結束後，由於舊俄羅斯和奧匈帝國的瓦解，如何營建歐洲的新秩序，成爲當時政治人物的新課題。爲了彌平戰後的空虛，許多知識份子紛紛投入「歐洲理念」的建構。不久，主張「國家主義」的希特勒（Adolf Hitler, 1889-1945）崛起，並意圖以武力創建新歐洲。納粹黨在第二次世界大戰間蹂躪了整個歐陸。戰爭結束後，歐洲知識份子才又開始吸取歷

史經驗，再接再厲地致力於歐洲整合的建構。1946 年 9 月 19
日，邱吉爾在蘇黎世大學演說，倡議成立「歐洲合眾國」（the
United States of Europe）。戴高樂則積極推銷「第三勢力」（Third
Force）的構想，意圖統合西歐力量，在美蘇兩大勢力之外，為
法國與西歐另闢一片天地。

❖ 歐洲之父莫內

在歐盟開創之初，有幾個重要人物是特別值得一提的。第
一位是後來被尊稱為「歐洲之父」的莫內。莫內（Jean Monnet,
1988-1979）出生於法國的科涅克（Congnac），家族經營科涅克
白蘭地。十六歲時，他決定放棄大學入學考試，並搬到倫敦，
花了兩年的時間學習商業和英文。後來，他為了家族生意，而
旅行各國，包括：斯堪的那維亞半島、俄國、埃及、加拿大、
和美國。

1914 年，莫內因健康因素，得以免除兵役；但是他決定以
其他方式貢獻國家，而致力於處理戰時的資源供應問題。莫內
認為：整合法國和英國的戰爭資源，是協約國取得勝利的唯一
途徑；他因而提出一個協調雙方資源的計劃，而為法國政府所
接受，並予以執行。

由於他在戰爭時期的貢獻，1919 年戰爭結束後，三十一歲
的莫內，在法國總理克里門梭（Clemencean）和英國外相貝爾
福（Balfour）組成的國際聯盟（League of Nations）中，出任副
秘書長。

因爲聯盟內的決策採取全體通過的「一致決議」，莫內很快的就對此一組織不抱希望，並於 1923 年辭去秘書長一職，全心全意的整頓家族生意。不久後，他出任國際財務官，在 1927 年和 1928 年，分別幫助波蘭和羅馬尼亞穩固其貨幣幣值，復甦經濟。1929 年，他利用自己在國際財務方面所累積的經驗，成立並共同管理舊金山的一家銀行 Bancamerica-Blair。從 1934 年到 1936 年，莫內受蔣介石之邀，住在中國，協助其重建中國境內的鐵路網。

1939 年 12 月，莫內被派至倫敦，監督英法兩國的戰時經濟生產。當法國政府於 1940 年六月倒台時，莫內藉由其影響力，鼓勵戴高樂和邱吉爾成立法國和英國的聯盟，以共同抵禦納粹主義。

1940 年 8 月，英國政府派莫內以英國供應協會委員的名義，到美國協商，購買戰時所需資源。他到達華盛頓不久，即成爲羅斯福總統的顧問，並說服羅斯福總統，展開一個大型的武器生產計劃，把美國變成「民主兵工廠」，用來供應同盟國所需的軍事用品。

❖莫內的理想和蘇曼

作爲法國政府流亡在阿爾及爾之「國家解放委員會」（National Liberation Committee）的一員，在 1943 年 8 月 5 日舉行的一場會議中，莫內便向委員會公開宣稱：

「假如各國都以國家主權的方式重組，歐洲將永遠不會有

和平。歐洲各國太小，無法確保人民獲得必要的繁榮和社
會發展。歐洲各國必須重新組成一個聯邦…」

當時呼應莫內的「歐洲理念」，使其得以落實的重要人物，
是法國外交部長舒曼（Robert Schuman）。舒曼本籍洛林省鵝湖
朗居鎮（Evrange）。從 1870 年普、法戰爭結束後，德國佔領阿
爾薩斯‧洛林省，長達四十八年之久，直到第一次世界大戰結
束，才將其歸還給法國。

舒曼的父親於 1871 年抗德戰爭後，遷住盧森堡。1886 年
舒曼誕生，先後在波昂、慕尼黑、柏林等大學研讀，1910 年在
史特拉斯堡大學完成博士學位。1912 年在德國境內的 Metz 執
業律師，第一次世界大戰被德國徵兵入伍，一直到 1919 年 33
歲，才恢復法國籍。

舒曼的德國經驗深深地影響了他的一生。對舒曼而言，法、
德兩國人民的大和解，不僅是理性思考的結論，而且是從心理
流露出來的感情。他不像阿爾薩斯‧洛林人那樣地懷恨德國人，
相反的，他始終在思考如何化解法、德兩國人民的夙怨敵意。

第五節　兩種力量的對抗

第二次大戰後的世界冷戰體系，形成東西兩大陣營的對
峙。美國歷經二次大戰洗禮，搖身一變成為「民主兵工廠」。美
國貿易佔世界貿易總額之比例，也從 1890 年之 6%，向上揚昇
為 1950 年之 25%；同一時期，歐洲則從 80%大幅滑落為 30%。
歐洲的世界領導地位也因此而被美國所取代。

❖對德國的兩種態度

　　德、法兩國可以說是「世仇」，法國在 1870 年到 1940 年間，先後被普魯士和德國踐踏摧毀三次；第二次世界大戰後，東西陣營對立的冷戰局勢，第三次世界大戰隨時可能一觸即發。被佔領的德國分裂成東、西德，英、美盟國爲對付蘇俄的威脅，不斷向法國施壓，積極要法國同意西德整軍。在美國施壓之下，法國必須面對西德整軍的挑戰，以抵制蘇聯的威脅。法國內部也因此而分裂成爲「歐洲統合派」以及傳統以「國家主義」作爲基礎的「分裂德國派」。

　　主張聯邦主義的「歐洲統合派」認爲：惟有透過歐洲共同防衛體的計劃，才有可能避免德法之間發生戰爭。如果將德國納入一個超國家的組織，透過此一超國家組織之會員的關係，法國將有可能約束德國，而不讓德國成爲主導歐洲的力量。

　　「分裂德國派」則認爲：英國對於世界上其他地區的事務仍有高度的興趣，因此英國不可能成爲歐洲真正的強權。相反的，德國終將成爲歐洲重要的強權。由於德國在戰後經濟復原迅速，到了 1950 年代初期，「分裂德國派」開始擔心：德國的經濟潛力是否會轉化成爲軍事力量，他們甚至認爲：共產蘇聯在遙遠的地方，而強大的德國就在隔鄰，法國一定要有所因應。

❖「舒曼宣言」

　　「舒曼宣言」就是在這樣的時代背景之下被提出來的。二次大戰後，莫內向法國政府提出一個「全面經濟重建與現代化

的計劃」，1949 年，經戴高樂任命為計劃委員會總長，監督法國經濟的復興。擔任此一職務的經驗使莫內體會到，德國和法國為控制萊茵河煤、鋼生產區所產生的摩擦，已經逐漸增強到一種危險的程度，很可能會再次引發國際戰爭。

為了解決法、德兩國的宿怨，莫內刻意迴避法國的行政官僚體系，而直接向當時的外交部長舒曼進行遊說。他在舒曼的授權下，草擬了「舒曼宣言」，建議法國和德國成立一個高級公署，將煤、鋼的生產和貿易，以共同控制的方式結合，並開放給其他的歐洲國家參加，建構出歐洲設立「歐洲煤鋼共同體」的第一步。

「舒曼宣言」明白昭示：歐洲煤鋼共同體的目標不是經濟的，而是政治的，它企圖「一勞永逸地終結法、德的敵對」。舒曼宣言所構想的「歐洲煤鋼共同體」不僅在目標上是一項創舉，就是方法上也具有劃時代的革命性意義。自十七世紀以來，法國人一直堅信：「德國的虛弱就是法國的強盛」，這個宣言等於向全世界宣示：法國已經揚棄了「分裂德國」的傳統策略解決了數世紀來魯爾工業區的爭議，當然也完滿地處理了有關德國整軍的棘手難題。

「舒曼宣言」最具創意性的構想，在其達成歐洲整合的功能性步驟。莫內深深體認到，歐洲人民希望有積極可行的整合計畫。如果政治人物、政府官僚以及既得利益的業者知悉此一計畫，一定會積極介入，最後必然會在妥協下，犧牲具有創意的「歐洲煤鋼共同體」。越過政府官僚體系，而直接訴諸以法、

德爲主的歐洲人民，應當可以獲得更可觀的政治效果。因此，在規劃煤鋼共同體的藍圖時，他不僅沒有徵詢過政府行政部門，也沒有讓煤礦及鋼鐵生產部門知道。

1950 年 5 月 9 日上午十點，舒曼在畢多內閣部長會議，正式提出與德國和解及成立煤鋼共同體的宣言，同時派他的老友阿爾薩斯法官 Robert Mischlich 親自送信件到波昂，交給德國總理愛德諾。內閣政府通過提議後，當天下午四點，舒曼在法國外交部大時鐘廳召開記者會，發表歷史性的「舒曼宣言」，提出解決法、德兩國宿怨敵對的方案。

❖ 德國的反應

戰後當了十四年西德聯邦共和國總理的愛德諾（Konrad Adenauer），出生於萊茵河畔的科倫市，是個虔誠的天主教徒，也是政治上的保守主義者。從 1917 年開始，當了 12 年的科倫市長，政績斐然。他因爲對普魯士擴張主義懷有戒心，1920 年代曾企圖推動萊茵河地帶獨立。1934 年，希特勒取得政權一年後，愛德諾被捕，其後被軟禁在家。1945 年復出參與政治時，已經 69 歲。

德國在第二次大戰戰敗之後，喪失了近十二萬平方公里的土地，剩餘的部份則由美、英、法、蘇俄所佔領。在德國參與煤鋼共同體之初，正是東西冷戰最緊張的時期。由於它是戰敗國，在國境內又有其他國家之駐軍，當時德國人深知，在東西兩極冷戰體系對抗之下，德國根本無法靠自己的力量，保障本

國的安全。因此，德國參與歐洲統合的原始動機，一方面是想藉由與其他國家協商的機會，突顯自己國家的獨立主權，爭取平等的地位。另一方面，則是為了國家安全的考量。

在此之前的 1950 年 1 月，愛德諾曾與舒曼見過面，商討有關接管薩爾的問題。1950 年 3 月，愛德諾曾經對包括舒曼在內的法國政要建議成立法、德聯盟，可惜法國當政者認為時機尚未成熟，並沒有進一步的進展。

由於西德政府急著想要脫離被英、美、法三國聯軍佔領的尷尬情勢，愛德諾在 1950 年月 9 日當天收到舒曼的親筆信函，看到法國政府非常有誠意地提出解決數世紀來法、德敵對的方案，立即給予熱烈的回應。

在德、法、義、荷、比、盧六國推動統合的初期，德國為了要參與整合與談判，採取非常低的姿態，整個歐洲統合似乎都是依照法國的主觀意志在進行。然而，德國人對於「法、德合作」也並不是沒有反對意見。當時西德的社會民主黨魁舒馬赫（Kurt Schumacher, 1985-1952）認為：德國的統一有賴蘇聯的合作。以法、德為主軸成立的「歐洲煤鋼共同體」，會加深美、英、法西方與蘇聯的決裂，有礙將來德國的統一；因此大力抨擊愛德諾，譏諷愛德諾是「盟國的總理」。

從以上的故事，我們可以看出：在歐洲整合的過程中，不論在那一個國家，都有「國家主義」和「超國家主義」兩種力量在互相抗衡：主張「國家主義」者，是以戰爭和歷史的考量，認為保護國家主權是一個政府之基本任務。主張「聯邦主義」

或「超國家主義」者，則是以區域合作的理念，不斷激發建構命運共同體的新創意。在歐洲聯盟的建構過程，幾個主要條約的簽訂，都是代表「超國家主義」的力量超越「國家主義」的結果。

❖戴高樂的國家主義

我們可以再用戴高樂的故事來說明這一點。在二次大戰期間，從 1940 年 6 月起，戴高樂（Charles de Gaulle, 1890-1970）在英倫領導「自由法國」，與英、美聯軍合作，一直到法國完成解放。戰後他擔任臨時政府主席，不到兩年，由於內閣制的政治結構不穩定，遂於 1946 年 1 月辭職。十二年後，因為阿爾及利亞解放陣線的武力抗爭，引發法國第四共和政治動盪，戴高樂才再度復出。

戴高樂是個國家主義者，強烈維護法國的國家主權。第五共和成立前的 1957 年，在第四共和體制下，法國與其他五個國家簽署「羅馬條約」，建立「歐洲經濟共同體」。可是，戴高樂卻非常敵視所謂超國家體制的「歐洲經濟共同體」。他認為：由大多數是外國人及技術官僚組成的議會，表面上說是要為歐洲立法，其實根本就是無視法國的國家利益。

1958 年，戴高樂將軍再度掌權。當年正是「歐洲經濟共同體」正式開始運作的第一年。對於戴高樂的復出，許多熱心推動歐洲整合的政要和知識分子都提心吊膽，唯恐戴高樂會使剛剛開始運作的「歐洲經濟共同體」坎坷難行。

幸好，戴高樂一上台，就完全接受 1957 年 3 月 25 日簽約的「羅馬條約」，法國也積極參與歐洲整合的運作。1958 年 9 月 14 日愛德諾到戴高樂的鄉居訪問，其聯合公報清楚標誌法、德兩國將緊密合作，加強大西洋同盟，促進歐洲的發展，進而維護世界和平。

在 1958 年至 1962 年期間，戴高樂全人致力於解決阿爾及利亞的危機，無暇留意歐洲整合的發展，而在這段期間，歐洲共同市場又有優越的進展，經濟發展十分快速。

❖ 合作與干擾

法、德合作的具體例子之一，是經過將近八年的協商，終於制定出「歐洲共同農業政策」。德國是強大的工業國家，其工業產品擁有競爭優勢，需要廣大的歐洲市場，可是也希望能從全球各地購買廉價的農產品。法國雖然也有相當的工業基礎，但是卻希望能以較高的價格，將剩餘的農產品銷售給歐洲經濟共同體的其他會員國。經過長久的協商之後，雙方終於達成協議，於 1962 年 1 月 14 日成立「歐洲農業平準基金」，基於歐洲共同市場內自由流通的原則，保障並統一每種農產品的價格，而且會員國必須優先購買歐洲經濟共同體的農產品。

然而，戴高樂對歐洲整合並非毫無保留的支持。1965 年，戴高樂與「歐洲經濟共同體」首任（1957-1965 期間）執委會主席德籍的哈爾斯坦（Walter Hallstein）發生爭論，讓人以為他是「歐洲經濟共同體」的死對頭。戴高樂在執政期間對「歐洲經

濟共同體」作過不少「干擾」。他曾經兩次否決英國申請加入「歐
洲經濟共同體」，並曾經主導過「空椅子」事件。

　　依照「羅馬條約」的規定，六個會員國將以十二年爲過渡
期，俟屆滿之後，建立關稅同盟。沒想到在此一過渡時期即將
屆滿之際，由於戴高樂不願意見到關稅同盟建立後，各國必須
將對外貿易主權讓渡給共同體的超國家機構,而在 1965 年七月
六日召回其駐在歐體的代表，執行其不出席談判的所謂「空椅
子政策」，而使共同體的運作陷入嚴重的危機。直到 1966 年一
月，各國於盧森堡取得協議，法國才終止不合作態度。

第六節　英國的矜持

　　從英國對於歐盟的態度，我們更容易看出「國家主義」和
「超國家主義」兩種理念的抗拮。英倫三島孤立在歐洲大陸之
外，英國人有強烈的島嶼性格。英國雖然是歐洲國家，但十六
世紀之後，歐陸國家逐漸形成民族國家。德、法、奧、俄等大
國爲爭取歐洲霸權，經常發生戰爭。英國由於其島國位置，相
對免於受到歐陸大國之侵擾，而能積極發展海上貿易及殖民擴
張，建立號稱「日不落國」之大英帝國。

　　第二次世界大戰之後，大多數英國人認爲：英國擁有大英
國協及美國做後盾，不必加入「歐洲經濟共同體」，仍然可以保
持獨立自主的國際地位。1956 年，當莫內積極爲「歐洲經濟共
同體」催生時，英國依舊抱持敵對的態度，拒絕參與任何有損
其國家主權的國際組織。

大英國協（The Commonwealth）是戰後英國爲了加強與其有歷史淵源國家之關係，所成立之「自願性協會」（a voluntary association）。其會員國分散於全球五大洲，涵蓋 17 億人口，約占世界總人口 30%。大部分會員國過去曾經是英國的屬地或殖民地。

戰後十幾年間，英國的殖民地紛紛爭取獨立建國，其實力急速衰退，主導世界的地位也由美國取代。在國際事務中，這些新興獨立國家並非完全支持英國的政策，使英國對大英國協頗爲失望，因而積極聯合瑞典、瑞士、奧地利等國，成立「歐洲自由貿易」組織。

1957 年 3 月 25 日，「歐洲經濟共同體」簽署「羅馬條約」後，六個會員國（法、德、義、荷、比、盧）因爲地理位置鄰近，又位居西歐地理核心，在關稅消除過程中，短短幾年內，會員國經貿快速成長，經濟規模發揮了應有的效應。可是，在同一時間之內，以英國爲首的「歐洲自由貿易組織」卻收不到預期的效果，與「歐洲經濟共同體」的差距也愈來愈大。

歐體採取關稅同盟形式作經濟整合之後，在 1957 年至 1960 年期間，六個會員國國民生產毛額（Gross National Product，簡稱 GNP）平均年成長率爲 15%，高於英國同期之 10.8%。歐體會員國與英國同期之工業產值年成長率分別爲 24%以及 15%。歐體會員國間之內部貿易在 1959 以及 1960 年也分別大幅成長了 19%與 25%。歐洲共同市場在六〇年代因此呈現出一片繁榮景象。

❖永久的國家利益

英國外交一向以務實著稱，奉行的原則是：「英國沒有永久的朋友或敵人，只有永久的國家利益」，對歐盟關係之發展，亦不脫離此一原則。英國 1960 年代申請加入「歐體」，主要是基於國家利益之綜合考量：評估加入「歐體」所帶來之利益，是否高於主權向「歐體」之退讓：或不加入「歐體」所產生之損害，是否高於主權之維護。現實的考量迫使精明的英國人不得不積極爭取加入「歐體」。

「歐體」的經濟整合也是以「歐洲利益」作爲中心。會員國必須先行吸收整合效益，以確保肥水不落外人田。所以，「歐體」每一階段的經濟整合或共同政策之推動，原則上皆採取「內部自由、外部保護」的策略，以方便歐體內部從事結構性的調整。俟歐體產業取得經濟規模，或其他整合利益而壯大發展後，再採取自由政策，對外開放。

1960 年代初期，英國工黨執政，於 1961 年八月及 1967 年五月兩次申請加入歐洲經濟共同體，皆因法國阻撓而告失敗。1969 年英國第三次申請加入，終於被接受，並於 1973 年元月 1 日正式成爲會員。然而，英國政黨內部及民間卻出現重大爭議及分裂。1975 年六月英國透過「公民投票」程序，以 67.2%贊成加入「歐體」，英國入會案才告確定。

❖雙軌並行，相輔相成

英國對於歐盟的理念，跟大多數歐盟國家也有相當大的差

異。英國認為歐盟應當以「經濟整合」（economic integration）作為主要目標，而不是追求較為敏感之「政治統合」（political unification），這也是英國加入歐體的前提條件之一。經濟整合乃基於國家自願性結合所成立的組織，以追求會員國之經濟繁榮作為主要目標。政治統合除了經濟整合或其他功能性合作之外，並追求更高層次的政治合作、同盟，或建立聯邦式的超國家組織（supranational organization）。

歐陸學者及歐盟官員通常是從「整合理論」（integration theory），來論證歐洲聯盟，將其視為一個擁有不完全主權的「超國家組織」，以條約為基礎，有組織機構建制，有獨立預算及財源，有獨立司法體系，有法律人格及對外交往能力，而與傳統國際組織有所不同。但英國卻是從「國際主義」（internationalism）來解釋歐洲聯盟，將其視為一個國際組織，跟其他國際組織沒有太大差異。

英國對歐盟整合目標的認知，影響到它對歐盟統合理論之詮釋。在統合模式方面，歐盟官僚及歐陸學者主張「超國家主義」（supranationalism），以深化歐洲統合。但英國卻主張採取「政府間合作」（intergovernmental cooperation），認為歐盟不宜擴權。攸關歐洲統合的各項重大議題，包括共同外交及安全政策，皆應以「政府間合作」的模式，透過政府間的談判和協商，以尋求合作方案。結果，歐盟統合是以「政府間合作」及「超國家主義」兩種模式，雙軌並行，相互約制，而又相輔相成。

❖歐盟內之異議份子

　　國際組織通常都是由強國所發起，制定遊戲規則，掌控決策與運作。在大多數情況下，國際組織很難擺脫強權政治模式。大國有時不免濫用特權，影響其他國家的合作意願。歐盟則跳脫傳統模式，會員國基於主權平等而參與「歐體」，並各自保留國家獨立主權。歐盟針對重大決策，採取「一致決」投票模式，賦予小國否決權，在歐洲統合過程中，避免犧牲其利益或被大國所操縱。

　　英國加入歐體之後，在許多場合經常衝撞歐盟的決策，成為歐盟內部之異議份子。但英國的不同意見卻使得歐盟權力結構更加均衡，更能夠採取不同觀點，決策益加宏觀，所得結論也較為客觀合理。充份反映出西方國家尊重少數意見，彼此談判妥協之「民主」精神。因此歐盟共同政策通常反映歐洲產官學界綜合論證之智慧結晶，較為務實可行，避免威權式的一言堂，比較不會產生盲目躁進之政策。

第七節　歐盟的啟示

　　從以上的回顧，我們可以看出：歐洲的整合是一個漫長的過程，歷經了半個世紀的努力，才形成目前的歐洲聯盟，而其整合的過程也都尚未宣告結束。因此，歐盟模式絕不等同於任何政治統一的意涵。

❖ 入盟的條件

歐盟模式還有一項重要意涵，就是會員國必須接受並共同維護自由民主體制。任何一個國家想要加入歐盟，都要滿足三個要件：（1）政治上必須實行民主和法治的制度；（2）對於人權的保障，要符合一定的標準；（3）在經濟上要建立一個市場經濟運作的制度。經濟上要成為一個市場機制的國家，似乎比較容易，只要改變經濟政策，開放發展民營企業，並減少國營企業的比率，就可以在短期內達到目的。

要在政治上實施民主政治，可能較為困難，尤其是共產集權的國家，要舉行民主選舉並且遵守法律規範，一定要有一段學習與適應的過程。至於談到人權的保障，更要確立民主政治的文化，才能達到這樣的境界。

為了要加入歐盟，前東歐共產諸國都努力改變自己國家的政治體制與經濟制度，以符合入盟的條件，其中最困難的抉擇，就是放棄自己國家獨立自主的意願。像波蘭就是一個明顯的例子。在過去兩百多年間，波蘭命運坎坷，曾經三次被強鄰瓜分，特別嚮往自己國家的獨立。到了 1990 年，才建立起主權完整的民主國家。十三年後才全民公投，決定放棄其部份的主權，將之讓渡於一個跨國家的組織，加入歐洲聯盟。對波蘭而言，這實在是一件很難做出決定的大事。

另一個令人注意的案例是，歐盟同意希臘族裔地區的塞浦路斯於 2005 年五月加入歐盟。因為土裔的塞浦路斯人執意不肯放棄其強硬的民族主義立場，土耳其在塞島北部的駐軍，又一

直被指控為只為自己民族爭取最大的利益。所以歐盟刻意予以
警告。對於土耳其當局的申請入盟也遲緩不予接受，期望能夠
將希裔塞人入盟成功的機會，轉化成為與土裔塞人之間實現和
解的基礎；以實現一個自由民主繁榮的新歐洲，並將歐洲文明
的影響擴及亞洲地區。

❖ 結論：東方人的創意

　　歐盟的整合本質上是「主權國家間的緊密協調合作」，歐盟
各主權獨立的會員國為推進歐洲整合，自願釋放部分主權，並
以漸進方式建構諸如執委會、歐洲議會等「超國家體制」；各會
員國不論大小國家，均以「主權平等」地位，採取合議制方式，
制訂相互限制主權的具體運作辦法。屬於歐盟之「歐洲理事
會」，甚至開宗明義強調自由、民主與人權的宗旨，因此，談論
歐洲整合模式時，絕不能忽略建立自由民主體制的重要性。

　　國內主張「一中歐盟化」或以「歐盟模式」解決兩岸爭端
的學者，當然也充分體認到：目前大陸絕不承認兩岸之間存有
「主權國家」間的關係，而且兩岸間也沒有相同的自由民主體
制。然而，在這樣的限制條件下，他們仍然殫精竭慮，希望能
夠從歐盟經驗中獲取靈感，來突破兩岸關係的困局，譬如，政
治學者張亞中曾根據他對歐盟模式的研究，提出以「整個中國」
（Whole China）的概念來代表「一個中國」，這個統合體是由
兩個「具有國家屬性的政治實體」所結合而成的「第三主體」，
兩岸共同承認「整個中國」原則，同意兩岸都是「整個中國」

的一部分，彼此在各自的領域內享有完整的管轄權。在國際間，有三個主體同出現在國際社會，一個是 PRC，另一個是 ROC，「第三主體」是「整個中國」，或是以「兩岸共同體」形態出現的主體。這種統合的模式「分中有合、合中有分」，雙方可以從最符合雙方利益之處，開始展開合作，由淺而深，逐步擴大合作的範圍。

即使是政治人物，也曾經提出「歐盟模式」的構想。譬如，許信良主張「歐盟模式」；施明德提倡「一中政盟化」；連戰曾經提出「一個中國架構下邦聯制」構想；宋楚瑜在「跨世紀國家政策綱領」中，也曾經提出三階段整合：首先，在美、日、東協的見證下，簽訂爲期三十年的互不侵犯和平協定；再來，雙方各以主權國家身份，以歐盟模式相處二十年；最後由台灣人民決定前途。如何發揮東方人的創意，整合各種不同的主張，爲兩岸僵局打開一條出路，成爲本書所要解決的最重要問題。

第九章
論「一中兩憲」

對「歐盟經驗」有基本的認識之後，我們就可以進一步解釋：為什麼以「一中兩憲」的原則作為基礎，藉重「歐盟經驗」，就可以解開兩岸間進退維谷的困境，建構兩岸間和平穩定的關係。首先，我要談的是「一中」。

從本書的論述中，我們可以很清楚地看出：不論我們喜歡與否，美國和中共是西太平洋區的兩個超級強權，他們對於台灣的態度，對於台灣的未來都有十分深遠的影響。我們要為台灣的未來找到一條出路，不僅要以清冷的理性，認識台灣客觀的歷史處境，而且要瞭解中共和美國對台灣的基本態度。

第一節 美國的「三不政策」

從 1949 年國民政府撤退到台灣之後，海峽兩岸的政府並沒有簽訂任何的和平協定，而一直處於內戰狀態之中。用國際法學者克勞福（Crawford）的概念來說，台灣今天在國際公法上的地位，是一個「處於內戰局面的既成事實的地方政府」（a consolidated local de facto government in a civil war situation），在國際公法中，是一個有限制地位（limited status）的政府。它雖然能夠與外國簽署條約，並履行若干的國際責任和義務，也能夠在它有效控制的領土上承擔一般國家的任務，但仍然不是一個正常的「國家」。

❖三公報一法

從 1950 年代起，台灣在政治與軍事上就接受著美國的保

護。1970 年代美國與中共關係正常化開始，1972 年的「上海公報」、1979 年的「建交公報」、1982 年的「八一七公報」與 1979 年《台灣關係法》成爲美中台三角關係的基本架構。

在這個架構中，美國接受了「一個中國原則」，「承認中華人民共和國政府是中國的唯一合法政府，海峽兩岸的人民均認爲台灣爲中國的一部分，這等於爲美國不支持「台灣獨立」定了基調。但是美國也表達「台灣的前途將以和平方式解決」、「任何企圖以非和平方式來決定台灣前途之舉動，將被視爲對西太平洋地區和平及安定的威脅，而爲美國嚴重關切」。因此，美國將「向台灣提供防禦性武器，以抵抗任何以武力或強制方式危及台灣人民安全及社會經濟制度的行動」。

簡單地說，這個「三公報一法」所形成的架構就是「中共不武、台灣不獨、兩岸和平解決」。在美國的亞太戰略佈局中，固然是將台灣放置在自己這一邊，但是美國也只能在這個三角框架中與台灣進行合作。

❖ 態度一貫

到了柯林頓政時代，開始對中共採取「全面交往」（comprehensive engagement）政策。1997 年，美國與中共建立了戰略夥伴關係。1998 年六月三十日，柯林頓在上海明白揭示美國的「三不政策」，即不支持台灣獨立、不支持「一中一台與兩個中國」、不支持台灣參加以國家爲主體的國際組織。

時至今日，面對一個全面崛起的中國，美國可能會繼續拉

攏日本或其他東亞國家，加強軍事上的結盟，來和中共抗衡，以尋求西太平洋區的權力均衡。但在可遇見的未來，不管台灣在軍購或其他方面付出什麼樣的代價，美國都不可能改變她對台灣的「三不政策」。尤其是在中共《反分裂國家法》公佈之後，她更不會冒和中共全面開戰的危險，改變她對台灣的基本態度。

第二節 一個中國原則

接著，我們來看中共對台灣的基本態度。1987 年底，長達三十多年的兩岸隔絕狀態被打破，兩岸之間人員往來，經濟、文化等各項交流也隨之快速發展起來，而衍生出種種問題。為了解決這些問題，台灣不得不調整「不接觸、不妥協、不談判」的「三不政策」，在 1990 年 11 月 21 日，由官方授權，成立與大陸聯繫與協商的民間性中介機構「海峽交流基金會」，出面處理官方「不便與不能出面的兩岸事物」。相對的，中共中央台辦和國務院台辦於 1991 年 12 月 16 日推動成立了「海峽兩岸關係協會」，作為與海基會的「對口單位」。

❖ 九二共識

1992 年 10 月 28 日至 30 日，兩會在香港針對海峽兩岸事務性（公證書使用）商談中，討論如何表述「堅持一個中國原則」的問題。海協會的基本態度是，海峽兩岸交往中的具體問題，是中國的內部事務。在事務性商談中，只要表明堅持「一個中國原則」的基本態度，可以不討論一個中國的政治涵義，

表述的方式可以充分協商。

在香港商談中，海協提出了五種文字表述，台灣海基會也根據「國統會」的結論，提出了五種文字表述。台灣雖然也同意兩岸公證書使用是中國內部的事務，雙方均應堅持一個中國的原則，並表達了謀求國家統一的願望，但在文字表述方案上，兩會很難達成一致。在會談即將結束時，海基會代表又增提了三種表述方式，並拿出了他們最後表述內容：「在海峽兩岸共同努力謀求國家統一的過程中，雙方雖均堅持一個中國的原則，但對於一個中國的涵義，認知各有不同」。鑒於兩岸民間交流日益頻繁，爲保障兩岸人民權益，對於文書查證，以「各自口頭聲明的方式，表述一個中國原則」。

香港商談結束後不久，1992 年 11 月 16 日，海協會正式致函台灣海基會表示：「在這次工作性商談中，貴會代表建議在相互諒解的前提下，採用貴我兩會各自口頭聲明的方式，表述一個中國原則」、「我會充分尊重並接受貴會的建議」。「現將我會擬作口頭表述的要點函告貴會：海峽兩岸都堅持一個中國的原則，努力謀求國家的統一。但在海峽兩岸事務性商談中，不涉及『一個中國』的政治涵義。本此精神，對兩岸公證書使用（或其他商談事務）加以妥善解決。」海協會的函後，並附上了海基會最後提供的表述方案。12 月 3 日，海基會回函海協會，對達成共識，不表示異議。

❖ 兩岸陷入僵局

從台灣的角度來看，九二商談的結果，雙方已經達成了「一個中國，各自表述」的共識。可是，從大陸的角度來看，1992年兩岸雙方確實在「海峽兩岸均堅持一個中國之原則」達成了共識，但從未就一個中國的政治內涵進行過討論。既然沒有討論，根本就沒有什麼「各自表述」的共識。然而，就在這種基礎之上，雙方展開了兩會間的事務性商談，開始處理兩岸間涉及民眾權益的事務。1993年，並在新加坡成功舉行了「汪辜會談」，簽下了一系列兩岸交流與合作的協議。

1995年六月，李登輝以私人名義訪美。在康乃爾大學演講時，多次提到「中華民國」，使大陸方面大爲緊張，要求台灣當局回到「一個中國原則」的立場，停止製造「兩個中國」、「一中一台」的活動。美國政府重申堅持一個中國政策，並聲明對台「三不支持」。台灣則是以海協與海基會1992年達成的共識「一個中國，各自表述」，替自己辯解，將「一個中國」表述爲「歷史的中國」，而現在則是「階段性兩個中國」。

1999年7月9日，李登輝提出兩岸關係爲「特殊國與國關係」，被外界解讀爲「兩國論」。8月1日，「陸委會」發表「對特殊國與國關係出面說明」，在堅持不收回「兩國論」的前提下，進一步引用「一個中國，各自表述」的說法，認爲海協會同意「雙方自此就一個中國可以各說各話」，而且「該項共識適用於國際關係」。大陸方面大爲憤怒，兩岸之間的「半官方關係」，也幾乎是斷絕殆盡。

❖一中原則的「新三段」詮釋

　　2000 年元月，美國小布希總統上台，對華政策表現出親台敵中的態度。五月，民進黨籍陳水扁就任總統，促使中共領導當局重新思考兩岸關係的定位，並接受國統綱領中「台灣與大陸都是中國一部分」的觀點，調整兩岸目前歸屬的表述方式。

　　2000 年 8 月 24 日，中共副總理錢其琛在會見聯合報系訪問團時，首次公開提出「一個中國原則」的「新三段」詮釋，即「世界上只有一個中國、大陸與台灣同屬一個中國、中國的主權與領土不容分割」，並強調「一個中國是兩岸能夠接受的最大共同點」。在此之前，中共對於「一個中國原則」的傳統表述方式是：「世界上只有一個中國」，「台灣是中國的一部分、中國的主權與領土不容分割」。兩者相較，中共的態度已經呈現出較大的彈性，並給予雙方較大的迴旋空間。

　　其後，錢其琛曾數度闡述類似的論點。2002 年 3 月 5 日，中共總理朱鎔基在「人大」第五次會議開幕的工作報告中，首次將「一個中國」的「新三段論」納入「政府工作報告」。這是「一中新三段論」首次出現於政府的報告。

　　2002 年 9 月 13 日，中共外長唐家璇在第五十七屆聯合大會演講時，說：「世界上只有一個中國，台灣和大陸同屬一個中國，中國的主權和領土完整不容分割。實現國家統一，是我們堅定不移的立場和不懈奮鬥的目標」。這是中共第一次在國際場合宣稱「大陸與台灣同屬一中」，而非「台灣是中國的一部分」。

❖「五一七聲明」

在 2004 年台灣總統大選的過程裡，中、美、台之間的關係不僅波濤起伏，而且經歷了十分尖銳的對立，陳水扁在「兩顆子彈」的疑雲中當選總統，台灣內外的政治情勢也陷入高度的動盪不安。當年 5 月 17 日，在陳水扁就職總統前夕，中共國台辦以接受中共中央授權的方式，發表了一篇針對性極強的「五一七聲明」，其中清楚揭示了反對台獨的「五個決不」，以及推動兩岸互動的「七項主張」。

在兩岸關係方面，「五一七聲明」首度納入錢其琛提出的「中國大陸和台灣同屬一個中國」，取代了「世界只有一個中國，台灣是中國不可分割一部分」。同時，也不再提過去中共官方聲明中常見的如「一國兩制」、「台灣自古即中國的一部分」、「不排除對台灣使用武力」等令台灣人反感的老套。

2005 年元月 28 日，中共全國政協主席賈慶林發表「江八點十週年」講話，首次提出「儘管兩岸迄今尚未統一，但大陸和台灣同屬一個中國的事實從未改變，這就是兩岸關係的現狀」，並公開向陳水扁喊話：「不管他曾經說過什麼、做過什麼，只要他從現在明確承認體現堅持一個中國原則的『九二共識』，兩岸對話的談判可以立即恢復」，賈慶林說法隱含中共默認兩岸分治的事實。

第三節 《反國家分裂法》

3 月 4 日，中國當局國家主席胡錦濤更提出「胡四點」，包

括：第一，堅持一個中國原則決不動搖。第二，爭取和平統一
的努力決不放棄。第三，貫徹寄希望於台灣人民的方針不改變。
第四，反對台獨分裂活動決不妥協，正式確立胡錦濤時代的對
台方針。

❖胡蘿蔔和棒子

　　2005 年 3 月 14 日中共全國人民代表大會通過《反國家分
裂法》，其第二條的內容說：「世界上只有一個中國，大陸和台
灣同屬一個中國，中國的主權和領土完整不容分割」。

　　整體而言，《反國家分裂法》基本上是以法律的形式落實「五
一七聲明」，它採取了「胡蘿蔔」和「棒子」的兩手策略，一方
面在第八條明言：不放棄以武力對付台獨，『『台獨』分裂勢力
以任何名義、任何方式造成台灣從中國分裂出去的事實，或者
發生將會導致台灣從中國分裂出去的重大事變，或者和平統一
的可能性完全喪失，國家得採取非和平方式及其他必要措施，
捍衛國家主權和領土完整」；

　　一方面又在第六條中描繪出兩岸關係的美麗遠景：「國家採
取下列措施，維護台灣海峽地區和平穩定，發展兩岸關係：

　　（一）鼓勵和推動兩岸人員往來，增進瞭解，增強互信；

　　（二）鼓勵和推動兩岸經濟交流與合作，直接通郵通航通
商，密切兩岸經濟關係，互利互惠；

　　（三）鼓勵和推動兩岸教育、科技、文化、衛生、體育交
流，共同弘揚中華文化的優秀傳統；

（四）鼓勵和推動兩岸共同打擊犯罪；

（五）鼓勵和推動有利於維護台灣海峽地區和平穩定、發展兩岸關係的其他活動。國家依法保護台灣同胞的權利和利益。」

❖ 文化的中國

生活於台灣地區的人民固然可以不必把《反國家分裂法》看做是非遵循不可的「法律」，卻不能不把它看做是表達中共意志的「宣示」，用它來理解中共當局的「意圖」，從其中找出對台灣最有利的機會，來尋求台灣的最大利益。

在我看來，《反國家分裂法》中，最足以反映中共當局當前之意志者，是第二條：「世界上只有一個中國，大陸和台灣同屬一個中國，中國的主權和領土完整不容分割」。「台灣是中國的一部分。國家絕不允許『台獨』分裂勢力以任何名義、任何方式把台灣從中國分裂出去。」

第二條的內容和中共前副總統錢其琛所提出的「一個中國原則」的「新三段論」是一致的，和中共「五一七聲明」的內容也是相符的。這樣的「一個中國」原則，台灣可不可以接受呢？

在思考這個問題的時候，我們必須先瞭解：「一個中國原則」中，所謂的「中國」到底是什麼意思？在歷史上，「中國」這個概念出現甚早，它源自兩千多年前的夏朝。《左傳》記孔子之言：裔不謀夏，罔不亂華。《說文》解釋：「夏，中國人也」，「中國

有禮儀之大故稱夏，有服章之美故稱華」，由此而有「華夏」之
稱。華夏居中而四周為蠻夷，故夏人自稱「中國」，即「中土之
國」。從這個意義來看，它不是政治的概念，而是文化的概念，
或是地理的概念。從這個角度來看，中共所提出的「一個中國
原則」，台灣應當是可以接受的。然而，在接受這一點之前，我
們卻不能不作進一步的政治考量：在現實的國際政治裡，誰代
表這個「文化中國」或「地理中國」？

❖政治的現實

　　1971 年 10 月 25 日，聯合國大會以七十六票對三十五票，
二十票棄權，投票通過的二七五八決議（Resolution 2758），「恢
復中國人民共和國所有的權利，並承認其政府代表為聯合國中
唯一合法的中國代表，以及自聯合國與其相關的組織中，立即
將蔣介石的代表從其非法佔據的位置上予以驅逐」（to restore all
its rights to the People's Republic of China and to recognize the
representatives of its government as the only legitimate
representatives of China to the United Nations and to expel
forthwith the representatives of Chiang Kai-shek from the place
which they unlawfully occupy at the United Nations and in all the
organizations related to it.）

　　1979 年元月 1 日，美國承認中華人民共和國，在中美邦交
正常化的共同聲明中，美國聲稱「承認（recognize）中華人民
共和國為中國的唯一合法政府」，但另一方面卻表明認知

（acknowledge）「台灣海峽雙方的所有中國人，都認爲中國只有一個，台灣是中國的一部分」。1972 年 9 月 29 日，日本政府在中日邦交正常化的共同聲明中，也承認：中華人民共和國爲「中國的唯一合法政府」，同時表示「充分理解和尊重」中國關於「台灣是中華人民共和國領土不可分割的一部分」的立場；刻意使用「充分理解和尊重」，而避免使用「承認」一詞。

這些事實顯示：不論我們是把「中國」詮釋成文化的概念或地理的概念，我們都必須認清一個客觀的政治現實：目前聯合國以及世界上絕大多數和中華人民共和國有邦交的國家，都承認「中華人民共和國爲中國的唯一合法政府」，台灣如果接受「一個中國的原則」，同時也必須接受這個客觀的現實。這正是台灣基本教義派誓死不願意接受「一個中國原則」的主要原因。

第四節　「一中兩憲」

我們該如何解開這個困局呢？針對這個問題，我所提出的方案是「一中兩憲」。首先，我要說明「兩憲」的概念。

❖客觀現實的描述

憲法（constitution）是國家的根本大法，它是政府建立的依據，它規定國家最高機關之組織、產生、活動範圍、以及相互關係，與各部門所處地位。只有主權獨立的國家才有憲法，所以憲法的意義，完全是針對主權獨立的國家而言，沒有主權即不能稱之爲國家，只能稱之爲政治實體，因爲在它的上面還

有一個更高的統治權，例如：香港與澳門特區只有「特別行政區基本法」，而沒有憲法；德國在戰敗後，也只有基本法而沒有憲法。同理，殖民地或未獨立的自治領土都沒有憲法。

嚴格來說，一個國家之內只能存在一部憲法，所以，如果我們說「一國兩憲」，便是矛盾不通的概念，不符合政治學的基本原理。然而，「一中兩憲」則不然。它只是在描述當前海峽兩岸客觀的政治現實。更清楚地說，自從 1949 年國民政府撤退到台灣之後，海峽兩岸便分別各有一部憲法，也各有一個「中華民國政府」及「中華人民共和國政府」，兩個政府間並沒有簽訂任何的和平協定。台灣在國際公法上的地位，是一個「處於內戰局面的既成事實的地方政府」，是一個有限制地位的政府。它雖然能夠與外國簽署條約，並履行若干的國際責任和義務，也能夠在它有效控制的領土上承擔一般國家的任務，但並不是一個正常的國家。

❖ 對等政治實體

然而，兩岸如果要展開協商和談判，雙方必須承認「一中兩憲」的政治觀點。以「一中兩憲」的原則作爲基礎，所建立的兩岸關係，能夠保障台灣的最大權益。《反國家分裂法》第七條說：「國家主張通過台灣海峽兩岸平等的協商和談判，實現和平統一。協商和談判可以有步驟、分階段進行，方式可以靈活多樣。」

對絕大多數的台灣人民而言，台灣海峽兩岸若要進行「平

等的協商和談判」，則雙方必須是「對等的政治實體」。從政治學的角度來看，所謂政治實體就是指國際法人，其中有完整的或不完整的：前者指國家，後者指除國家以外的其它之國際法人。作為一個政治實體，台灣雖然具備所有成為一個國家的要件，但無法獲得國際社會普遍的接納，與世界上大多數國家沒有正式的外交關係，特別是得不到聯合國的承認，故為「不完整的國際法人」。雖然國際上也有少數國家與其交往，但嚴格來說，它並不是一個正常的國家。

台灣雖然是「不完整的國際法人」，然而，如果海峽兩岸都能接受「一中兩憲」的原則，雙方便可以「對等的政治實體」的地位，展開「平等的協商和談判」。唯有如此，才能保障台灣的最大權益，也才能解除許多台灣人民「談判即是投降」，「協商就會被吃掉（統一）」的疑慮。

❖「高度自治」的制度

《反國家分裂法》第五條說：「堅持一個中國原則，是實現祖國和平統一的基礎。以和平方式實現祖國統一，最符合台灣海峽兩岸同胞的根本利益。國家以最大的誠意，盡最大的努力，實現和平統一。國家和平統一後，台灣可以實行不同於大陸的制度，高度自治。」

什麼叫做「不同於大陸的制度，高度自治」呢？是像香港或澳門的「一國兩制」嗎？坦白說，「一國兩制」對台灣人民並沒有多大的吸引力。2005 年 4 月 30 日，國民黨主席連戰率領

訪問團赴大陸的「和平之旅」，建議海峽兩岸以「九二共識」為基礎，用「一中各表」的方式，展開協商與談判。接著，親民黨主席宋楚瑜到大陸進行「搭橋之旅」，提出「兩岸一中」的主張；新黨主席郁慕明訪問大陸時，認為「一國兩制」已經被污名化，為了有所區隔，他刻意提出「一中兩制」的概念。泛藍三黨對「一個中國」雖然都有共識，但在台灣執政的民進黨卻是冷漠以對。馬英九當選國民黨主席之後，提出「一國兩區」，泛綠陣營立即質問他：「2008年到底是想選總統，還是選區長？」

泛藍陣營的這許多主張，都不脫「一國兩制」的格局，都很難為泛綠陣營所接受，主要原因就是因為他們擔心：這種主張很可能使台灣「香港化」，淪為大陸統治下的一個「特別行政區」。相反的，如果海峽兩岸都能接受「一中兩憲」的現實，彼此承認為對等的政治實體，台灣不必接受「一國兩制」，也不必像香港那樣，在「中華民國人民共和國憲法」之下，再制訂一部「特別行政區基本法」。雙方便能夠打破統獨對立的僵局，借重「歐盟經驗」，展開協商和談判，來建構兩岸間和平穩定的關係。

第五節　歐盟經驗的啟示

❖第三主體

國內雖然也有人提倡「歐盟模式」或「一中歐盟化」，其實「歐盟」並不是固定的模式。依照1992年簽訂的「馬斯垂克條約」，它是「歐洲人民間不斷建立更緊密關係之過程的一個階

段」。第二次世界大戰結束之後，法國外交部顧問莫內爲了消弭法、德兩國之間的宿仇，倡議成立「歐洲煤、鋼共同體」，將兩國間煤和鋼鐵的產生和銷售置於一個「超國家組織」的管轄之下。從 1950 年代開始，逐步建立「歐洲原子能共同體」、「歐洲經濟共同體」，經過半個世紀的努力，才發展成今天的歐洲聯盟。

這種「超國家組織」的「共同體」，是參與國家之外的「第三主體」，所有參與者都可以考量雙方的利益，視雙方的需求，讓渡出一部份的國家主權，以建立不同性質的共同體。在建立「共同體」的過程中，並沒那一方被「統一」掉。這種「統中有獨，獨中有統」的做法，可以說是解決兩岸紛爭的最理想方式。

❖主權讓渡

要以「共同體」來建立兩岸之間的合作關係，立刻就會碰到獨派人士的疑慮：主權「讓渡」的前提是：所有參與「讓渡」的國家都擁有主權，而且也都承認對方的主權，在中國執政者眼中台灣沒有主權，它也從不承認台灣的主權，既然沒有，那來讓渡？

在政治學上所謂的「主權」，可以從「實質主權」和「國際承認」兩方面來看：前者是以有效統治作爲國家存在之要件，包括：用民主合法的程序取得政權，行政命令之執行，擁有司法審判權，保有自己的關稅，發行本身的錢幣，對外簽訂條約

等等。就這個意義而言，中華民國當然是一個主權國家，擁有
各式各樣的「實質主權」。

然而，一個國家還必須得到「國際承認」，才算是一個正常
國家。目前，中華民國只跟二十七個國家有外交關係。在這些
國家眼裡，台灣是一個主權獨立的國家；台灣跟美國沒有外交
關係，所以美國國務卿鮑爾曾經公開宣布，在他看來，台灣不
是一個主權獨立的國家。

❖ 兩岸共同市場

倘若海峽兩岸當局都能接受「一中兩憲」的主張，用「共
同體」的方式，逐步建構兩岸間的和平架構，雙方所要讓渡的
主權當然是「實質主權」。所謂「中國」則成為有待建構的「第
三主體」，其具體內容可由雙方建立的各種「共同體」來加以界
定。

2005 年 4 月，國民黨主席連戰到大陸進行「和平之旅」時，
建議成立「兩岸共同市場」。事實上，早在四年之前的 2001 年
5 月初，前行政院長蕭萬長率領由國內經貿科技產業龍頭組成
的訪問團，赴大陸展開「溝通之旅」時，在北京大學的座談會
上便曾經宣示「兩岸共同市場」的構想與做法。卸下行政院長
職務近一年的蕭萬長，在北京中南海會晤中共國務院副總理錢
其琛時，便提出六大訴求，包括：促請兩岸加強經貿交流，推
動兩岸共同市場的理念，建構兩岸和平發展的穩定架構，回歸
「九二共識」辜汪早日復談，兩岸主管機關儘速談判直接三通，

以及兩岸以寬容開創的胸襟共同處理兩岸經貿關係。

「蕭錢會晤」時，在蕭萬長的六大訴求中，除了在加強兩岸經貿交流與合作上有共識，其他問題則各說各話，沒有交集。據揣測，這可能是因為「兩岸共同市場」的構想，源自於「歐盟模式」。在北京眼中，「歐盟模式」由經濟統合邁向政治統合的經驗，隱含「兩國論」精神，為中共所無法接受。所以中共方面反應冷淡，錢其琛也未直接回應。

❖「台灣不獨，大陸不武」

2003 年 2 月 25 日，蕭萬長在兩岸記者聯誼會舉辦的座談會上表示：兩岸僵局的問題在於兩岸內部政治情勢。對大陸來說，不論經濟如何開放，政治上有何轉變，但在民族統一主義的限制之下，大陸內部統一中國的態度絕對不會改變，大陸國力越強，經濟越發展，這股力量就會越強。

對台灣來說，十多年的民主政治，讓台灣不會走回頭路。由於台灣前途是由人民意願決定的，不管政黨如何輪替，兩岸問題都要看民意趨勢，所以兩岸恢復協商什麼都能談，但不能有「一中」這樣的先決條件。

因此，蕭萬長指出，兩岸找重啟對話的基礎，台灣主動宣布不獨立，大陸方面也承諾不以武力犯台，雙方才能坐下來談「未來的一個中國」。

蕭氏表示，目前兩岸僵局難以突破，如何找出長遠的新對話基礎，是他近來一直思考的問題。「台灣不獨、大陸不武」，

兩岸共尋「未來一中」的論述，只是蕭萬長目前的構想，他說：
現在「還不成熟」，也還不到推動的階段。

❖由淺及深，循序漸進

　　雖然連胡會達成推動兩岸共同市場結論，為兩岸營造經貿
願景，但經濟部次長尹啓銘認為，共同市場涉及人員、資金、
貨品、技術等的自由流動，是相當深化的經濟整合。依現行全
球經濟整合形式而言，程度最淺的是所謂的「關稅優惠」，其次
是「自由貿易協定」（Free Trade Agreement，FTA），再其次是
關稅同盟（Custom Union），再來才是「共同市場」。已經回歸
中國的香港、澳門，目前與中國也還沒有達到共同市場的程度。

　　尹啓銘並舉美國的做法為例，指出：美國通常都會先協助
對象國成為 WTO 的會員，再觀察該對象國於加入 WTO 是否履
行入會承諾，再來就是建立「貿易投資架構協定」（TIFA），才
能進入 FTA 的諮商；至於較 FTA 甚至「關稅同盟」更深化的「共
同市場」，目前除「歐盟」之外幾無案例，目前南美洲的南方共
同市場，雖然名為「共同市場」，但實質較接近關稅同盟。

　　2005 年 5 月 10 日，蕭萬長參加中國國民黨立法院黨團舉
辦「兩岸共同市場未來發展」專題會議報告時，表示：兩岸共
同市場是長遠目標，可以從兩岸關係正常化、兩岸經濟制度調
和、全方位的經濟統合工作三個階段，循序漸進推動。

　　第一階段應先推動兩岸關係正常化，兩岸已是重要的經濟
伙伴，卻沒有正常管道解決彼此產生的經貿問題，兩岸無法三

通也浪費許多人力、物力，如果這些經貿環境能夠改善，兩岸
人民更能夠彼此認識，雙方也會更為友善。

　　第二階段推動兩岸經濟制度調和，進一步推動經濟法規制
度的調和及各種標準化的事宜，減少雙方經濟體制的差異性，
但現在不管是台灣屬意的 FTA 或中國屬意的 CEPA 都被戴上太
多政治符號，他提議可以用中性的「更緊密的運作架構」
（Compact Economic Operation Framework）」來取代。

　　第三階段為全方位的經濟統合工作，最後兩岸展開關稅同
盟，到貨幣同盟，進而租稅同盟，達成兩岸共同市場的目標。

❖ 彼此互信的起始點

　　不論是蕭萬長或是尹啟銘，他們都認為：「兩岸共同市場」
的建立必須先找到一個彼此互信的起始點，然後方能由淺至
深，循序漸進。這個起始點是什麼呢？是「台灣不獨，大陸不
武」嗎？在中共通過《反分裂國家法》之後，這一條路其實已
經走不通了。是「一國兩制」嗎？

　　我必須強調：台灣民眾對於被「香港化」或「澳門化」是
極其敏感的，目前中共方面希望與台灣簽訂「更緊密經貿關係
安排」（Closer Economic Partnership Arrangement, CEPA），但由
於中共曾與香港與澳門特別行政區簽同樣的協定，因此，台灣
當局擔心：台灣若與中國大陸簽 CEPA，會給人產生被「港澳
化」的印象；而台灣當局欲與大陸簽署 FTA，又因「名稱問題」，
難以與對岸達成共識。

　　因此，若以本書所主張的「一中兩憲」作為基礎，大家接受兩岸關係的現狀，雙方承認彼此為「對等的政治實體」，我們就可以找到一個彼此互相信任的起始點，循序漸進，逐步建立「兩岸共同市場」。如此一來，所有的問題都可以迎刃而解，是未來兩岸經濟合作最佳的可行模式。

❖進行「平等協商」的方法

　　《反國家分裂法》第七條說：「國家主張通過台灣海峽兩岸平等的協商和談判，實現和平統一。協商和談判可以有步驟、分階段進行，方式可以靈活多樣。台灣海峽兩岸可以就下列事項進行協商和談判：

　　（一）正式結束兩岸敵對狀態；
　　（二）發展兩岸關係的規劃；
　　（三）和平統一的步驟和安排；
　　（四）台灣當局的政治地位；
　　（五）台灣地區在國際上與其地位相適應的活動空間；
　　（六）與實現和平統一有關的其他任何問題。

　　然而，兩岸如何展開「平等的協商和談判」呢？前文說過，如果採用本書所主張的「一中兩憲」，兩岸承認彼此為「對等的政治實體」，雙方才能找到一個起始點，展開「平等的協商和談判」。如果採用中共所建議的「一國兩制」，雙方一開始談判，台灣便已經被「香港化」或「澳門化」，何來「平等」可言？

　　不僅如此，「一中兩憲，歐盟經驗」，同時也蘊涵了「靈活

多樣」的「方式」，讓海峽兩岸的「協商和談判可以有步驟、分階段進行」，具體落實《反國家分裂法》第七條。在雙方「可以進行協商和談判」的事項方面，有關第（一）項「正式結束兩岸敵對狀態」、第（二）項「發展兩岸關係的規劃」、第（四）項「台灣當局的政治地位」，有待雙方談判人員的具體協商，在此不作細論。然而，關於第（三）項「和平統一的步驟和安排」和第（五）項「台灣地區在國際上與其地位相適應的活動空間」，我必須再作進一步的說明：

❖ 國際活動空間

就其性質而言，「一中兩憲」是針對「一個中國原則」，台灣可以提出的一個對治性概念。台灣在以「一中兩憲」為基礎，爭取「國際上與其身分相適應的活動空間」時。必須認清楚：現在聯合國以及世界上絕大多數與中華人民共和國有外交關係的國家，都承認：「中華人民共和國為中國的唯一合法政府」，台灣要想再以「中華民國」的名義搞「兩個中國」或「一邊一國」，不僅中共不會答應，兩岸間的互信關係也會蕩然無存。

更清楚地說，「一中兩憲」的原則可以保障台灣在兩岸談判和協商過程中平等的權利（right），然而，國際關係的安排卻是由有關方面的實際權力（power）所決定的。從本書的脈絡來加以推測，將來「中華民國」名稱的使用恐怕要「內外有別」：在「一中兩憲」的原則之下，台灣可以保有「中華民國憲法」，而且也「必須」保有「中華民國憲法」，因為「中華民國憲法」符

合「一個中國原則」。在對外關係方面，大陸以「中華人民共和國」的名義和外國保持大使級的外交關係，台灣則可能必須以「台北，中國」或「台灣，中國」的名義，和外國建立總領事級的外交關係。至於大陸的名稱要不要改成「北京，中國」，目前「中華民國」所保有的外交關係又該如何處理，那就要看台灣當局的智慧和談判人員的能耐。在此不擬作過度的推測。

❖ 和平統一的步驟

　　2005 年，歐盟提議制訂「歐盟憲法」，在歐盟成員國中進行公投，都沒有獲得通過，許多人認為：對於歐盟未來的發展，這是一項重大的挫折。可是，在我看來，歐盟憲法沒有獲得通過，歐盟的各個共同體照樣運作不誤。這件事對兩岸未來的和平反倒有一個重要的啟示：在兩岸間逐步建立各種「共同體」之後，將來兩岸間要不要在「中華人民共和國憲法」和「中華民國憲法」之上，再制訂一部「中國憲法」，必須看未來情勢的發展而定。

　　我在倡議以「歐盟經驗」建立兩岸和平穩定的關係時，有些學政治學的朋友表示有所困難，因為歐盟會員國必須接受並共同維護自由民主體制。任何一個國家想要加入歐盟，都要滿足三個條件：（1）政治上必須實行民主和法治的制度；（2）對於人權的保障，要符合一定的標準；（3）在經濟上要建立一個市場經濟運作的制度。

　　這種論調顯然是「共時性」的觀點，忽略了時間可能導致

的「變遷」因素。姑且不論台灣的「民主制度」已經被當權的政治人物玩弄成什麼模樣，我們不可忘記：今天台灣所謂的「民主制度」，也是經過半個世紀的努力，逐步發展出來的。我曾經說過：對於兩岸關係未來的發展，不論是中共提出的「一國兩制」、李登輝的「兩國論」、或是陳水扁的「一中一台」、「一邊一國」、「兩邊三國」，其中都有一個錯誤的前提，那就是：只有台灣的政治制度可以變，大陸的政治制度不可以變，也不會變。

❖「百里之行，始於足下」

其實，兩岸關係的合理安排，必須採取「歷時性」的觀點，從這個角度來看，「大陸的政治制度不可以變」這個前提根本是錯誤的。中共自從 1979 年實施改革開始政策以來，不僅已經建立了「市場經濟運作」的制度，整個社會結構也發了鉅大的變遷。

目前，大陸已經在各地開始實施地方級的選舉。比方說，2004 年一月，北京市區縣「人大」實施換屆選舉，共有 719 萬合格選民，選出 4403 名市人大代表，任期五年。根據路透社報導：此次選舉有一定數量的獨立候選人參與，這是二十多年前中國改革開放以來，首次有獨立候選人參選，投票率為 95%。

如果沒有完全獨立的候選人，就不能算是真正的民主。依照西方民主政治的標準來看，這種規模的選舉距離所謂的「民主」當然還有一段距離，然而，「百里之行，始於足下」，依照大陸社會變遷的趨勢來看，只要社會條件成熟，假以時日，大

陸必然會發展出更成熟的民主制度。

我所提倡的「一中兩憲，歐盟經驗」便蘊涵了時勢變遷的概念。我必須指出，在國家性質方面，1982年的「中華人民共和國憲法」第一條規定：「中華人民共和國是工人階級領導的、以工農聯盟為基礎的人民民主專政的社會主義國家」，而其前文又指出：「工人階級領導的、以工農聯盟為基礎的人民民主專政，實質上即無產階級專政」，這樣的憲法跟在台灣所施行的「中華民國憲法」，正如油水之不能相容，目前兩岸根本沒有統一的條件。

❖ 以憲法保障民主

然而，我們必須認識到，憲法也是人訂的。不僅台灣的「中華民國憲法」曾經多次修改；即使是對岸的「中華人民共和國憲法」也有1949年的「共同綱領」，以及1954、1975、以及1978等不同的版本。

目前大陸官方已在《人民日報》等報章上發表社論，表示要推動「新文化運動」，邁向「新民主」。這一波的「新文化運動」，不論是由上而下發動的，或是由下而上自生的，將來如果有任何的民主成果，包括開放公職民選、組織政黨、改革司法、黨政分離、開放媒體等等，也一定要落實到憲法的層次上，以憲法來保障民主。

「一中兩憲、歐盟經驗」的另一個重要涵義，就是雙方各自堅持自身憲法中所宣示的「一個中國原則」，但也各自保持修

憲的權利。目前，我們可以用它建立各式各樣的「共同體」，來建構兩岸間和平穩定的關係；將來可以借重歐盟經驗，看未來時局的發展，依民主的程序，決定要不要在「中華人民共和國憲法」和「中華民國憲法」之外，再制定一部「中國憲法」。

❖ 結 論

從本書的析論中，我們可以看出：只要我們承認「一中兩憲」的現實，我們就可以保障台灣的主體性，讓兩岸以對等政治實體的地位展開談判，建構兩岸間穩定的和平關係。台灣可以擺脫美國帝國主義和日本軍國主義的宰制，不必再花費天文數字的龐大預算，和中共進行一場必敗的軍備競賽；大陸也不必擔心台灣有一個敵對的政權，會卡住他由麻六甲海峽到台灣海峽這條輸送石油的咽喉要道。兩岸間可以藉助歐盟經驗，建立經濟共同體或其他的合作關係；大陸也可以藉此找到轉化共產主義的槓桿，使中國逐步邁向統一之路。然而，台灣的獨派政府當局會不會接受這樣的概念呢？對於這個問題，坦白說，我的看法是很悲觀的。2005 年 3 月 1 日，陳水扁在視訊演說中承認：「在其任內將國號改爲台灣共和國」，「我做不到。『做不到就是做不到』，不能騙自己，也不能騙別人」，他還說「李登輝過去十二年任期沒有做到，相信縱使今天總統給他做，也是做不到」。此話一出，引起獨派群起攻訐陳水扁，甚至引發大老退出民進黨風潮。

「做不到」，並不表示他放棄「一邊一國」的立場。2005

年 8 月 7 日，陳水扁總統在台聯四周年黨慶上致詞，大談兩岸
關係與國家主權，雖然台聯精神領袖李登輝曾再三強調「中華
民國已經不存在了」，陳總統還是當著他的面推銷「中華民國台
灣史觀」，強調李登輝時代的「中華民國在台灣」已經過去，現
在就是「中華民國是台灣」。將來如果要搞「正名」、「制憲」，
最終目的地也是要把憲法修成「中華民國是台灣」，這樣才是一
部「合身」、「合用」的憲法。基於這樣的立場，在兩岸事務的
處理方面，除了「和解不退縮、堅定不對立」的基本方向外，
更進一步提出「一個原則、三個堅持、五個反對」。

❖ 陳水扁的堅持

　　所謂「一個原則」，就是「保台灣」、「保台灣的主權」，在
「民主、對等、和平」的原則下，與中國對話協商。「三個堅持」
就是為了國內政局的穩定及積極尋求兩岸關係的突破，堅持「民
主改革的理想」、堅持「台灣主體意識的主流路線」，與堅持「讓
台灣成為一個正常、完整、進步、美麗而偉大的國家」。

　　所謂的「五大反對」，包括堅決反對企圖併吞台灣，將台灣
變成中國一部份的「一個中國原則」；堅決反對將台灣香港化、
澳門化，將台灣變成香港與澳門第二的「一國兩制」；堅決反對
以「一個中國、一國兩制」為內涵的所謂「九二共識」；堅決反
對任何分割國民主權、剝奪台灣人民自由選擇權利，而以「統
一」為前提或唯一選項的「兩岸一中」或「憲法一中」的主張；
堅決反對中國要以「非和平方式」解決台海問題的「反分裂國

家法」。

　　陳水扁話講得如此斬釘截鐵，已經使他自己陷入一個毫無迴旋餘地的道德困境之中。要以「一中兩憲」的原則作爲基礎，建構兩岸間和平穩定的關係，先決條件是兩岸雙方必須有高度的信任。如果陳水扁靈光乍現，突然頓悟：「一中兩憲，歐盟經驗」是破解兩岸僵局的唯一出路，而決定改弦易轍，接受「一中原則」以及本書所主張的方案，他如何取信於對岸的中共當局？又如何對台獨基本教義派交待？

　　目前扁政府已經決定動用一切可用的資源，在台灣各地舉行一萬場「憲改座談會」。「明知山有虎，偏向虎山行」，扁政府在弊案不斷爆發，聲望江河日下的時刻，把台灣推向獨立的道路，以挑激兩岸關係，來凝聚台灣內部的向心力，已經成爲他唯一的出路。在這種情況下，我認爲：在野的政治人物應仔細思考我的論點，如果大家認爲「一中兩憲，歐盟經驗」確實可以解開兩岸間的僵局，我們應該再進一步探試對岸的中共是否也可以接受這樣的主張。如果這兩個問題的答案都是肯定的，我們應當針對「一中兩憲」的主張，發起一個全民公投，把台灣的未來掌握在我們自己的手裡！

亞太研究系列

一中兩憲——兩岸和平的起點

作　　者／黃光國
出 版 者／生智文化事業有限公司
發 行 人／宋宏智
登 記 證／局版北市業字第 677 號
地　　址／台北市新生南路三段 88 號 5 樓之 6
電　　話／(02)2366-0309
傳　　真／(02)2366-0310
E - mail／service@ycrc.com.tw
網　　址／www.ycrc.com.tw
郵政劃撥／1973535　葉忠賢
印　　刷／科樂印刷事業股份有限公司
法律顧問／北辰著作權事務所　蕭雄淋律師
ISBN／957-818-763-7
初版一刷／2005 年 11 月
定　　價／新臺幣 300 元

總 經 銷／揚智文化事業股份有限公司
地　　址／台北市新生南路三段 88 號 5 樓之 6
電　　話／(02)2366-0309
傳　　真／(02)2366-0310

國家圖書館出版品預行編目資料

一中兩憲——兩岸和平的起點＝One China,
Two Constitutions: Basis for a Peaceful
Taiwan Strait／ 黃光國著. -- 初版. --
台北市：生智，2005[民 94]
　　面；　公分. --（亞太研究系列）

ISBN 957-818-763-7（平裝）

1.政治－中國

573.09　　　　　　　　　　94019519